Berlitz

spreek langzamer (speak slower)

Nederlands

Berlitz Languages, Inc.
Princeton, NJ
USA

ISBN 2-8315-2171-8

Cover Photo: David R. Frazier Photolibrary

10th printing – January 2003
Revised Edition
Printed in Switzerland

Berlitz Languages, Inc.
400 Alexander Park
Princeton, NJ 08540
USA

INHOUD

Hoofdstuk 3

Hoofdstuk 4

Hoofdstuk 10

Hoofdstuk 11

Hoofdstuk 12

Hoofdstuk 13

Hoofdstuk 14

WOORD VOORAF

Volgens M.D. Berlitz, stichter van de Berlitz-scholen, vereist de Berlitz-methode, dat uitsluitend gebruik wordt gemaakt van de vreemde taal en dat er een direkt verband wordt gelegd tussen de waarneming en de klanken van de vreemde taal.

De middelen om dit doel te bereiken zijn:

1. het aanleren van konkrete begrippen door visuele demonstratie en de konkrete "uitbeelding" ervan,

2. het aanleren van abstrakte begrippen door associatie van gedachten,

3. het leren van grammatika door voorbeelden uit de praktijk.

De Berlitz-methode ziet volledig af van het vertalen als middel om een vreemde taal te leren. Vanaf de eerste les hoort en spreekt de student alleen de taal die hij/zij wil leren. Wat niet begrijpelijk kan worden gemaakt door demonstratie wordt uitgelegd door vergelijking met reeds bekende begrippen: de waarde van de onbekende *X* wordt gevonden door vergelijking met de bekenden *A* en *B*.

In het woord vooraf bij de eerste edities van zijn tekstboeken, legde M.D. Berlitz precies uit waarom hij de oude *vertaal-methode* afwees en waarom hij in de klas alleen gebruik wilde maken van de vreemde taal. Voor M.D. Berlitz was het onlogisch de moedertaal van de student te gebruiken. Elke taal wordt volgens Berlitz het best *vanuit zichzelf* geleerd. Alleen zo kan de student doordringen tot de kern van de taal, en in de taal leren *denken.* De grammatikale problemen, die vaak door het vertalen en door de vergelijking met de moedertaal naar voren komen, worden door de Berlitz-methode sterk verminderd.

De "direkte methode" heeft belangrijke gevolgen voor het ontwerpen van taalkursussen. M.D. Berlitz, een hartstochtelijk verdediger van deze methode, was de eerste die er *praktische* konklusies uit trok. Deze konklusies bestrijken alle belangrijke aspekten van een vreemde-taalkursus:

1. De leerdoelen van de Berlitz-methode zijn allereerst *begrijpen* en *spreken.* Lezen en schrijven komen op de tweede plaats. Berlitz onderwijst de gesproken taal vóór de geschreven taal. Taal als *spraak* vóór taal als *literatuur.*

2. De Berlitz-methode leert *taalvaardigheid* aan: de vaardigheid om te begrijpen en te spreken, te lezen en te schrijven; eerder als instrument dan als kennis, eerder als praktijk dan als theorie. Deze vaardigheid om te begrijpen, en om zich begrijpelijk te maken, wordt vanaf de eerste les in de klas ontwikkeld.

3. M.D. Berlitz was de eerste die een minimale woordenlijst uitzocht en opnam in zijn *Eerste Boek*. Hij stelde een lijst op van veelgebruikte woorden uit de *spreektaal*, lang voordat woordfrequentiestellingen uit de *literatuur* beschikbaar kwamen.

4. Dezelfde werkwijze wordt toegepast bij het uitzoeken van in de spreektaal voorkomende grammatikale strukturen, die door moderne taalkundigen als "basisstrukturen" worden aangeduid.

5. De volgorde waarin woordenschat en grammatika worden geïntroduceerd, wordt uiteraard bepaald door de noodzaak alle geselekteerde taalelementen uit te leggen zonder terug te vallen op vertaling. Daarnaast moeten steeds complexere situaties worden voorgesteld in stijgende moeilijkheidsgraad.

Het principe van de direkte methode bepaalt dus de *belangrijkheid* van de leerdoelen, de *selektie* van woordenschat en grammatikale strukturen, de *volgorde* van dit materiaal, en de *hoeveelheid* die per keer door de student moet worden verwerkt. (De Berlitz-methode als strikte toepassing van de direkte methode voldoet aan de eisen die aan geprogrammeerde instruktie worden gesteld.)

Leerhulpmiddelen die in de Berlitz-scholen beschikbaar zijn voor het onderricht in de Nederlandse taal zijn:

1. een handboek voor de leraar: het eigenlijke programma voor gebruik in de klas,

2. een werkboek van de student: leesmateriaal, geschreven oefeningen en tabellen,

3. geluids-cassettes: bandjes met luister-en spreek-oefeningen, die de in de klas behandelde stof helpen verwerken.

Het is belangrijk te onthouden dat de Berlitz-methode niet is ingebouwd in één, of zelfs in alle drie bovengenoemde middelen. De "Methode", zoals er in de Berlitz-organisatie naar verwezen wordt, is een *principe* waarbij de resultaten afhankelijk zijn van:

–zorgvuldige *selektie van leraars/essen* (die alleen les mogen geven in hun eigen moedertaal),

–een grondige *training*, waarin de toekomstige leraar/es vertrouwd wordt gemaakt met het leermateriaal en met de onderwijstechnieken die de Berlitz-methode uniek maken,

–voortdurend *toezicht* op de lessen door getrainde Berlitz-stafleden.

De leraar/es blijft altijd de sleutelfiguur. Als opvolger van de taalleraar van vroeger, van de "Sprachmeister" of "maître de langue", is de Berlitz-leraar de moderne vertegenwoordiger van een door de eeuwen heen gewaardeerd beroep.

Hoofdstuk

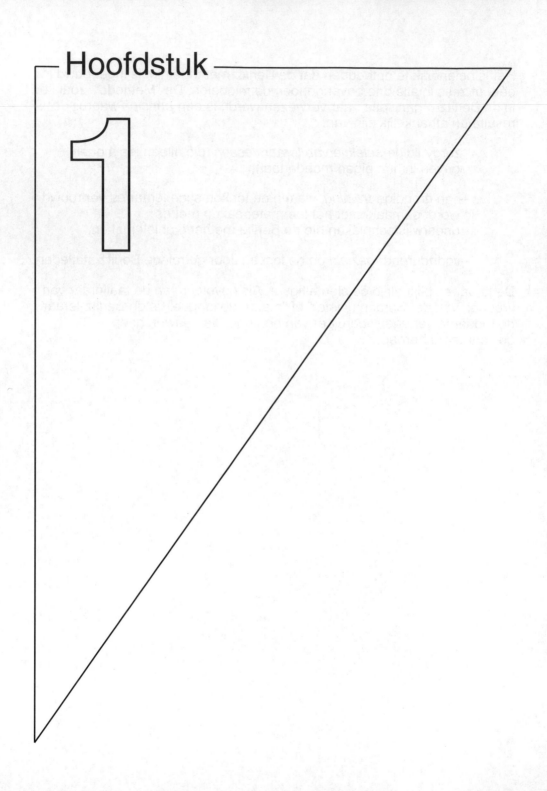

IN AMSTERDAM

Janssen: Dag, meneer de Vries!

De Vries: Meneer Janssen! Hoe maakt u het?

Janssen: Goed, dank u. En u?

De Vries: Ook heel goed, dank u.

Mijnheer de Vries is in Amsterdam. Hij is een Nederlander. Hij spreekt Nederlands.

Mijnheer Janssen is ook in Amsterdam. Hij is geen Nederlander, maar een Belg. Hij spreekt Nederlands, Frans, en een beetje Engels en Duits. Hij spreekt Nederlands in Nederland, Nederlands of Frans in België, Engels in Engeland en Duits in Duitsland.

AANGENAAM!

Mijnheer Vos:	Juffrouw Johnson, dit is mijnheer de Wit.
Juffrouw Johnson:	Aangenaam!
Mijnheer de Wit:	Aangenaam! Bent u een Amerikaanse?
Juffrouw Johnson:	Nee, ik ben een Engelse.
Mijnheer de Wit:	U spreekt heel goed Nederlands.
Juffrouw Johnson:	Dank u, meneer.

Juffrouw Johnson is een Engelse. Zij spreekt Engels en een beetje Nederlands. En u? Waar bent u? Bent u in Amerika? Spreekt u Nederlands in Amerika? Nee, ik spreek geen Nederlands, maar Engels in Amerika.

Ik **ben**	Hans de Wit.
U **bent**	een Nederlander.
Hij **is**	de kelner.
Zij **is**	in Amsterdam.

Ik **spreek**		Nederlands.
U		Frans.
Hij	**spreekt**	Engels.
Zij		Duits.

WAT IS DIT?

Is dit een radio?
— *Nee, dit is geen radio.*

Is dit een schrijfmachine?
— *Nee, dit is ook geen schrijfmachine.*

Wat is dit?
— *Dit is een telefoon.*

Oefening 1

Voorbeeld:

Wat is dit?
Is dit een boek?
Ja, dit is een boek.

Is dit een pen?
Nee, dit is geen pen, dit is een potlood.

1. Is dit een pen?

2. Is dit een fiets?

3. Is dit een sigaret?

4. Is dit een blad papier?

5. Is dit een stoel?

DE OF *HET*?

Dit is een trein.
De trein is wit.

Dit is een schip.
Het schip is zwart.

Dit is wijn.
De wijn is rood.

Dit is bier.
Het bier is licht.

Oefening 2

Voorbeeld: auto / zwart   ***Dit is een auto.   De auto is zwart.***

   1.   tafel / wit

   2.   stoel / bruin

   3.   papier / wit

   4.   boek / geel

   5.   koffie / zwart

HET GROTE VLIEGTUIG IS WIT

Wat is dit?
– Dit is een klein**e** witt**e** auto.

Welke auto is wit?
– **De** klein**e** auto is wit.

Welk vliegtuig is groot?
– **Het** witt**e** vliegtuig is groot.
Wat is dit?
– Dit is een groot wit vliegtuig.

Wat is dit?
– Dit is een grot**e** zwart**e** auto.

Welke auto is zwart?
– **De** grot**e** auto is zwart.

Welk vliegtuig is klein?
– **Het** grijz**e** vliegtuig is klein.
Wat is dit?
– Dit is een klein grijs vliegtuig.

de

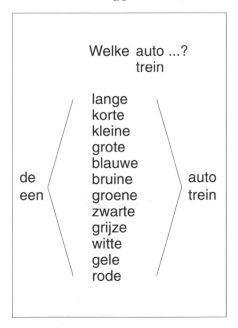

het

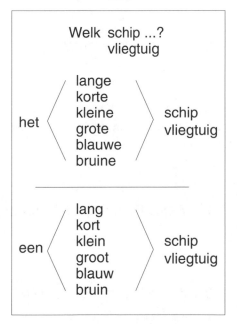

6

Oefening 3

Voorbeeld: Welke radio is wit? *(groot)*
De grote radio is wit.

1. Welke auto is rood? *(klein)*

2. Welk potlood is kort? *(rood)*

3. Welke pen is blauw? *(kort)*

4. Welk boek is klein? *(blauw)*

5. Welke trein is lang? *(groen)*

6. Welk huis is bruin? *(groot)*

7. Welke hond is groot? *(zwart)*

8. Welke fiets is klein? *(wit)*

Dit is een stad.	Dit is een land.
De stad is **klein**.	**Het** land is **klein**.
→ Dit is **een kleine** stad.	→ Dit is **een klein** land.

Oefening 4

Voorbeeld: Delft / klein / stad
Delft is een kleine stad.

1. Rijn / lang / rivier

2. Albertkanaal / lang / kanaal

3. Amsterdam / groot / stad

4. IJzer / kort / rivier

5. DAF / klein / auto

6. E17 / lang / autosnelweg

7. Noordzeekanaal / kort / kanaal

8. 747 / groot / vliegtuig

⌐ 6 ⌐ DE LANDKAART VAN NEDERLAND EN BELGIE

Dit is een landkaart, een landkaart van Nederland en België. Waar ligt Amsterdam? O! Hier! Amsterdam is een stad in Nederland, een grote stad. Delft is een kleine stad.

Brussel is ook een grote stad. Maar Brussel ligt niet in Nederland. Brussel ligt in België. Brugge ligt ook in België, maar Brugge is geen grote stad. Brugge is een kleine stad.

Wat is dit? Dit is een autosnelweg. Dit is de autosnelweg E17. Is de autosnelweg Antwerpen - Breda lang? Nee, de autosnelweg Antwerpen - Breda is niet lang, maar kort.

Hier is de Rijn en hier is de IJzer. De Rijn is een lange rivier. De IJzer is geen lange rivier. De IJzer is een korte rivier. Is de IJzer in Nederland of in België? De IJzer is in België.

En wat is dit? Dit is een kanaal. Welk kanaal? Het Noordzeekanaal. Is het Noordzeekanaal in Nederland of in België? Het Noordzeekanaal is in Nederland. En het Albertkanaal? Is het Albertkanaal ook in Nederland? Nee, het Albertkanaal is niet in Nederland, maar in België.

Oefening 5

1. Is Delft groot of klein?

2. En Rotterdam?

3. Ligt Brugge in Nederland?

4. Waar ligt Brugge?

5. Is de E17 lang of kort?

6. Waar is de IJzer?

7. Is de IJzer lang of kort?

8. Ligt België in Europa of in Amerika?

9. Is Amsterdam een grote stad?

10. Waar ligt Nederland?

IS DEZE AUTO WIT?

Dit huis is groot.   **Dat** huis is klein.
Deze auto is ook groot.   **Die** auto is ook klein.

Hier is een huis, en **daar** is ook een huis.
En **hier** is een auto, en **daar** ook.

Dit huis is groot, en **dat** huis is klein.
Deze auto is groot en grijs, en **die** auto is
klein en wit.

Welke auto is klein?
– Die auto is klein.

Welk huis is groot?
– Dit huis is groot.

De auto ...	Welke auto ...?	Deze auto ... Die auto ...
Het huis ...	Welk huis ...?	Dit huis ... Dat huis ...

Oefening 6

Voorbeeld: vliegtuig – groot / klein

Dit vliegtuig is groot, en dat vliegtuig is klein.

1. stoel – bruin / groen

2. rivier – lang / kort

3. papier – wit / geel

4. stad – groot / klein

5. radio – zwart / grijs

6. bier – donker / licht

7. schrijfmachine – rood / zwart

8. pen – bruin / blauw

JA OF NEE ? GEEN OF NIET ?

dit is **een** telefoon.	dit is **geen** telefoon.
Amsterdam is een stad.	Amsterdam is geen land.
dit is een glas bier.	dit is geen glas bier.
dit is bier.	dit is **geen** bier.
Ja, dit is koffie.	**Nee,** dit is geen koffie.
dit is thee.	dit is geen thee.
Brussel ligt in België.	Delft ligt **niet** in België.
dit is de zwarte auto.	dit is niet de zwarte auto.
de telefoon is zwart.	de telefoon is niet zwart.

Oefening 7

Voorbeeld: Is de telefoon zwart?
Nee, *de telefoon is niet zwart* .

1. Is de auto blauw?
   Nee, _____.

2. Is dit thee?
   Nee, _____.

3. Is de landkaart groot?
   Nee, _____.

4. Is het kanaal lang?
   Nee, _____.

5. Is dat wijn?
   Nee, _____.

HIJ, ZIJ OF HET ?

Personen:

| De man | is een Nederlander. | De vrouw | is een Nederlandse. |

Hij is een Nederlander.　　Zij is een Nederlandse.

Voorwerpen:

| De telefoon | is zwart. | Het boek | is grijs. |

Hij is zwart.　　Het is grijs.

Oefening 8

Voorbeeld: Is juffrouw Johnson een Engelse?
Ja, __*zij is een Engelse*__ .

1. Is mijnheer Janssen een Belg?
   Ja, _____.

2. Is het vel papier wit?
   Ja, _____.

3. Is de rivier lang?
   Nee, _____.

4. Is de schrijfmachine zwart?
   Nee, _____.

5. Is het vliegtuig klein?
   Nee, _____.

6. Is mevrouw van Dam een Nederlandse?
   Ja, _____.

7. Is het schip groot?
   Ja, _____.

8. Is mijnheer van Dam hier?
   Nee, _____.

9. Is de cassette blauw?
   Nee, _____.

10. Is juffrouw Janssen daar?
    Ja, _____.

IN HET CAFE

Van Dijk:	Een biertje[1], meneer de Bruyn, of een kopje koffie?
De Bruyn:	Een kopje koffie, graag.
Van Dijk:	Ober, één koffie en één bier!
Kelner:	Donker bier of pils[2], meneer?
Van Dijk:	Donker, alstublieft.

[1] *een biertje = een klein glas bier*
[2] *pils = licht bier*

Oefening 9

Wat is de vraag?

Voorbeeld: Het blad papier is **wit**.
             Welke kleur heeft het blad papier?

1. Den Haag ligt **in Nederland**.

2. Ik ben **mijnheer van Dam**.

3. Dit is **een trein**.

4. Deze telefoon is **wit**.

5. Dit is de autosnelweg **E17**.

6. Dit is een **klein** boek.

7. Ik spreek **Nederlands**.

8. Ja, zij is **een Amerikaanse**.

Welk land ...? Welke nationaliteit ...?   *Welke taal ...?*

Dit is ...	Hij is een ...	Zij is een ...	Hij / Zij spreekt ...
Nederland	Nederlander	Nederlandse	Nederlands
België	Belg	Belgische	Nederlands (Vlaams) of Frans
Engeland	Engelsman	Engelse	Engels
Frankrijk	Fransman	Franse	Frans
Duitsland	Duitser	Duitse	Duits

Oefening 10

Voorbeeld: Juffrouw Johnson is in London.
Zij is een Engelse en zij spreekt Engels.

1. Mijnheer Müller is in Frankfurt.

2. Ik ben in Amsterdam. *(Ik ben een man!)*

3. Mevrouw Duval is in Parijs.

4. U bent in Den Haag. *(U bent een vrouw!)*

5. Mijnheer Janssen is in Brussel.

DIT IS VOOR U, JUFFROUW!

- Dit is voor u, juffrouw.
- Ah, een kleine radio!
- Nee, nee! Dit is geen radio!
- Geen radio? Wat is dit?
- Dit is een cassette-recorder, en...
- Een cassette-recorder?!
- Ja, juffrouw. Een cassette-recorder en een cassette ...
- Ah, muziek!
- Nee, geen muziek! Dit is een Berlitz-cassette. Dit is cassette nummer één.
- Is hij in het Nederlands?
- Ja! Dit is de Nederlandse cassette nummer één.
- O! Dank u ... dank u wel, meneer!
- Geen dank, juffrouw!

Vijf...

Vier...

Drie...

Twee...

Eén!

Oefening 11

Schrijf de getallen!

0	1	2	3	4	5
___	___	___	___	___	___

6	7	8	9	10	11
___	___	___	___	___	___

12	13	14	15	16	17
___	___	___	___	___	___

18	19	20
___	___	___

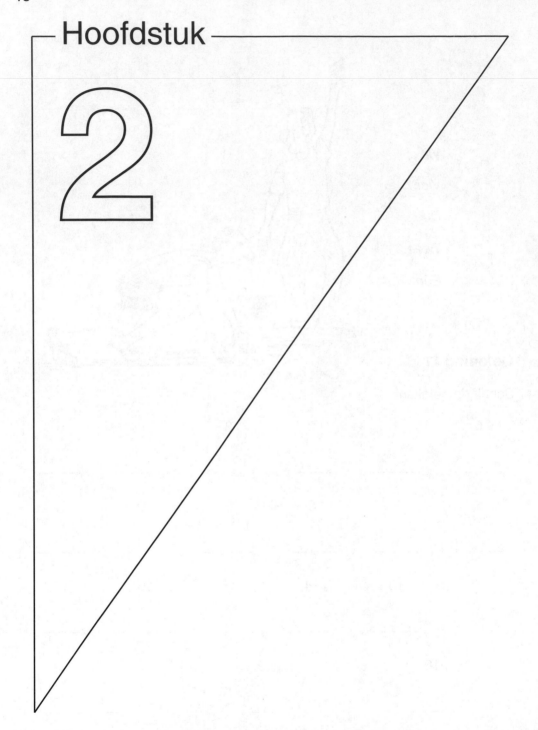

Hoofdstuk

2

WAT IS HET TELEFOONNUMMER?

— Wat is het telefoonnummer van mijnheer de Jong?
  Ik weet het niet.

— Ik weet het ook niet. Hebt u de telefoongids?

— Nee, u hebt hem! Ligt hij niet op uw bureau?

— Nee, dit is de telefoongids van Amsterdam. Mijnheer de Jong
  woont in Den Haag.

— O! *Die* telefoongids heb ik hier in mijn la. Alstublieft!

— Dank u! ... de Jong ... de Jong ... Het nummer staat niet
  in de telefoongids!

— Nee, niet onder *de Jong* maar onder *van Gent en de Jong*!

— Ah, juist! ... Hier staat het nummer: 24 38 25. Dank u wel!

— Geen dank.

WAT IS UW ADRES?

HOOGSTRAAT 21
AMSTERDAM

    – Wat is dit?

    – Dit is een adres in Amsterdam.

    – Is dit uw adres?

    – Nee, dit is mijn adres niet; ik woon niet in Amsterdam, maar in Brussel. Dit is het adres van mijnheer de Vries. Hij woont in Amsterdam.

    – En wat is uw adres?

    – Mijn adres is ...

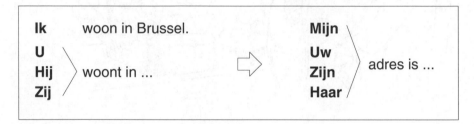

Oefening 12

Voorbeeld: Waar woont deze man?
            Wat is zijn adres?

1. Waar woont u?

2. Waar woont uw leraar?

3. Waar woont dat meisje?

4. Waar woont mijnheer de Vries?

5. Waar woon ik?

WAAR WOONT MIJNHEER DE VRIES?

Dit is mijnheer de Vries. Mijnheer de Vries heeft een telefoon. Zijn nummer staat in de telefoongids. Wat is zijn telefoonnummer?

Vries, M. de
   Hoogstraat 21 .... 72 34 98

Kijk!
Daar staat zijn naam: M. de Vries.
En dat is zijn adres: Hoogstraat 21.
Zijn telefoonnummer is: 72 34 98.

Ik ben C. de Bruyn. Ik heb geen telefoon. Mijn naam staat niet in de telefoongids.

En u? Waar woont u? Hebt u een telefoon? Wat is uw telefoonnummer?

Ik **heb**	**een** telefoon.
U **hebt**	een auto.
Hij **heeft**	**geen** radio.
Zij **heeft**	geen telefoon.

Dit is mijn adres **niet**.
Ik woon **niet** in Amsterdam.

Oefening 13

Voorbeeld: Is dit het boek van de leraar?
   Ja, dit is zijn boek. Nee, dit is zijn boek niet.

1. Is dit het adres van mijnheer de Vries?
2. Is dit het kopje koffie van juffrouw Roos?
3. Is dit uw potlood?
4. Is dit de auto van mevrouw de Bruyn?
5. Is dit mijn bier?

HOE HEET ZIJ?

- Wie is dat?
- Dat is de sekretaresse van mijnheer de Vries.
- Hoe heet zij?
- Roos.
- Is Roos haar familienaam of haar voornaam?
- Het is haar familienaam. Haar voornaam is Annie. Zij heet Annie Roos.

Oefening 14

Voorbeeld: Wie is deze vrouw?
Hoe heet zij?

1. Wie is deze man?

2. Wie ben ik?

3. Wie is die jongen in de klas?

4. Wie bent u?

SCHRIJVEN EN LEZEN

Dit is mijnheer de Vries, de
direkteur van juffrouw Roos.
Zit hij voor zijn bureau?
Nee, hij zit achter zijn bureau,
voor het raam. Wat doet
mijnheer de Vries?
Leest hij een brief? Ja, hij leest
een brief en hij telefoneert.
De telefoon staat op de tafel.

Dit is juffrouw Roos, de
sekretaresse van mijnheer
de Vries. Zij zit aan haar
bureau. Wat doet juffrouw Roos?
Zij schrijft een brief. Het
papier ligt op de tafel.

ik	sta	zit	telefoneer	schrijf	lees	doe	lig
u hij zij	staat	zit	telefoneert	schrijft	leest	doet	ligt

Oefening 15

Voorbeeld: Juffrouw Roos **schrijft een brief**.
              Wat doet juffrouw Roos?

1. Mijnheer de Vries **leest**.

2. Hij leest **een brief**.

3. **De telefoon** staat op de tafel.

4. Juffrouw Roos schrijft **een brief**.

5. Mijnheer de Vries zit **voor het raam**.

6. **Het papier** ligt op de tafel.

Oefening 16

1. Is juffrouw Roos een lerares?

2. Wat is zij?

3. Is Roos haar voornaam?

4. Wat is haar voornaam?

5. In welke stad woont mijnheer de Vries?

6. Wat is zijn adres?

7. Heeft hij een telefoon?

8. Wat is zijn telefoonnummer?

9. Is Annie een jongensnaam of een meisjesnaam?

10. Wat is "46 28 10"?

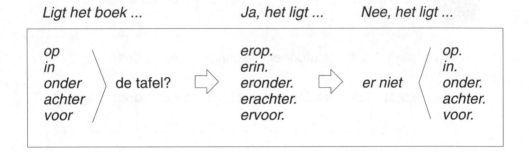

Oefening 17

Voorbeeld: Staat de stoel voor de deur?
   Ja, hij staat ervoor.
   Nee, hij staat er niet voor.

1. Ligt de brief op mijn bureau?

2. Zit de leerling voor het raam?

3. Staat dit nummer in de telefoongids?

4. Zit mevrouw de Vries in de kamer?

5. Staat die naam onder mijn naam?

GETALLEN!

21	éénentwintig	31	éénendertig
22	tweeëntwintig	32	tweeëndertig
23	drieëntwintig		*enz.*
24	vierentwintig	40	veertig
25	vijfentwintig	50	vijftig
26	zesentwintig	60	zestig
27	zevenentwintig	70	zeventig
28	achtentwintig	80	tachtig
29	negenentwintig	90	negentig
30	dertig	100	honderd

101	honderdenéén
105	honderdenvijf
150	honderd vijftig
200	tweehonderd
433	vierhonderd drieëndertig
1000	duizend
2.300	tweeduizend driehonderd
1978	negentienachtenzeventig *of:* negentienhonderd achtenzeventig

Oefening 18

Voorbeeld: 21 **éénentwintig**

76 _____   48 _____   25 _____

38 _____   84 _____   73 _____

27 _____   99 _____   55 _____

94 _____   66 _____   42 _____

Ik ben in de klas. De leraar staat voor **mij**.

ik
u
hij
zij

voor

mij
u
hem
haar

Opgelet!

voor de man
voor de vrouw

voor **hem**
voor **haar**

voor de deur
voor het raam

ervoor

Oefening 19

Voorbeeld: Staat de tafel voor juffrouw Roos?
Ja, zij staat voor haar.

1. Is het raam achter mijnheer de Bruin?

2. Zit u voor mij?

3. Staat het bureau voor de sekretaresse?

4. Staat de direkteur achter mij?

5. Staat Peter voor de deur?

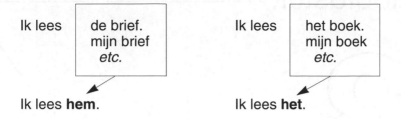

Ik lees hem. Ik lees het.

Oefening 20

Voorbeeld: Schrijft u de brief?
Ja, ik schrijf hem.

1. Leest de leerling zijn boek?

2. Neemt u de telefoongids?

3. Schrijft de sekretaresse de brief?

4. Leest de direkteur zijn krant?

5. Neem ik mijn boek?

6. Schrijft u uw adres?

Hoofdstuk

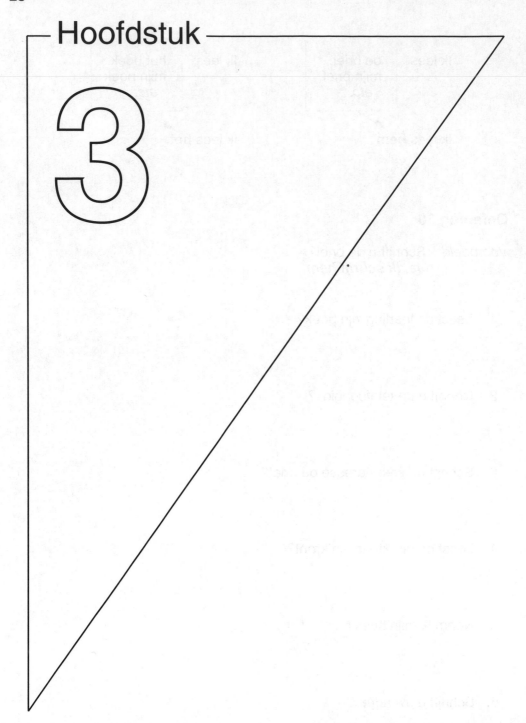

3

○ 6 ○

WAT DOEN WIJ?

Dag!

Ik ben Jan Dijkstra. Ik ben geen leerling, maar een leraar - uw leraar. Ik sta hier in de klas achter mijn tafel. Ik sta achter mijn tafel en voor u.

En u, wie bent u? U bent geen leraar. Bent u een leerling? Mijn leerling? Bent u ook in deze klas? Staat u of zit u? Zit u voor of achter mij? Natuurlijk, u bent ook in deze klas. U bent mijn leerling en u zit voor mij op uw stoel.

Wat doen wij in de klas? Spreken, lezen en schrijven wij? Wij spreken in de klas, maar wij lezen en schrijven niet. Wij spreken Nederlands; wij vragen en antwoorden. Maar u leest en schrijft thuis.

Zijn er ook leerlingen in die klas, in klas nummer acht? Zijn zij Nederlanders? En spreken zij Nederlands? Er zijn ook leerlingen in die klas, het zijn Nederlanders, maar zij spreken geen Nederlands. Hun leraar is een Fransman, en zij spreken Frans met hem.

ENKELVOUD EN MEERVOUD

de sigaret		sigaret**ten**
de fiets		fiets**en**
de trein		trein**en**
de krant		krant**en**
de rivier		rivier**en**
de autosnelweg		autosnelweg**en**
de Belg		Belg**en**
de sekretaresse	**de**	sekretaress**en**
de stad		**steden**
de taal		**talen**
het vliegtuig		vliegtuig**en**
het land		land**en**
het schip		**schepen**
het kantoor		**kantoren**
de Nederlander		Nederlander**s**
de tafel		tafel**s**
de telefoon	**de**	telefoon**s**
het kopje		kopje**s**
het broodje		broodje**s**
de taxi		taxi'**s**
de auto	**de**	auto'**s**
de radio		radio'**s**

OP KANTOOR

Wie is deze man? Is dit mijnheer Dijkstra, uw leraar? Is hij in een klas op uw school? Nee, dit is mijnheer Dijkstra niet. Dit is mijnheer de Vries. En hij is niet in een klas op uw school, maar op kantoor.

Wie is de juffrouw op dit kantoor? Is zij de lerares van mijnheer de Vries? Nee, zij is geen lerares, zij is een sekretaresse. Zij is de sekretaresse van de direkteur, mijnheer de Vries. Zij heet juffrouw Roos.

Mijnheer de Vries en juffrouw Roos zijn op kantoor. Wat doen zij? Zij werken. Mijnheer de Vries staat voor het bureau van juffrouw Roos, rookt een sigaret en dikteert. Hij dikteert een brief aan zijn sekretaresse.

Wat doet juffrouw Roos? Schrijft zij de brief voor de direkteur? Nee, zij schrijft de brief niet, maar typt hem op haar schrijfmachine.

LEER DEZE WERKWOORDEN!

Ik	U / Hij / Zij	Wij / Zij
antwoord	antwoordt	antwoorden
betaal	betaalt	betalen
dikteer	dikteert	dikteren
doe	doet	doen
doe dicht	doet dicht	doen dicht
doe open	doet open	doen open
drink	drinkt	drinken
eet	eet	eten
geef	geeft	geven
heet	heet	heten
koop	koopt	kopen
lees	leest	lezen
leg	legt	leggen
lig	ligt	liggen
maak	maakt	maken
neem	neemt	nemen
rook	rookt	roken
schrijf	schrijft	schrijven
spreek	spreekt	spreken
sta	staat	staan
telefoneer	telefoneert	telefoneren
typ	typt	typen
verkoop	verkoopt	verkopen
vraag	vraagt	vragen
werk	werkt	werken
woon	woont	wonen
zit	zit	zitten

Opgelet!

Ik	U	Hij / Zij	Wij / Zij
ben	bent (*of:* is)	is	zijn
heb	hebt (*of:* heeft)	heeft	hebben

Oefening 21

a) Mijnheer de Vries woont in Amsterdam.

b) Hij werkt voor de firma *KAMP N.V.*

c) Hij is op kantoor.

d) Hij dikteert brieven aan zijn sekretaresse.

1. En u?

   a) *Ik woon in ...*

   b) _____

   c) _____

   d) _____

2. En wij?

   a) *Wij ...*

   b) _____

   c) _____

   d) _____

3. En mevrouw de Bruin?

   a) *Zij ...*

   b) _____

   c) _____

   d) _____

4. En de direkteurs?

   a) *Zij ...*

   b) _____

   c) _____

   d) _____

5. En ik?

   a) *U ...*

   b) _____

   c) _____

   d) _____

Enkelvoud	Meervoud
de het	de
Welke ...? Welk ...?	Welke ...?
deze die	deze die
dit dat	

Oefening 22

Zet in het meervoud!

Voorbeeld: **Het boek ligt** op de tafel.
De boeken liggen op de tafel.

1. Welke kleur **heeft die trein**?

2. **Deze vrouw staat** voor het huis.

3. **Die fiets is** rood.

4. **Deze pen ligt** op mijn bureau.

5. Ik leg **de krant** op mijn bureau.

IN DE KANTINE

Juffrouw Roos werkt voor de firma van mijnheer de Vries.
De firma heet *KAMP N.V.*

Deze firma heeft een kantine. Wie eet in de kantine?
Het personeel eet in de kantine.

Juffrouw Roos drinkt koffie:
– Een koffie, graag. Zonder melk, met suiker.

Zij eet ook een broodje:
– ...en een broodje met kaas. Dank u.

Juffrouw Roos gaat naar de kassa. Betaalt zij? Ja, zij
betaalt, maar niet met geld. Zij geeft twee bonnen aan de
kassier: één voor de koffie, en één voor het broodje.

Juffrouw Roos betaalt één gulden en vijftig cent voor een
bon. Hoeveel betaalt zij voor twee bonnen? Voor twee
bonnen betaalt zij drie gulden. Dat is niet duur, dat is
goedkoop.

Oefening 23

1. Waar werkt juffrouw Roos, op kantoor of op school?

2. Hoe heet de firma?

3. Waar eet het personeel?

4. Is juffrouw Roos in haar kantoor of in de kantine?

5. Wat drinkt zij?

6. Drinkt zij koffie met of zonder suiker?

7. Wat eet zij?

8. Waar betaalt juffrouw Roos?

9. Hoeveel bonnen geeft zij aan de kassier?

10. Hoeveel kosten twee bonnen?

HOEVEEL SIGARETTEN ZITTEN ER IN DIT PAKJE?

In de klas **staat** een tafel.	Er **staat** een tafel in de klas.
staan 2 tafels.	Er **staan** 2 tafels
Op de tafel **ligt** een pakje.	Er **ligt** een pakje op de tafel.
liggen 2 pakjes.	Er **liggen** 2 pakjes
In het pakje **zit** een sigaret.	Er **zit** een sigaret in het pakje.
zitten 2 sigaretten.	Er **zitten** 2 sigaretten

Oefening 24

Voorbeeld: Hoeveel brieven liggen er op de tafel?   *(1)*
   Er ligt één brief op de tafel.

1.   Hoeveel cijfers staan er op een horloge? *(12)*

2.   Hoeveel leerlingen zitten er in de klas? *(1)*

3.   Hoeveel pennen liggen er op het bureau? *(2)*

4.   Hoeveel stoelen staan er voor het bord? *(1)*

5.   Hoeveel klassen zijn er in deze school? *(8)*

HUN AUTO IS GROOT, ONZE AUTO IS KLEIN

ik	**mijn**
u	**uw**
hij	**zijn**
zij	**haa**r
wij	**onze, ons***
u	**uw**
zij	**hun**

* Opgelet!

We hebben een auto. **De** auto is grijs.
→ **Onze** auto is grijs.

We hebben een huis. **Het** huis is groot.
→ <u>**Ons**</u> huis is groot.

We hebben twee auto's. **De** auto's zijn zwart.
→ **Onze** auto's zijn zwart.

We hebben twee huizen. **De** huizen zijn groot.
→ **Onze** huizen zijn groot.

Oefening 25

Voorbeeld: Mijnheer en mevrouw de Bruin hebben twee auto's. *(wit)*
Hun auto's zijn wit.

1. Wij hebben twee fabrieken. *(klein)*

2. Hij heeft een aktentas. *(bruin)*

3. Zij hebben een telefoon. *(zwart)*

4. Zij heeft een winkel. *(groot)*

5. Wij hebben een cassette-recorder. *(grijs)*

6. Ik heb een sekretaresse. *(Amerikaanse)*

7. U heeft een schrijfmachine. *(duur)*

8. Wij hebben een kantoor. *(groot)*

9. U leest een krant. *(Frans)*

10. Mijn sekretaresse heeft een auto. *(zwart)*

11. Zij hebben een huis. *(groot)*

12. Wij hebben een schrijfmachine. *(grijs)*

13. Zij hebben een auto. *(klein)*

14. Hij heeft een fiets. *(blauw)*

40

(u en ik)	**wij**		⟋ **ons**.		⟋ voor **ons**.
(de mensen)	**zij**	Jan ziet ⟨	**hen**.	Jan staat ⟨	voor **hen**.
(de stoelen)	**zij**		⟍ **ze**.		⟍ **ervoor**.

Oefening 26

Voorbeeld: Spreekt mijnheer de Vries met juffrouw Roos en juffrouw Smit?
Ja, _**hij spreekt met hen**_ .

1. Legt u de boeken op de tafel?
    Ja, _____.

2. Staan de auto's voor de huizen?
    Ja, _____.

3. Fotografeert de man u en mij?
    Ja, _____.

4. Schrijft u een brief naar mijnheer en mevrouw de Vries?
    Nee, _____.

5. Typt uw sekretaresse de brieven op haar schrijfmachine?
    Ja, _____.

6. Koopt u deze sigaren in Nederland?
    Ja, _____.

7. Staat mijnheer de Vries tussen Peter en Ilse?
    Nee, _____.

HOEVEEL KOST DAT?

– Pardon, meneer! Hoeveel kost deze krant?

– "Het Nieuwsblad"? Eén gulden en vijftig cent,
  meneer.

– En geef mij ook een pakje sigaretten,
  alstublieft.

– Welk merk rookt u?

– "Stuyvesant". Hoeveel is dat?

– Zes gulden vijftig.

– Hier, alstublieft.

– Dank u wel, meneer.

Mijnheer de Bruyn staat hier aan een kiosk. Hij koopt een krant. Welke krant koopt hij? Hij koopt *Het Nieuwsblad*, een Nederlandse krant. Koopt hij ook sigaretten? Ja, hij koopt ook een pakje sigaretten. Welk merk rookt mijnheer de Bruyn? Hij rookt *Stuyvesant*.

Oefening 27

Voorbeeld: Eén pakje sigaretten kost fl. 5,-.
Twee *pakjes sigaretten kosten fl. 10,-* .

Twee kopjes koffie kosten fl. 6,-.
Eén *kopje koffie kost fl. 3,-* .

1. Eén boek kost fl. 20,-.
   Twee _____.

2. Eén cassette kost fl. 15,-.
   Twee _____.

3. Twee flessen wijn kosten fl. 30,-.
   Eén _____.

4. Eén broodje kost fl. 3,-.
   Twee _____.

5. Twee schrijfmachines kosten fl. 1.000,-.
   Eén _____.

6. Eén radio kost BF 1.750,-.
   Twee _____.

7. Twee sigaren kosten BF 160,-.
   Eén _____.

8. Eén fiets kost BF 8.500,-.
   Twee _____.

Oefening 28

Zet in het meervoud!

Voorbeeld: Ik spreek Nederlands.
                Wij spreken Nederlands.

1. Hij schrijft een brief.

2. U leest een boek.

3. Ik vraag: "Wat is dit?"

4. Zij antwoordt: "Dat is een cassette-recorder."

5. Doet u het raam dicht?

6. Hij is in de klas.

7. Dit schip gaat naar Hamburg.

8. Ik lees geen boek.

Hoofdstuk

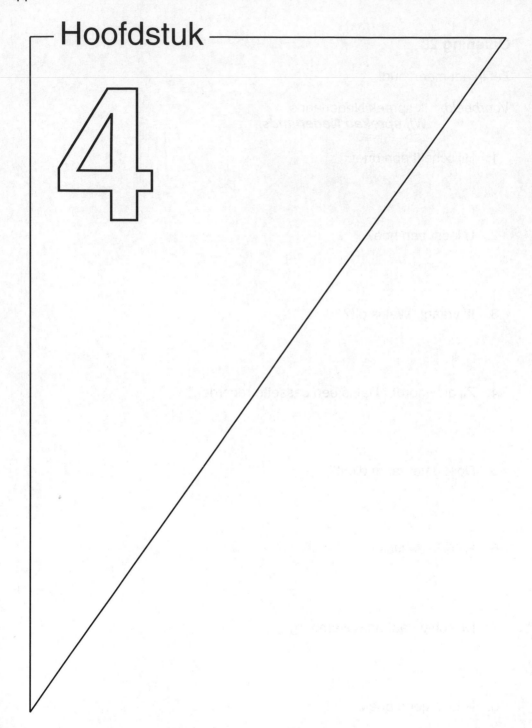

OP REIS

– Een retourtje naar Amsterdam, alstublieft.

– Eerste of tweede klas?

– Eerste klas.

– 45 gulden, alstublieft.

– ... 20 ... 40 ... 45 gulden.

– Dank u.

– Van welk perron vertrekt de trein?

– Van perron drie.

– Dank u wel!

– Geen dank.

ik	vlieg	rijd	vaar
u *hij* *zij*	vliegt	rijdt	vaart
wij *zij*	vliegen	rijden	varen

KOMEN EN GAAN

Het schip vaart van Oostende naar Dover:

    Waar komt het **vandaan**?

    – Het komt **van** Oostende.

    Waar gaat het **naartoe**?

    – Het gaat **naar** Dover.

De trein rijdt van Amsterdam naar Brussel:

    Waar komt hij **vandaan**?

    – Hij komt **van** Amsterdam.

    Waar gaat hij **naartoe**?

    – Hij gaat **naar** Brussel.

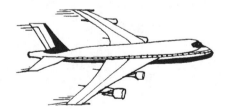

Het vliegtuig vliegt van New York naar London:

    Waar komt het **vandaan**?

    – Het komt **van** New York.

    Waar gaat het **naartoe**?

    – Het gaat **naar** London.

	Amerika.			een Amerikaanse auto. een Amerikaans vliegtuig.
Dat is	België. Duitsland.	⇨	Dat is	een Belgische auto. een Belgisch vliegtuig. een Duitse auto. een Duits vliegtuig.

Oefening 29

Voorbeeld: Wat is de "Boeing 747"? *(vliegtuig)*
Dat is een groot Amerikaans vliegtuig.

1.   Wat is de "Volkswagen"? *(auto)*

2.   Wat is de "QE II"? *(schip)*

3.   Wat is "Antwerpen"? *(haven)*

4.   Wat is de "Rolls Royce"? *(auto)*

5.   Wat is "Schiphol"? *(vliegveld)*

6.   Wat is "Chicago"? *(stad)*

DE TREIN VERTREKT OM HALF ZES

Mijnheer de Vries vertrekt met de trein van 17.30 u. De trein vertrekt van Brussel-Noord en gaat tot Amsterdam.

    – Pardon, meneer, hoe laat vertrekt de trein naar Amsterdam, alstublieft?

    – Om half zes, meneer.

    – En hoe laat hebt u het? Op mijn horloge is het vijf uur, maar het loopt niet gelijk.

    – Ik heb het vijf over vijf, en mijn horloge loopt gelijk met de klok achter u.

    – O! Dan loopt mijn horloge vijf minuten achter. Dank u wel, meneer!

    – Tot uw dienst, meneer.

Het is nu vijf uur.

(5.00 u.) Mijn horloge loopt **gelijk**.

(4.55 u.) Uw horloge loopt **achter**.

(5.05 u.) Haar horloge loopt **voor**.

Oefening 30

1. Hoe laat vertrekt de trein naar Amsterdam?

2. Hoeveel minuten loopt het horloge van mijnheer de Vries achter?

3. Loopt uw horloge voor, gelijk of achter?

4. Hoeveel minuten heeft mijnheer de Vries nog voor de trein vertrekt?

5. Hoeveel tijd hebt u nog voor de les begint?

6. Hoe laat is het op uw horloge?

HOE LAAT IS HET?

Kijk naar het horloge!
Hoe laat is het, alstublieft?
Het is tien uur. Maar dit
horloge is in Amsterdam. Het
is tien uur in Amsterdam. Is
het ook tien uur in Moskou?
En in Washington?

Amsterdam	10.00 u.
Washington	5.00 u.
Tokio	19.00 u.
Moskou	13.00 u.

Nee! Het is niet tien uur
in Washington. In Washington
is het vijf uur. En in Moskou
is het één uur. Hoe laat is het
in Tokio?

3.00 u.	Het is drie uur.
3.05 u.	vijf over drie
3.10 u.	tien over drie
3.15 u.	kwart over drie
3.20 u.	tien voor half vier
3.25 u.	vijf voor half vier
3.30 u.	half vier
3.35 u.	vijf over half vier
3.40 u.	tien over half vier twintig voor vier
3.45 u.	kwart voor vier
3.50 u.	tien voor vier
3.55 u.	vijf voor vier

3.57 u.	
3.58 u.	Het is **bijna** vier uur.
3.59 u.	

Hoe laat is het nu?
– Het is kwart over vier.

Hoe laat begint de film?
– Hij begint om kwart over vier.

Oefening 31

Hoe laat is het?

1. _**Het is**_ _____

2. _____

3. _____

4. _____

5. _____

6. _____

7. _____

8. _____

9. _____

10. _____

Oefening 32

Voorbeeld: Hoe laat vertrekt de trein? *(17.30 u.)*
Hij vertrekt om half zes.

1. Hoe laat begint het concert? *(20.30 u.)*

2. Hoe laat eindigt de les? *(10.00 u.)*

3. Hoe laat vertrekt het vliegtuig naar Brussel? *(7.15 u.)*

4. Hoe laat begint u? *(17.45 u.)*

5. Hoe laat vertrekt de boot naar Dover? *(7.35 u.)*

6. Hoe laat begint uw les? *(9.00 u.)*

7. Hoe laat komt uw leraar? *(8.55 u.)*

8. Hoe laat begint de film? *(17.30 u.)*

9. Hoe laat eindigt het concert? *(22.10 u.)*

53

6 MIJNHEER DE BRUYN GAAT NAAR HUIS

Het is vijf uur. Mijnheer de Bruyn komt naar buiten. Wat heeft hij in zijn linkerhand? In zijn linkerhand heeft hij zijn aktentas. Het is vijf uur, en hij gaat naar huis.

Hoe gaat hij naar huis? Gaat hij te voet of neemt hij een taxi, een trein of zijn auto? Hij neemt noch trein noch taxi of auto: hij neemt de bus.

Hij gaat naar de bushalte. Hij wacht op de bus. Hij wacht van 17.10 u tot 17.20 u. Om 17.20 u. komt de bus.

Zit of staat mijnheer de Bruyn in de bus? Hij zit. Hij zit bij het raam. Wat heeft hij in zijn handen? Een krant? Ja, hij heeft een krant in zijn handen. Hij zit in de bus bij het raam en leest zijn krant.

Hoe laat is het nu? Het is nu zes uur. Mijnheer de Bruyn is noch op kantoor noch in de bus, hij is nu thuis. Hij staat voor de deur en doet ze open. Waarmee doet hij de deur open? Met een sleutel, natuurlijk.

Oefening 33

1. Hoe laat komt mijnheer de Bruyn uit zijn kantoor?

2. Waar gaat hij naartoe?

3. Gaat hij te voet naar huis?

4. Neemt hij een taxi?

5. Hoe gaat hij naar huis?

6. Hoe lang wacht hij op de bus?

7. Hoe laat komt de bus?

8. Staat of zit hij in de bus?

9. Zit hij bij het raam of bij de deur?

10. Wat doet hij in de bus?

11. Hoe laat komt hij thuis?

12. Waarmee doet hij de deur open?

Mijnheer de Jong gaat met de taxi naar het station.

Wat is dat?	*Waar gaat u naartoe?*	*Waar bent u?*
Dat is ...	Ik ga ...	Ik ben ...
een kantoor	**naar** kantoor	**op** kantoor
een school	naar school	op school
een vliegveld	naar het vliegveld	op het vliegveld
een station	naar het station	**in** het station
een haven	naar de haven	in de haven
een huis	naar huis	**thuis**

Wat is dat?	*Hoe gaat u naar...?*
Dat is ...	Ik ga ...
een auto	**met de** auto naar kantoor
een trein	met de trein naar Amsterdam
een bus	met de bus naar het station
een taxi	met de taxi naar het vliegveld

Ik ga **te voet** naar huis.
(Ik ga naar huis **lopen**.)

MIJNHEER DE VRIES REIST NAAR BRUSSEL

Het is half acht. Mijnheer de Vries staat op straat en wacht op een taxi. Daar komt er één ...

       – Taxi ...

       – Waar naartoe, meneer?

       – Naar het station, alstublieft.

Om tien over half acht komt de taxi bij het station aan. Mijnheer de Vries neemt zijn aktentas en vraagt:

       – Hoeveel is het?

       – Acht gulden en 60 cent.

       – Hier ... En dat is voor u.

       – Dank u wel, meneer. En goede reis!

       – Dank u!

Nu is mijnheer de Vries op het station. Waar reist hij naartoe? Naar Amsterdam? Nee, hij *is* in Amsterdam. Hij reist naar België. Zijn firma heeft een kantoor in Brussel.

Hoe laat vertrekt de trein naar Brussel? Hier is de dienstregeling... - de trein vertrekt om tien minuten voor acht. Hij vertrekt om tien minuten voor acht van perron twee.

Mijnheer de Vries gaat naar een loket en koopt een treinkaartje eerste klas. Neemt hij een retourtje? Natuurlijk! Hij woont niet in Brussel, maar in Amsterdam.

Mijnheer de Vries heeft zijn kaartje in de tas. Hij wacht nu op de trein. Heeft hij ook een krant? De reis duurt twee uur en veertig minuten! Twee uur en veertig minuten...? Mijnheer de Vries gaat naar een kiosk en koopt een krant.

De trein vertrekt om tien minuten voor acht. Mijnheer de Vries zit bij het raam, leest zijn krant en rookt een sigaret. Om negen uur gaat hij naar de restauratiewagen en drinkt een kopje koffie...

De trein komt om half elf in Brussel aan. Mijnheer de Vries neemt een taxi naar het kantoor van zijn firma in Brussel.

ik	*u / hij / zij*	*wij / zij*
begin	begint	beginnen
blijf	blijft	blijven
—	duurt	duren
eindig	eindigt	eindigen
ga	gaat	gaan
geef	geeft	geven
kom	komt	komen
kom aan	komt aan	komen aan
loop	loopt	lopen
reis	reist	reizen
vertrek	vertrekt	vertrekken
wacht	wacht	wachten

Oefening 34

a) Mijnheer de Vries neemt een taxi.

b) Hij gaat naar het station.

c) Hij reist met de trein naar Brussel.

d) Hij leest een krant in de trein.

e) Hij komt om half elf in Brussel aan.

1. U bent mijnheer de Vries.
   Wat doet u?

   a) *Ik neem ...*

   b) _____

   c) _____

   d) _____

   e) _____

2. En wat doen u en ik?

   a) *Wij ...*

   b) _____

   c) _____

   d) _____

   e) _____

3. Wat doe ik?

   a) *U ...*

   b) _____

   c) _____

   d) _____

   e) _____

4. Wat doen onze kollega's?

   a) *Zij ...*

   b) _____

   c) _____

   d) _____

   e) _____

5. En wat doet mevrouw de Vries?

   a) *Zij ...*

   b) _____

   c) _____

   d) _____

   e) _____

DIT IS DE HOOGSTRAAT

Dit is een straat. Het is de Hoogstraat. Hier woont juffrouw Roos. Zij woont in een flat. Kijk! Dat is haar flatgebouw. Het heeft vijf verdiepingen.

Juffrouw Roos woont op de eerste verdieping. Het gezin de Vries heeft geen flat. Zij wonen in een huis. Het heeft twee verdiepingen.

En u? Woont u in een flat? Op welke verdieping? Woont u op de eerste, tweede of derde verdieping?

Zijn er veel flatgebouwen in de Hoogstraat? Nee, er zijn weinig flatgebouwen: 'n 3-tal.

Zijn er ook veel huizen? Ja, er zijn veel huizen: 'n 60-tal.

Dit is flat nummer 1.
Dit is de **eerste** flat.

1ste	**eerste**	6de	**zesde**
2de	**tweede**	7de	**zevende**
3de	**derde**	8ste	**achtste**
4de	**vierde**	9de	**negende**
5de	**vijfde**	10de	**tiende**

60

DRIE LEERLINGEN VAN DE BERLITZSCHOOL

Hier in dit gebouw is de Berlitz-school. Wat doet men op deze school? Men leert hier talen: Engels, Frans, Duits, enz. Berlitz is een talenschool.

Voor de school staat een auto. Van wie is die auto? Is dat mijn auto of uw auto? Nee, dat is noch mijn noch uw auto; dat is de auto van mijnheer Maarten. Hij is een leerling van de Berlitz-school. Hij volgt hier lessen, Engelse lessen.

Met wie komt mijnheer Maarten naar school? Er zijn twee personen in zijn auto - maar wie zijn die? De juffrouw is juffrouw van Burg en de jonge man is mijnheer Maas. Zij zijn ook leerlingen van deze school, maar zij leren geen Engels. Juffrouw van Burg leert Frans en mijnheer Maas leert Duits.

Het is nu tien over vier. Mijnheer Maarten doet de deur van zijn auto met zijn autosleutel dicht en de drie leerlingen gaan naar binnen. Hun lessen beginnen om kwart over vier en eindigen om zes uur. Zij duren één uur en vijfenveertig minuten.

Oefening 35

Voorbeeld: Wat geef ik aan Peter? *(een pen)*
U geeft hem een pen.

1. Wat geeft de leraar aan zijn leerlingen? *(lessen)*

2. Wat geeft mijnheer de Vries aan zijn sekretaresse? *(geld)*

3. Wat geeft de leraar aan u en mij? *(huiswerk)*

4. Wat geef ik aan u? *(de krant)*

5. Wat geeft mevrouw de Vries aan Peter? *(geld)*

6. Wat geeft u aan mij? *(uw adres)*

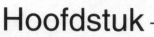

Hoofdstuk

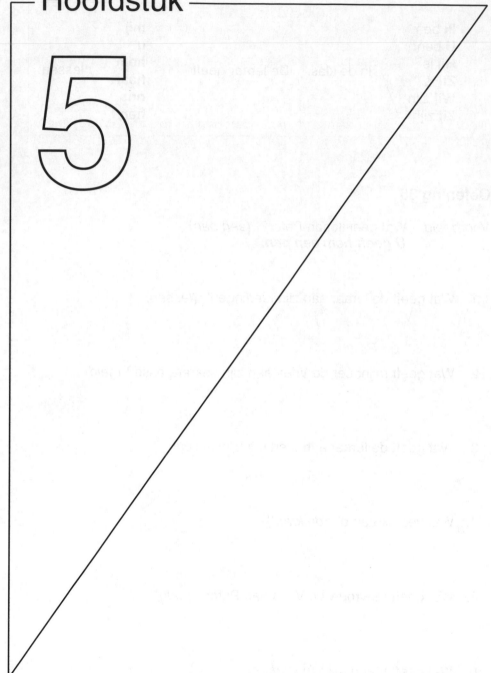

NAAR DE BIOSKOOP

Het is zaterdag. Vandaag werkt mijnheer de Vries niet. Vanavond gaat hij met zijn vrouw uit.

Waar gaan mijnheer en mevrouw de Vries naartoe? Naar een concert? Nee! Zij gaan wel eens naar een concert of naar de schouwburg, maar vanavond gaan zij naar de bioskoop. Er draait een interessante film met Jean-Claude Van Damme.

Mijnheer de Vries gaat nu naar de kassa en koopt twee kaartjes ...

- Wanneer begint de volgende voorstelling, juffrouw?
- Over tien minuten, meneer. De film begint om kwart voor negen en de laatste voorstelling begint om half elf.
- Prima. Twee kaartjes dan.
- Vooraan of achteraan, meneer?
- Twee plaatsen achteraan, graag.
- Dat is dan samen 21 gulden.
- Alstublieft, juffrouw. Dank u.

Ik kijk naar	een film. een toneelstuk. de televisie.
Ik luister naar	een concert. muziek. de radio.

Oefening 36

1. Wat doen mijnheer en mevrouw de Vries op zaterdag?

2. Gaan zij naar de schouwburg of naar de bioskoop?

3. Hoeveel kaartjes neemt mijnheer de Vries?

4. Zijn zij op tijd?

5. Wanneer begint de film?

6. Neemt mijnheer de Vries plaatsen voor- of achteraan?

7. Hoeveel kost een kaartje?

8. Is dat duur? *(Nee)*

9. Kijkt u graag naar een toneelstuk?

10. Luistert u graag naar een concert? *(Ja)*

DE KALENDER

Kijk naar de kalender!

Hij hangt in het kantoor van mijn sekretaresse. Kijk! Welke dag is het vandaag? Vandaag is het maandag. Gisteren was het zondag, en morgen is het dinsdag.

Hoeveel dagen zijn er in een week? Er zijn er zeven. Zondag is de eerste dag van de week en zaterdag is de laatste. De week begint op zondag en eindigt op zaterdag.

Vandaag is mijn sekretaresse op kantoor. Was zij gisteren ook op kantoor? Nee, zondags werkt zij niet. Zij werkt van maandag tot en met vrijdag. Zaterdags en zondags blijft zij thuis of gaat zij uit.

Vandaag is het **Morgen** is het **Overmorgen** is het **Gisteren** was het **Eergisteren** was het	zondag maandag dinsdag woensdag donderdag vrijdag zaterdag

> Ik zie *drie boeken.*
> → Ik zie **er** drie.

Oefening 37

Voorbeeld: Hoeveel boeken ziet u? *(3)*
Ik zie er drie.

1. Hoeveel potloden hebt u? *(5)*
2. Hoeveel kranten leest mijnheer de Vries? *(2)*
3. Hoeveel talen spreekt mijn sekretaresse? *(4)*
4. Hoeveel films draaien er in deze bioskoop? *(2)*
5. Hoeveel mensen werken er bij uw firma? *(27)*
6. Hoeveel leerlingen komen er om 6 uur? *(8)*

VANDAAG EN GISTEREN

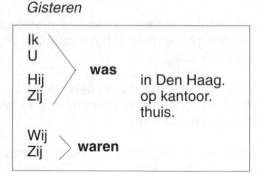

Vandaag

Ik	**ben**	
U	**bent**	
Hij		in Den Haag.
Zij	**is**	op kantoor.
		thuis.
Wij	**zijn**	
Zij		

Gisteren

Ik		
U		
Hij	**was**	in Den Haag.
Zij		op kantoor.
		thuis.
Wij	**waren**	
Zij		

Oefening 38

Voorbeeld: Vandaag ben ik op kantoor. *(thuis)*
Gisteren was ik thuis.

1. Vandaag is mijnheer de Vries in Amsterdam. *(in Antwerpen)*
2. Vandaag zijn wij op school. *(op kantoor)*
3. Vandaag ben ik thuis. *(naar de bioskoop)*
4. Vandaag zijn de winkels open. *(dicht)*
5. Vandaag bent u in een museum. *(in een koncertzaal)*

DE TWAALF MAANDEN

Kijk! Er hangt een kalender aan deze muur. Is het de kalender van mijn sekretaresse? Nee, dit is niet de kalender van mijn sekretaresse, dit is de kalender van Peter.

Wat staat er op een kalender? Op een kalender staan de dagen en de maanden van het jaar. Kijk! Nu is het april. Vandaag is het maandag, 8 april.

Welke maand was het vorige maand? Was het mei? Maar nee, mei komt niet *vóór*, maar *na* april. Vorige maand was het maart, en volgende maand is het mei. April valt tussen maart en mei.

Hoeveel maanden zijn er in een jaar? Er zijn er twaalf. Januari is de eerste en december is de laatste maand van het jaar.

Hoeveel dagen zijn er in een maand? Hebben alle maanden dertig dagen? Of éénendertig? Nee! Sommige maanden hebben dertig en sommige hebben éénendertig dagen behalve februari. Februari heeft achtentwintig dagen behalve in een schrikkeljaar. Dan heeft februari negenentwintig dagen.

januari	*april*	*juli*	*oktober*
februari	*mei*	*augustus*	*november*
maart	*juni*	*september*	*december*

Oefening 39

1. Welke dag is het vandaag?

2. Komt de maand april vóór of na de maand mei?

3. Welke maand was het vorige maand?

4. Tussen welke maanden valt de maand augustus?

5. Hoeveel dagen zijn er in de maand augustus?

6. Wat is de eerste dag van het jaar?

7. En de laatste?

8. Hoeveel dagen heeft de maand februari in het jaar 2000?

9. Is het jaar 2000 een schrikkeljaar?

10. En het jaar 1999?

HET WERK BEGINT OM HALF NEGEN

Vandaag is het vrijdag. Mijnheer de Vries is op kantoor. Werkt hij elke dag? Ja, hij werkt elke dag, behalve zaterdag en zondag natuurlijk.

Het is nu kwart over acht. Begint het werk op dit uur? Nee, het begint niet op dit uur, maar om half negen. Mijnheer de Vries is vroeg vandaag. Is hij altijd vroeg? Natuurlijk niet. Soms is hij vroeg, en soms is hij op tijd. En soms is hij ook een beetje laat.

Hoe laat is het nu? Het is nu kwart voor negen. Waar is juffrouw Roos, de sekretaresse? Zij is niet op kantoor. Zij is laat vandaag.

Negen uur - hier komt juffrouw Roos...

- Goedemorgen, meneer de Vries.

- U bent laat, juffrouw!

- Het spijt me, meneer, maar de bus was laat!

EEN MAN EN ZIJN GELD

– Er is niemand in die kamer!

– Er is wel iemand. Een man.

– Wat doet hij?

– Wel ... hij zit aan een tafeltje en ...

– En ...?

– Ik weet het niet. Er staat een fles voor hem, en enkele glazen.

– Wat drinkt hij?

– Ik weet het niet. Whisky, cognac, bier...?

– Maar geen melk... of koffie?

– O nee! Het heeft de kleur van whisky. En die glazen op tafel zijn geen melk-glazen!

– Is dat alles?

– Ha! Er ligt iets op de tafel.

- Wat is het?

- Geld! Het is geld!

– Geld? Hoeveel geld?

– Veel! Honderden guldens! Duizenden guldens!

> Er is **iemand** in de kamer.
> Er is **niemand** op mijn kantoor 's morgens.
> _____
> Er ligt **iets** op de tafel.
> Er ligt **niets** onder de tafel.

Oefening 40

Vul in met deze woorden: *iemand / niemand, iets / niets, alle / sommige, nooit / altijd, open / dicht*

1. 's Zaterdags is de fabriek _____.

2. 's Zaterdags is er _____ op de fabriek.

3. 's Maandags is het kantoor _____.

4. 's Maandags is er _____ op kantoor.

5. _____ dagen hebben 24 uren.

6. _____ maanden hebben 30 dagen en _____ hebben er 31.

7. In de klas spreken wij _____ Nederlands.

8. In de Franse klas spreekt men _____ Engels.

9. Er is _____ op de TV om vier uur 's morgens.

10. Er is altijd _____ op de TV om acht uur 's avonds.

Hoofdstuk

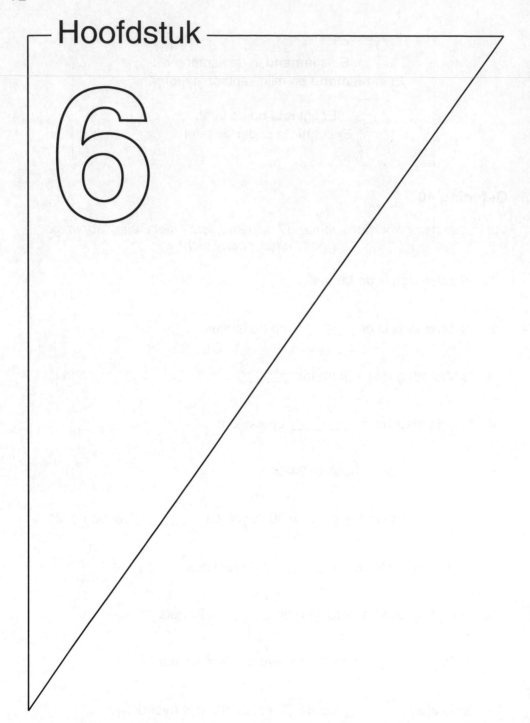

HOEVEEL KRIJGT U VAN MIJ?

6

- Twee pakjes *Stuyvesant*, alstublieft.
- Het spijt me, meneer. Ik heb geen *Stuyvesant*.
- Hebt u Belgische sigaretten?
- Jawel, meneer. Welk merk?
- *Belga* graag. Twee pakjes. Hebt u ook Nederlandse tabak?
- Zeker, meneer. Welk merk?
- Hebt u *Amsterdammer*?
- Jawel, meneer. Alstublieft. Is dat alles?
- Ja, dank u. Hoeveel krijgt u van mij?
- Mmmm... de sigaretten kosten vijf gulden per pakje en de tabak kost zeven gulden tien. Dat is samen zeventien gulden tien.
- Hebt u terug van vijfentwintig gulden?
- Jazeker. Hier is uw wisselgeld: zeven gulden en negentig cent.
- Dank u wel, meneer. Tot ziens.
- Dag meneer. Dank u.

Oefening 41

Voorbeeld: Dit boek is rood, en dat boek ook.
Beide boeken zijn rood.

1. Dit boek kost 15 gulden, en dat boek ook.

2. Deze leraar spreekt Nederlands, en die ook.

3. Deze vrouw drinkt koffie, en die vrouw ook.

4. Deze man rookt, en die ook.

5. Dit vliegtuig vertrekt om 8.00 u., en dat ook.

6. Deze sekretaresse gaat naar buiten, en die ook.

7. Deze schrijfmachine is goed, en die ook.

8. Dit restaurant is duur, en dat ook.

9. Deze stoel is bruin, en die ook.

> **de ene ..., de andere ...**
>
> **het ene ..., het andere ...**

Oefening 42

A. *Voorbeeld:*   boek / blauw / rood
Hier zijn twee boeken.
Het ene is blauw, het andere is rood.

1. trein / naar Brussel / naar Amsterdam

2. pen / fl. 12,- / fl. 28,-

3. horloge / voor / achter

4. auto / van mij / van u

B. *Voorbeeld:*   Ik heb twee pennen. De ene is rood.
Welke kleur heeft de andere?

1. Er zijn twee treinen op het station. De ene vertrekt om acht uur.

2. Ik heb twee horloges. Het ene kost 250 gulden.

3. Er draaien twee films in de bioskoop. De ene begint om zes uur.

4. Er zijn twee vliegtuigen op het vliegveld. Het ene gaat naar London.

5. Er zijn twee mannen in deze kamer. De ene leest.

6. Ik heb twee fietsen. De ene heb ik in Rotterdam gekocht.

7. Ik heb twee boeken. Het ene is in het Nederlands.

IN HET RESTAURANT

Deze mensen zitten in een restaurant. Zij eten en drinken.
Er zijn drie tafels op de afbeelding: één tafel voor vier en
twee tafels voor twee personen. Maar aan één van de tafels
zit slechts één man.

De kelner heeft iets in zijn hand. Het is een bordje met een
vel papier erop. Hij brengt de rekening naar de twee
dames. De twee dames eten samen. Zij eten broodjes en
drinken koffie.

- Ober! Mag ik de rekening?

- Zeker, mevrouw.

- Hoeveel krijgt u van me, ober?

- Dertien vijfentwintig, mevrouw.

- Bediening inbegrepen?

- Jawel, mevrouw, bij ons is alles inklusief.

Oefening 43

1. Waar zijn deze mensen?

2. Hoeveel mensen zijn er in het restaurant?

3. Wat doen zij?

4. Wie zit er voor de kelner, twee mannen of twee vrouwen?

5. Eten de vrouwen biefstuk?

6. Wat eten zij?

7. Wat drinken zij?

8. Wie brengt de rekening?

9. Houdt hij de rekening in zijn hand, of brengt hij ze op een bordje?

Oefening 44

Negatieve zinnen maken met **geen** of **niet**!

1. Die leerling is Marie de Bruyn.

2. Zij is veertien jaar oud.

3. Zij is een goede leerling.

4. Zij luistert goed in de klas.

5. Zij werkt tien uur per dag.

Oefening 45

Vul in!

Voorbeeld: U gaat __*naar*__ kantoor.

1. Hij luistert _____ Beethoven.

2. Ik woon _____ Antwerpen.

3. Wij tellen _____ twintig.

4. Zij betaalt _____ de kassa.

5. Wij gaan _____ voet.

6. Ik vertrek _____ 6 uur.

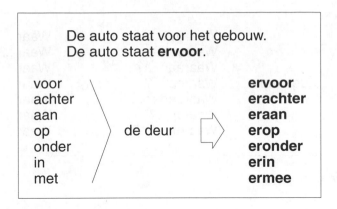

De auto staat voor het gebouw.
De auto staat **ervoor**.

voor			ervoor
achter			erachter
aan			eraan
op	de deur		erop
onder			eronder
in			erin
met			ermee

Oefening 46

Voorbeeld: Hier is een stoel. Zit Peter _**erop**_ ?

1. Kijk naar de muur. Hangt de foto _____?

2. Daar is de handtas. Is het geld _____?

3. Geef mij een kop koffie. Is de suiker _____?

4. Kijk naar het papier. Schrijft de leraar _____?

5. Dit is een foto. Staat u _____?

6. Ik woon boven de winkel. Wie woont _____?

7. Daar is de televisie. Zit Peter _____?

8. Neem deze landkaart. Staat Antwerpen _____?

9. Dit is de nieuwe schrijfmachine. Werkt zij _____?

10. Hij heeft een nieuwe pen. Schrijft hij _____?

over		Waarover ...?		Waar ... over?
achter		Waarachter ...?		Waar ... achter?
aan		Waaraan ...?		Waar ... aan?
op	de deur	Waarop ...?	of	Waar ... op?
onder		Waaronder ...?		Waar ... onder?
in		Waarin ...?		Waar ... in?
met		Waarmee ...?		Waar ... mee?

Oefening 47

Voorbeeld: Ik schrijf met een pen.

      a) **Waarmee schrijft u?**

      b) **Waar schrijft u mee?**

1.   De stoel staat tussen de tafel en de muur.

     a) _____

     b) _____

2.   Ik drink thee uit een kop.

     a) _____

     b) _____

3.   De leerling zit op een stoel.

     a) _____

     b) _____

4.   Ik heb mijn geld in de tas.

     a) _____

     b) _____

5.   Zij spreken over deze stad.

     a) _____

     b) _____

Oefening 48

Vul het juiste werkwoord in!

Voorbeeld: Vanavond **_eet_** het meisje in een restaurant.

1. Mijnheer de Vries _____ koffie bij zijn ontbijt.

2. Mevrouw de Wit _____ haar man een broodje met kaas.

3. Ik _____ het bordje op uw bureau.

4. De sekretaresse _____ 's middags op kantoor.

5. De dames _____ de rekening na de maaltijd

6. Zij _____ hun geld op de tafel in het restaurant.

7. De maaltijd _____ om half zeven.

8. Jan _____ naar de radio in zijn auto.

9. Vanmiddag _____ de direkteurs naar een restaurant.

10. Mevrouw de Vries _____ haar melk in een kleine winkel.

11. Wij _____ een sigaret na het diner.

12. Juffrouw Roos _____ Jan om een glas water te brengen.

13. Een goed diner _____ veel geld.

14. Mijnheer Janssen _____ zijn kopje in zijn linkerhand.

15. U _____ een brief aan uw sekretaresse na de lunch.

vragen

lunchen

beginnen

eten

kopen

dikteren

brengen

luisteren

leggen

betalen

drinken

zitten

houden

roken

kosten

gaan

EEN NIEUWE TELEVISIE

Piet: O! U hebt een nieuwe televisie.

Anneke: Ja, de oude was stuk.

Piet: Is het een zwart-wit televisie?

Anneke: Nee, het is een kleurentelevisie.

Piet: Mmm! Kijkt u elke dag naar de televisie?

Anneke: Bijna elke dag. Vijf tot zes dagen per week.

Piet: Dan gaat u niet vaak uit?

Anneke: Nee, niet vaak. Soms ga ik naar de bioskoop of naar de schouwburg.

Piet: Hoe vaak?

Anneke: O! ... één tot twee keer per maand.

Oefening 49

Stel vragen!

Voorbeeld: De les begint *om twee uur.*
Wanneer begint de les?

1. Dit is *mevrouw de Vries.*

2. Het is *half negen.*

3. Dat is *mijn* schrijfmachine.

4. De trein vertrekt *morgen.*

5. Zij gaan n*aar kantoor.*

6. Zij komt *uit Nederland.*

7. Zijn naam is *de Bruyn.*

8. *Nee, ik heb geen telefoon.*

Ik geef de brief aan Inge.

Ik geef **hem** aan **haar**.
of: Ik geef **hem haar**.

Ik geef het boek aan Inge.

Ik geef **het** aan **haar**.
of: Ik geef **het haar**.

Ik geef de brieven aan Inge.
de boeken

Ik geef **ze** aan **haar**.
of: Ik geef **ze haar**.

Oefening 50

Voorbeeld: Geeft de man het geld aan de kelner?
a) *Ja, hij geeft het aan hem.*
b) *Ja, hij geeft het hem.*

1. Toon ik de sleutel aan mijn vrouw?
   a) _____
   b) _____

2. Brengt u de rekening voor mij?
   a) _____
   b) _____

3. Zendt Peter de kaartjes naar u en mij?
   a) _____
   b) _____

4. Zeggen wij de dienstregeling tegen de reizigers?
   a) _____
   b) _____

5. Dikteert de direkteur de brieven aan zijn sekretaresse?
   a) _____
   b) _____

Oefening 51

Voorbeeld: Spel uw naam, alstublieft!
       U vraagt me om mijn naam te spellen.

1. Kom de klas binnen, alstublieft!

2. Neem dit boek, alstublieft!

3. Open het boek, alstublieft!

4. Spreek Nederlands, alstublieft!

5. Antwoord op mijn vragen, alstublieft!

6. Stel mij vragen, alstublieft!

7. Kijk op de landkaart, alstublieft!

8. Schrijf uw naam, alstublieft!

9. Maak uw oefeningen in uw boek, alstublieft!

Ik kom uit Engeland.
Spreek Engels met mij!

Oefening 52

Voorbeeld: Ik kom uit Engeland. Dat is __*mijn*__ land.
Spreek __*Engels*__ met __*mij*__.

1.   Wij komen uit Duitsland. Dat is _____ land.
Spreek _____ met _____.

2.   Hij komt uit Nederland. Dat is _____ land.
Spreek _____ met _____.

3.   Zij komt uit Italië. Dat is _____ land.
Spreek _____ met _____.

4.   Ik kom uit Frankrijk. Dat is _____ land.
Spreek _____ met _____.

5.   Zij komen uit Spanje. Dat is _____ land.
Spreek _____ met _____.

6.   U komt uit Amerika. Dat is _____ land.
Ik spreek _____ met _____.

INTEGENDEEL!

Deze auto is niet groot.
Integendeel, hij is klein.

Oefening 53

Vul het tegenovergestelde in!

Voorbeeld: klein ___*groot*___

1. met _____
2. veel _____
3. goed _____
4. binnen _____
5. iets _____
6. duur _____
7. uit _____
8. komen _____
9. eerste _____
10. vroeg _____

11. niemand _____
12. vaak _____
13. vlug _langsamer_
14. hoofdletter _____
15. beginnen _____
16. vertrekken _____
17. vragen _____
18. altijd _nooit_
19. leraar _____
20. voor (de les) _na_

Hoofdstuk

7

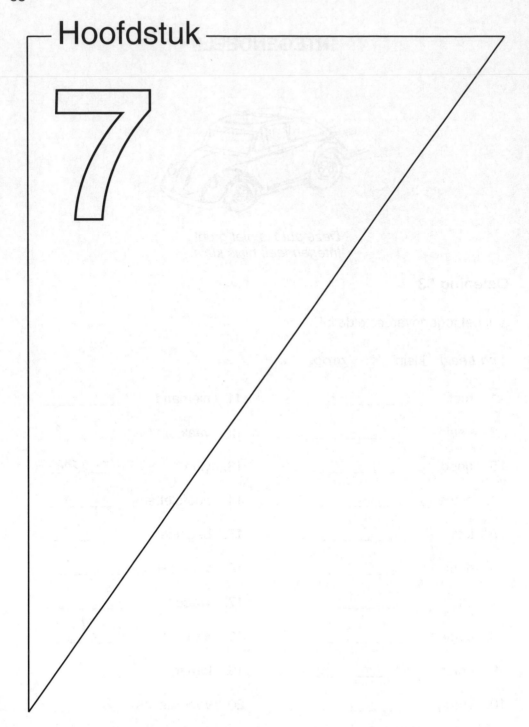

EEN TYPISCH HOLLANDS ONTBIJT

° 6 °

Maas: Goedemorgen, meneer Janssen! Hoe was het in Amsterdam?

Janssen: Prima, dank u. Het is een erg mooie en interessante stad!

Maas: Ging u met de trein of met de auto?

Janssen: Met de auto. Ik nam de E17.

Maas: Had u een goed hotel?

Janssen: O ja! Aan de Herengracht. In het hartje van Amsterdam.

Maas: Gebruikte u uw maaltijden in het hotel?

Janssen: Nee, alleen het ontbijt. Het middag- en avondmaal gebruikte ik in een klein restaurant tegenover het hotel. Lekker en niet duur.

Maas: En het ontbijt? Was het een typisch Hollands ontbijt?

Janssen: Nou... en of! Elke morgen at ik een eitje, lekkere Hollandse kaas, ham, toast met boter en jam, bruin of wit brood, broodjes en heerlijke koffie met koffiemelk!

EEN WERKDAG MET MIJNHEER DE WIT

Elke dag...

gaat mijnheer de Wit te voet
naar zijn kantoor. Hij **vraagt**
de krant aan zijn sekretaresse.
Hij **leest** de krant en **vraagt**
om de post. Dan **beantwoordt**
hij enkele brieven. Om 10 uur
vraagt hij om een kopje koffie
en daarna **telefoneert** hij naar
zijn firma in Rotterdam. Om
12 uur **gaat** hij naar een koffiehuis, **eet** een broodje en
drinkt een glas bier. Wat **doet**
hij daarna? Hij **gaat** terug
naar zijn kantoor en **werkt**
tot 5 uur. Wat **koopt** hij na
zijn werk? Hij **koopt** een
krant. Hoeveel **betaalt** hij
ervoor? Hij **betaalt** één
gulden en 50 cent.

Gisteren...

ging mijnheer de Wit te voet
naar zijn kantoor. Hij **vroeg**
de krant aan zijn sekretaresse.
Hij **las** de krant en **vroeg**
om de post. **Toen beantwoordde**
hij enkele brieven. Om 10 uur
vroeg hij om een kopje koffie
en daarna **telefoneerde** hij naar
zijn firma in Rotterdam. Om
12 uur **ging** hij naar een koffiehuis, **at** een broodje en
dronk een glas bier. Wat **deed**
hij daarna? Hij **ging** terug
naar zijn kantoor en **werkte**
tot 5 uur. Wat **kocht** hij na
zijn werk? Hij **kocht** een
krant. Hoeveel **betaalde** hij
ervoor? Hij **betaalde** één
gulden en 50 cent.

Wat **doe** ik?	Wat **deed** ik / u / hij / zij?	Wat **deden** wij / zij?
antwoord	antwoord**de**	antwoord**den**
betaal	betaal**de**	betaal**den**
dikteer	dikteer**de**	dikteer**den**
eindig	eindig**de**	eindig**den**
ken	ken**de**	ken**den**
leg	leg**de**	leg**den**
reis	reis**de**	reis**den**
telefoneer	telefoneer**de**	telefoneer**den**
woon	woon**de**	woon**den**

b-, d-, g-, l-, m-, n-, r-, s-	+	**-de**	**-den**

---

maak	maak**te**	maak**ten**
rook	rook**te**	rook**ten**
typ	typ**te**	typ**ten**
wacht	wach**tte**	wach**tten**
werk	werk**te**	werk**ten**

ch-, f-, k-, p-, t-	+	**-te**	**-ten**

Wat **doe** ik?	Wat **deed** ik / u / hij / zij?	Wat **deden** wij / zij?
begin	begon	begonnen
blijf	bleef	bleven
doe	deed	deden
drink	dronk	dronken
eet	at	aten
ga	ging	gingen
geef	gaf	gaven
heb	had	hadden
kom	kwam	kwamen
koop	kocht	kochten
lees	las	lazen
lig	lag	lagen
loop	liep	liepen
neem	nam	namen
schrijf	schreef	schreven
sta	stond	stonden
rijd	reed	reden
vaar	voer	voeren
verkoop	verkocht	verkochten
vlieg	vloog	vlogen
vraag	vroeg	vroegen
weet	wist	wisten
zit	zat	zaten
ben	was	waren

Oefening 54

a) Iedere dag ga ik naar mijn kantoor.
b) Ik beantwoord veel brieven.
c) Ik telefoneer ook naar veel firma's.
d) Om 12 uur ga ik naar een restaurant.
e) Ik eet een broodje en drink een kopje koffie.
f) Daarna ga ik terug naar mijn kantoor.
g) Ik werk tot 6 uur en ga dan naar het station.
h) Ik koop een krant en lees ze in de trein.

1. Wat deed u gisteren?

 a) *Gisteren ging ik ...* _____

 b) _____

 c) _____

 d) _____

 e) _____

 f) _____

 g) _____

 h) _____

2. Wat deden u en ik gisteren?

 a) *Wij ...* _____

 b) _____

 c) _____

 d) _____

 e) _____

 f) _____

 g) _____

 h _____

KENT U MIJNHEER BLIJHUIS?

– Kent u mijnheer Blijhuis?

– Ja, die ken ik.

– Weet u ook waar hij woont?

– Nee, dat weet ik niet ...

– Wat jammer!

– Maar ik ken wel zijn telefoonnummer.

– Prima! Dan staat zijn adres in de telefoongids. Dank u wel!

Ik weet	wie deze man is. wie hij is hoe hij heet waar hij woont waar hij werkt

Ik ken	deze man. hem zijn naam zijn adres zijn firma

Oefening 55

Vul in met **weten** of **kennen**!

Voorbeeld: Ik __*ken*__ deze man, maar ik __*weet*__ niet waar hij woont.

1.   U _____ mij, en u _____ waar ik werk.

2.   Mijn sekretaresse _____ waar ik woon.

3.   Wij _____ deze vrouw niet. Wij _____ niet hoe zij heet.

4.   Ik _____ waar de Prinsenstraat is, maar ik _____ die straat
      niet.

5.   U _____ niet waar mijnheer De Ruyter woont, maar u
      _____ zijn telefoonnummer.

6.   Mijn vrouw _____ hoe mijn sekretaresse heet, maar zij
      _____ haar niet.

7.   Wij _____ het Hiltonhotel niet, maar wij _____ waar het is.

8.   Ik _____ deze school, maar ik _____ niet hoeveel leraars
      hier werken.

9.   Hij _____ de weg naar het postkantoor. Hij _____ hoe ver
      het is.

MIJNHEER DE VRIES DOET BOODSCHAPPEN

Mijnheer de Vries is op kantoor. Er ligt een vel papier op zijn bureau ...

– Juffrouw Roos! Wat betekent dit vel
papier?

– Het is een boodschappenlijst, meneer.
Uw vrouw telefoneerde om 12 uur,
maar u was er niet.

– Maar waarom? Zij heeft de auto
vandaag!

– Ja, maar de auto doet het niet meer.

– Alweer!

Mijnheer de Vries is in een supermarkt. Hij doet boodschappen: zes flesjes
bier, een groot blik sinaasappelsap en wat zoutjes. Hij vraagt aan een
winkeljuffrouw...

– Pardon, juffrouw. Hoeveel kosten deze
zoutjes?

– De prijs staat op elk pakje, meneer.

– Waar? O, hier! Eén gulden vijftig.
Dank u, juffrouw. En waar is de
kassa?

– Rechtuit, meneer. Er zijn acht kassa's
voor de uitgang.

– Dank u wel, juffrouw.

Mijnheer de Vries gaat naar de kassa en betaalt.

Oefening 56

1. Wanneer telefoneerde mevrouw de Vries?

2. Was mijnheer de Vries er?

3. Wat gaf mevrouw de Vries aan juffrouw Roos?

4. Wie heeft de auto vandaag?

5. Was het de eerste keer dat de auto het niet deed?

6. Deed mijnheer de Vries boodschappen?

7. Ging hij naar een winkel of naar een supermarkt?

8. Kende hij de prijs van de zoutjes?

9. Waar betaalde mijnheer de Vries?

10. Hoeveel kassa's waren er in de supermarkt?

HOE DIKWIJLS NEEMT U DE TREIN?

Ik neem **iedere** week de trein.	Ik neem **ieder** weekeinde de trein.
iedere ⟨ week maand dag	**ieder** ⟨ weekeinde jaar uur

Oefening 57

Vul in met **iedere** of **ieder**!

Voorbeeld: 's Maandags neem ik de bus.
              Iedere maandag neem ik de bus.

1. 's Morgens drink ik koffie.

2. Dit jaar ga ik naar Nederland.

3. Ik leg het boek op de kast.

4. Ik kijk naar een film op de televisie.

5. De prijs staat op het pakje.

6. Heeft het warenhuis één of meer kassa's?

Oefening 58

a) Kijk op uw horloge!
b) Tel het!
c) **Antwoord!**
d) Geef hem geld!
e) Open het, alstublieft!
f) Lees hem!
g) Vraag het aan iemand!
h) Spreek langzaam!
i) Neem de bus!
j) Lees het menu!
k) Kijk in de telefoongids!

Voorbeeld: De telefoon gaat. __c__

1. Ik weet niet hoeveel geld ik heb. _____

2. Hij heeft geen geld. _____

3. Wat staat er op het menu? _____

4. Ik ken de weg naar het station niet. _____

5. Ik weet niet hoe laat het is. _____

6. Het raam is dicht. _____

7. Ik ken het telefoonnummer niet. _____

8. Ik weet niet wat er in die brief staat. _____

9. Het station is ver van hier. _____

10. Mijnheer Duval verstaat niet goed Nederlands. _____

Oefening 59

Wilt u deze oefening maken a.u.b.!

Voorbeeld: Typ deze brief!
                 Wilt u deze brief typen, alstublieft.

1. Spel uw naam!

2. Geef mij haar telefoonnummer!

3. Breng mij een kopje koffie!

4. Leg het boek op de tafel!

5. Schrijf uw adres op dit papier!

6. Breng mij naar het station!

7. Open het raam!

8. Lees deze krant!

EEN SPAANSE TOERIST IN DEN HAAG

– Pardon, meneer. Weet u welke bus
naar het station gaat?

– Jazeker. Er is een bushalte niet ver
van hier. Neem nummer 21. Het is de
laatste halte.

– Dank u wel, meneer. En waar is de
bushalte?

– Rechtuit, meneer, voor dat grote
kantoorgebouw.

– O ja! Dank u, meneer.

– Tot uw dienst, meneer.

Oefening 60

1. Welke taal spreekt de toerist?

2. Is hij een Nederlander?

3. In welke stad is hij?

4. Waar gaat hij naartoe?

5. Gaat hij naar het station lopen?

6. Weet hij welke bus naar het station gaat?

7. Wat doet hij?

8. Is de bushalte ver?

9. Welk nummer heeft de bus?

10. Is het station ver of dichtbij?

PETER HEEFT MEER GELD DAN MARIJKE

Hebben Peter en Marijke *veel* geld?
Nee, zij hebben niet *veel* geld.

Peter heeft maar twee gulden vijftig
(fl. 2.50).
Dat is *weinig*.

Marijke heeft maar één gulden vijftig
(fl. 1.50).
Dat is ook *weinig*.

Heeft Marijke *evenveel* geld *als*
Peter?
Nee, Marijke heeft niet *zoveel*
geld *als* Peter.

Marijke heeft *minder* geld *dan*
Peter.
Peter heeft *meer* geld *dan* Marijke.

Oefening 61

Vul in met *veel / weinig, meer ... dan / minder ... dan, evenveel ... als.*

Er werken drie mannen en drie vrouwen op ons kantoor:

1. Er werken _____ mannen _____ vrouwen op ons kantoor.

2. De drie vrouwen werken _____ _____ de drie mannen.

Mijnheer de Vries dikteert 20 brieven per dag, en mijnheer Janssen dikteert er 4:

3. Mijnheer de Vries dikteert _____ brieven per dag _____ mijnheer Janssen.

4. Mijnheer Janssen dikteert _____ brieven.

5. Mijnheer de Vries dikteert _____ brieven.

Juffrouw Roos typt 20 brieven per dag, en juffrouw Kasteel typt er 5:

6. Juffrouw Roos typt _____ brieven _____ juffrouw Kasteel.

7. Juffrouw Roos typt _____ brieven.

8. Juffrouw Kasteel typt _____ brieven.

Juffrouw Roos drinkt een grote kop koffie, en juffrouw Kasteel een klein kopje koffie:

9. Juffrouw Roos drinkt _____ kopjes koffie _____ juffrouw Kasteel.

10. Juffrouw Kasteel drinkt _____ koffie _____ juffrouw Roos.

11. Juffrouw Roos drinkt _____ koffie _____ juffrouw Kasteel.

6   NEDERLANDS SPREKEN IS MAKKELIJK

Juffrouw Duval:	Dag, meneer Dumont. Hoe maakt u het?
Mijnheer Dumont:	Goed, juffrouw Duval, dank u.
Juffrouw Duval:	Waar gaat u naartoe op dit uur van de dag?
Mijnheer Dumont:	Ik ga naar school.
Juffrouw Duval:	Naar school???
Mijnheer Dumont:	Ja, naar de Berlitz-school. Ik volg er Nederlandse lessen.
Juffrouw Duval:	Hm! Is uw leraar een Nederlander?
Mijnheer Dumont:	Ja, en we spreken uitsluitend Nederlands in de klas.
Juffrouw Duval:	Wat? Geen Frans? Alleen Nederlands?
Mijnheer Dumont:	Ja, alleen Nederlands.
Juffrouw Duval:	Welk boek leest u in de klas?
Mijnheer Dumont:	We lezen niet in de klas. Dat doen we thuis.
Juffrouw Duval:	En schrijven? Waar doet u dat?
Mijnheer Dumont:	Ook thuis.
Juffrouw Duval:	Thuis! Is dat niet moeilijk?
Mijnheer Dumont:	Welnee! Het is erg makkelijk. Thuis heb ik een cassette-recorder met Berlitz-cassettes. Daar luister ik elke dag naar en ik herhaal of antwoord op de vragen. Het is erg gemakkelijk. Daarna lees ik en maak ik oefeningen. Die schrijf ik op in een oefeningenboek.
Juffrouw Duval:	Dus in de klas spreekt u voortdurend Nederlands met uw leraar?
Mijnheer Dumont:	Ja, we geven antwoorden op de vragen van onze leraar, en we stellen vragen aan hem en aan de andere leerlingen. We spreken over allerlei dingen: het werk, reizen, restaurants, T.V., enz.
Juffrouw Duval:	... en thuis oefent u met de cassetterecorder en leest of schrijft u in uw oefeningenboek. Hm...Interessant! Zo leert u dus Nederlands.
Mijnheer Dumont:	Ja! Wilt u met mij naar de les komen, juffrouw Duval?
Juffrouw Duval:	Ja, waarom niet? Dat is een goed idee!

Hoofdstuk

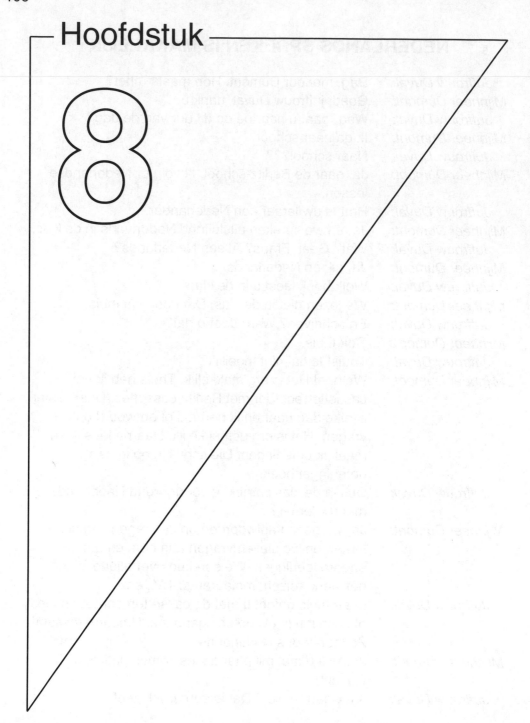

8

KAN IK U HELPEN?

Plaats: een schoenenwinkel

Personen: Mevrouw de Vries en een winkeljuffrouw

— Goedemiddag. Kan ik u helpen?

— Ik zag een paar leuke schoenen in de etalage.
Beige. Zij kosten 150 gulden, denk ik.

— O ja! Die Italiaanse schoentjes. We hebben ze ook in
het wit. Welke maat hebt u?

— Maat 38 of 38 en een half.

— 38 of 38 en een half. Een ogenblikje, alstublieft...
...Zo! Erg elegant! Zitten zij gemakkelijk?

— Ja, dat wel, maar... deze zijn wit. Ik vind het beige
paar mooier.

— Het spijt me, mevrouw, maar die hebben we niet in
uw maat. Maar ik heb wel een ander model in het
beige. Kijk! Wilt u ze even aandoen? Zij zijn ook
goedkoper: 100 gulden.

— Zij zien er ook goedkoper uit! Het spijt me, maar dat
is niet helemaal wat ik zocht. Dank u, juffrouw. Tot
ziens!

Oefening 62

1. Waar is mevrouw de Vries?

2. Met wie spreekt zij?

3. Wat zag zij in de etalage?

4. Welke kleur hebben die schoenen?

5. Is het een Frans of een Italiaans merk?

6. Hoeveel kost dit paar?

7. Welke maat heeft mevrouw de Vries?

8. Waarom neemt zij het witte paar niet?

9. Hoe ziet het andere model er uit?

10. Vond mevrouw de Vries wat ze zocht?

DIT PAAR IS DUURDER DAN DAT PAAR

Het grijze paar kost zeventig gulden.
Het witte paar kost zevenenvijftig gulden.
Het grijze paar kost meer dan het witte.
        is *duurder*

Het witte paar kost minder dan het grijze.
        is *goedkoper*

even ... als		*-er dan*	
	groot	*groter*	
	klein	*kleiner*	
	duur	*duurder*	
	goedkoop	*goedkoper*	
	leuk	*leuker*	
even *mooi*	**als**	*mooier*	**dan**
	jong	*jonger*	
	oud	*ouder*	
	lang	*langer*	
	kort	*korter*	
even *veel*	**als**	*meer*	**dan**
	weinig	*minder*	

Oefening 63

1. Is een horloge even groot als een klok?

2. Kosten twee pakjes sigaretten evenveel als één pakje?

3. Is het witte paar goedkoper dan het zwarte?

4. Is een warenhuis even groot als een winkel?

5. Is Amsterdam even oud als New York?

6. Is mijnheer de Vries (40) ouder dan mijnheer Blijhuis (40)?

7. Is de IJzer even lang als de Rijn?

8. Werkt u in een dag meer dan in een uur?

9. Is een gracht even groot als een kanaal?

10. Is een DAF even duur als een Mercedes?

WAT EEN SYMPATHIEK GEZIN!

Mevrouw Blijhuis: Kent u het gezin de Vries?

Mevrouw Janssen: Ja, heel goed! Ik was verleden week nog bij hen op bezoek. Kijk, ik nam er deze foto.

Mevrouw Blijhuis: O ja! Ik herken Ilse de Vries. Ik zie haar soms met mijn dochter. Zij gaan naar dezelfde school. Zijn dat haar ouders?

Mevrouw Janssen: Ja, dit is mijnheer de Vries en dat is mevrouw de Vries. Een erg charmant paar.

Mevrouw Blijhuis: Ze zien er nog jong uit. Ik zie dat ze drie kinderen hebben. Twee dochters en een zoon.

Mevrouw Janssen: Ja. Ilse is de oudste van de drie. Zij wordt 15 in september. Dan geven haar ouders een verjaardagsfeestje voor haar vrienden. En dit kleine meisje is haar zusje, Lies. Hun broer, Peter, is de jongste. Verleden week was het zijn vijfde verjaardag. Zijn ouders gaven hem een hond als verjaardagsgeschenk. Kijk, daar is hij met zijn kleine hond.

Mevrouw Blijhuis: Wat een sympathiek gezin!

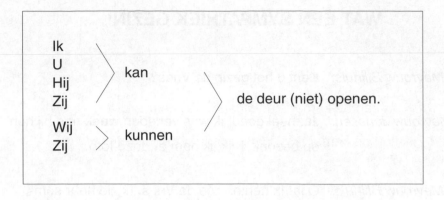

Oefening 64

Voorbeeld: Mijnheer de Vries leest Engelse kranten.

Hij kan Engelse kranten lezen.

1.   Ik spreek Duits.

2.   Wij doen het raam niet dicht.

3.   Jan verstaat Frans, maar hij spreekt het niet.

4.   Antje en Peter maken hun oefeningen.

5.   Juffrouw Roos ziet goed zonder bril.

WAAROM?

Ik kan de kamer niet uitgaan. De deur is dicht.

Ik kan de kamer niet uitgaan **omdat** de deur dicht is.

Oefening 65

Voorbeeld: Jan geeft een feest. Vandaag is het zijn verjaardag.
Jan geeft een feest omdat het vandaag zijn verjaardag is.

1.   Ik koop geen Rolls Royce. Hij is duur.

2.   Juffrouw Roos leert Spaans. Zij heeft een vriend in Spanje.

3.   De opa van Peter draagt een bril. Hij ziet niet goed.

4.   Wij werken morgen niet. Morgen is het zondag.

5.   Mijnheer Janssen koopt geen Franse kranten. Hij kan ze niet lezen.

6.   Mijnheer van Huizen doet boodschappen. Zijn vrouw is op reis.

7.   Ik ga met de bus naar kantoor. Ik heb geen auto.

Oefening 66

Vul in met **kennen** of **kunnen**!

1. Mijnheer de Vries _____ Parijs heel goed.

2. Hij reist veel met de auto, maar hij _____ ook de trein of het vliegtuig nemen.

3. Hij _____ de Franse taal goed, maar hij _____ het minder goed schrijven.

4. Mijnheer de Vries _____ veel mensen in Parijs.

5. Hij _____ u het adres van enkele goede Parijse restaurants geven.

6. En wij? _____ wij Parijs goed?

7. Nee, wij _____ Parijs niet goed.

8. _____ wij goed Frans schrijven en spreken?

9. Ja, wij _____ goed Frans schrijven en spreken.

10. En u? _____ u goed Nederlands schrijven en spreken?

11. _____ u iemand die Frans _____ spreken?

FOTO'S NEMEN

Dit is het gezin de Vries. En dat is hun vriend, mijnheer Blijhuis. Mijnheer Blijhuis neemt een foto van het gezin de Vries. Het is een kleurenfoto.

Mijnheer Blijhuis: Peter! Een beetje naar links, jongen. Sta stil, Lies! Opgelet... KLIK! Zo, het hele gezin staat er op.

Mevrouw de Vries draagt een oranje mantelpakje. Ilse , de oudste dochter, draagt een witte rok en een lichtblauwe trui. Lies, de jongste dochter, heeft een leuk jurkje aan. Mijnheer de Vries draagt een donker pak met een geel overhemd en een bruine das. Hij draagt een bril: zonder bril ziet hij niet goed. Nee, de kleine Peter draagt geen pak. Kleine jongens dragen een korte broek. Hij draagt ook nog een trui en een groen jasje. Mijnheer Blijhuis draagt een hoed.

Mijnheer de Vries: En nu neem ik een foto van u!

Mijnheer Blijhuis: O nee! Niet met deze hoed op!

Mijnheer de Vries: Neem hem dan af!

Oefening 67

1. Hoe heet de vriend van het gezin de Vries?

2. Van wie neemt hij een foto?

3. Wat voor een foto neemt hij?

4. Wie staat niet stil, Peter of Lies?

5. Draagt mijnheer de Vries een hoed?

6. Wie draagt een hoed?

7. Wat voor een pak draagt mijnheer de Vries?

8. Draagt hij ook een bril?

9. Wie neemt een foto van mijnheer Blijhuis?

10. Draagt mijnheer Blijhuis een hoed op de foto?

Oefening 68

Maak zinnen!

Voorbeeld: Hij / zijn hoed / afnemen
Hij neemt zijn hoed af.

Opgelet: Binnen / hij / zijn hoed / afnemen
Binnen neemt hij zijn hoed af.

1.   De auto / stilstaan

2.   Wij / onze schoenen / uitdoen

3.   's Morgens / ik / het raam / opendoen

4.   Juffrouw Roos / een groen mantelpakje / aanhebben

5.   U / er / goed / uitzien

6.   De winkeljuffrouw / het geld / aannemen

7.   Mijnheer de Vries / geen das / aandoen

Oefening 69

Voorbeeld: Hij neemt een foto van het gezin.
Hij nam een foto van het gezin.

1.   Dat is mijn vriend.

2.   Zij heeft een leuk jurkje aan.

3.   U neemt uw hoed af.

4.   Het hele gezin staat op de foto.

5.   Hij doet zijn jas aan.

6.   Wij nemen die pen weg.

7.   Zij doet haar mantel aan.

8.   Zij zitten niet stil.

9.   Ik lees mijn krant.

> Ik kom naar school. Ik leer hier Nederlands.
>
> → Ik kom naar school **om** Nederlands **te** le**ren**.

Oefening 70

Voorbeeld: Ik ga naar de bioskoop. Ik kijk naar een film.
Ik ga naar de bioskoop om naar een film te kijken.

1. Mevrouw de Vries gaat naar een schoenenwinkel. Zij koopt een paar schoenen.
2. Wij gaan naar het postkantoor. Wij kopen postzegels.
3. Mijnheer van Huizen doet de deur open. Hij gaat naar buiten.
4. Juffrouw de Ruyter volgt lessen. Zij leert Frans.
5. Mijnheer de Vries koopt een kaartje. Hij reist naar Amsterdam.
6. Ik koop een krant. Ik heb iets te lezen in de trein.
7. U neemt uw portemonnee uit uw zak. U betaalt de rekening.
8. Mijnheer Smit gaat naar een restaurant. Hij eet iets.
9. Ik neem de pen. Ik schrijf mijn naam.
10. U gaat naar het raam. U doet het open.

Oefening 71

Voorbeeld: Jan kan de deur niet openen.
Help hem om de deur te openen, alstublieft!

1. Ik kan de tafel niet dragen.
2. Peter kan de oefening niet maken.
3. Wij kunnen deze pakjes niet dragen.
4. Juffrouw Roos kan haar mantel niet aandoen.
5. Antje en Jan kunnen het raam niet dichtdoen.

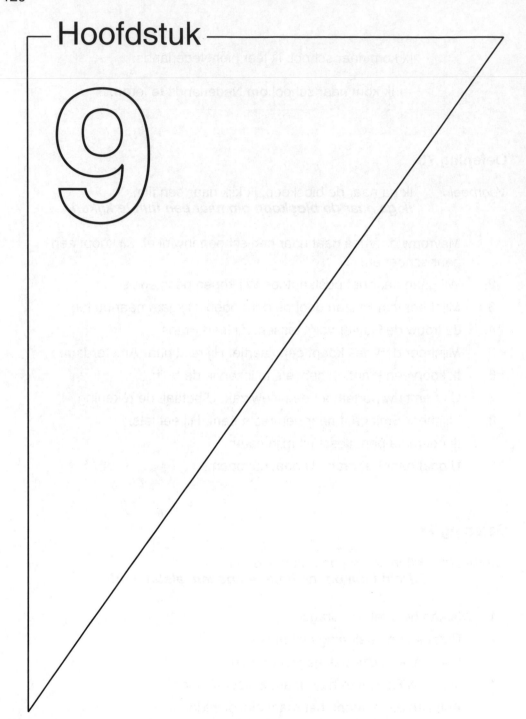

Hoofdstuk

9

EEN KOOPJE!

Mijnheer de Vries is op zakenreis in Milaan. Hij zoekt een souveniertje voor zijn vrouw. Hij staat voor de etalage van een winkel in lederwaren en ziet een bordje:

English spoken
On parle français
Man spricht Deutsch
Men spreekt Nederlands

Mijnheer de Vries gaat naar binnen en vraagt in het Nederlands:

Mijnheer de Vries:	Hoeveel kost deze handtas, juffrouw? Is het echt leder?
Winkeljuffrouw:	Ja, natuurlijk, meneer. Al onze handtassen zijn van leder. Dit model is bovendien erg praktisch en niet duur: 550.000 lire.
Mijnheer de Vries:	Hm! Een koopje! 550.000 lire, zei u? Zoveel Italiaans geld heb ik niet. Tot hoe laat is uw winkel open?
Winkeljuffrouw:	Wij sluiten om zeven uur, meneer.
Mijnheer de Vries:	Is er een wisselkantoor in de buurt?
Winkeljuffrouw:	Jazeker. In de Via Bolognese. De tweede straat links.
Mijnheer de Vries:	Dank u. Dan ga ik eerst wat guldens wisselen en kom daarna terug voor die handtas. Tot zo dadelijk, juffrouw.

Oefening 72

Voorbeeld: Mijnheer de Vries was **in Milaan**.
   In welke stad was mijnheer de Vries?

1.   Hij was op **zakenreis**.

2.   Hij zocht een souveniertje **voor zijn vrouw**.

3.   Het was een winkel **in lederwaren**.

4.   In de etalage zag hij **een bordje**.

5.   **Ja, men sprak er Nederlands.**

6.   De handtas kostte **550.000 lire**.

7.   De handtas was **van leder**.

8.   **Nee, dat was goedkoop.**

9.   Mijnheer de Vries ging naar een wisselkantoor, **omdat hij niet genoeg Italiaans geld had**.

10.   De winkel sloot **om zeven uur**.

11.   In een wisselkantoor **wisselt** men **geld**.

MOEILIJKHEDEN

Mevrouw Blijhuis:	Dag, mevrouw de Vries. Hoe maakt u het?
Mevrouw de Vries:	Goed, mevrouw Blijhuis, en u?
Mevrouw Blijhuis:	Ik zag daarnet Ilse. Zij zag er moe uit.
Mevrouw de Vries:	Ja, dat kan wel. Zij werkt ook zo veel!
Mevrouw Blijhuis:	Heeft ze moeilijkheden op school?
Mevrouw de Vries:	Nee, niet op school. Zij heeft moeilijkheden met haar Spaanse avondlessen.
Mevrouw Blijhuis:	Spaans? Waarom wil zij Spaans leren?
Mevrouw de Vries:	Omdat haar vriendinnetje uit Spanje volgende maand op bezoek komt en ze wil vóór die tijd vloeiend Spaans spreken.
Mevrouw Blijhuis:	Maar dat kan toch niet! In één maand tijd leert men toch geen taal!
Mevrouw de Vries:	Tja... Maar u kent Ilse: als zij iets wil, ...!

WAT HEEFT DE SEKRETARESSE GEDAAN?

Zij telefoneert.

*Zij **heeft ge**telefoneer**d**.*

Zij typt een brief.

*Zij **heeft** een brief **ge**typt.*

WAT HEBBEN WIJ GEDAAN?

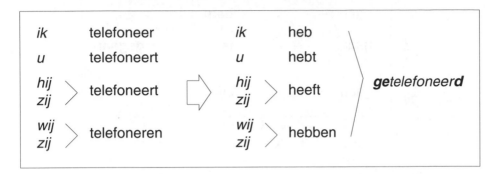

ik	telefoneer		ik	heb	
u	telefoneert		u	hebt	
hij zij	telefoneert		hij zij	heeft	**ge**telefoneer**d**
wij zij	telefoneren		wij zij	hebben	

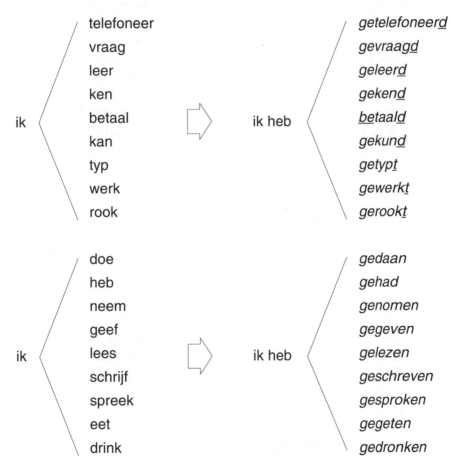

ik	telefoneer	ik heb	getelefoneer**d**
	vraag		gevraag**d**
	leer		geleer**d**
	ken		geken**d**
	betaal		**be**taal**d**
	kan		gekun**d**
	typ		getyp**t**
	werk		gewerk**t**
	rook		gerook**t**

ik	doe	ik heb	gedaan
	heb		gehad
	neem		genomen
	geef		gegeven
	lees		gelezen
	schrijf		geschreven
	spreek		gesproken
	eet		gegeten
	drink		gedronken

126

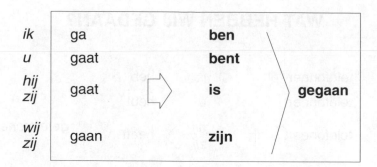

ik	ga		**ben**	
u	gaat		**bent**	
hij zij	gaat	⇨	**is**	**gegaan**
wij zij	gaan		**zijn**	

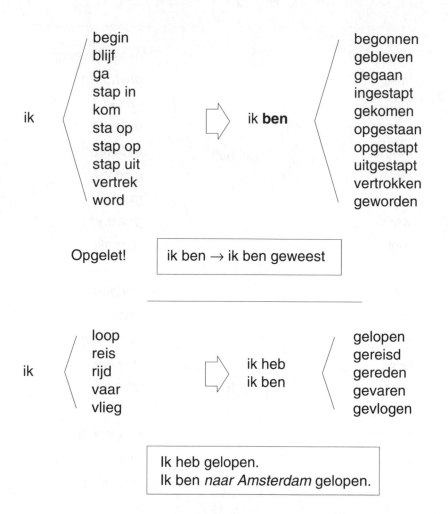

ik

begin	begonnen
blijf	gebleven
ga	gegaan
stap in	ingestapt
kom	gekomen
sta op	opgestaan
stap op	opgestapt
stap uit	uitgestapt
vertrek	vertrokken
word	geworden

ik **ben**

Opgelet! | ik ben → ik ben geweest |

ik

loop	gelopen
reis	gereisd
rijd	gereden
vaar	gevaren
vlieg	gevlogen

ik heb
ik ben

Ik heb gelopen.
Ik ben *naar Amsterdam* gelopen.

– Typ de brief aan mijnheer
Vermeer, alstublieft.

– Maar... ik heb hem al
getypt!

Oefening 73

Voorbeeld: Typ de brief, alstublieft.
Ik heb hem al getypt!

1. Maak uw oefeningen, alstublieft!

2. Lees deze krant, alstublieft!

3. Schrijf uw naam en adres, alstublieft!

4. Betaal uw rekening, alstublieft!

5. Drink uw thee, alstublieft!

Oefening 74

A. *Voorbeeld:* Het boek is niet in de la. *(nemen)*
Wie heeft het genomen?

1. Er is geen bier in de fles. *(drinken)*

2. Er zijn geen broodjes op tafel. *(eten)*

3. Dit werk is slecht. *(doen)*

4. Peter heeft een hond gekregen. *(geven)*

5. Er staan veel fouten in deze brief. *(typen)*

6. Het raam is niet open. *(dichtdoen)*

7. Er zijn geen sigaretten in dit pakje. *(roken)*

8. Ik kan dit adres niet lezen. *(schrijven)*

9. De la is niet dicht. *(openen)*

10. De schoenen zijn niet in de etalage. *(kopen)*

B. *Voorbeeld:* *(waar... naartoe / gaan)*
Mijnheer de Vries is niet thuis.
Waar is hij naartoe gegaan?

1. *(wanneer / komen)*
De sekretaresse is op kantoor.

2. *(hoelang / blijven)*
Mijnheer de Vries komt terug uit Brussel.

3. *(hoe oud / worden)*
Vandaag is het de verjaardag van Peter.

4. *(wanneer / aankomen)*
Het vliegtuig is op het vliegveld.

5. *(hoe laat / vertrekken)*
De trein is niet op het station.

Oefening 75

a)   Mijnheer de Vries gaat iedere dag naar zijn kantoor.
b)   Hij gaat naar de bushalte en wacht op de bus.
c)   Hij stapt op de bus bij de bushalte.
d)   Hij zit bij het raam en leest zijn krant.
e)   Hij komt om tien minuten voor half acht voor zijn kantoorgebouw aan.
f)   Hij stapt uit en gaat zijn kantoorgebouw binnen.
g)   Hij neemt de lift en gaat ermee naar boven.

1. Wat heeft mijnheer de Vries
    gisteren gedaan?

   a) ***Hij is naar zijn kantoor***
       gegaan.

   b) _____

   c) _____

   d) _____

   e) _____

   f) _____

   g) _____

3. Ik ben mijnheer de Vries. Wat
    heb *ik* gedaan?

   a) ***U ...***_____

   b) _____

   c) _____

   d) _____

   e) _____

   f) _____

   g) _____

2. U bent mijnheer de Vries. Wat
    hebt *u* gedaan?

   a) ***Ik ben ...***_____

   b) _____

   c) _____

   d) _____

   e) _____

   f) _____

   g) _____

4. Wat hebben *u* en *ik* gisteren
    gedaan?

   a) ***Wij ...***_____

   b) _____

   c) _____

   d) _____

   e) _____

   f) _____

   g) _____

LOONSVERHOGING

Willem komt opgewekt thuis van kantoor...

– Tina! Goed nieuws!

– Ja, Willem, wat is er?

– Raad eens...! Welke dag is het vandaag?

– Vandaag is het vrijdag.

– Ja, natuurlijk! Maar vrijdag de hoeveelste?

– De zesde. Nou en...? O ja! Betaaldag!

– Juist! En de direkteur gaf me vandaag loonsverhoging. Kijk, hier staat het zwart op wit.

Willem toont een cheque aan zijn vrouw. Op de
cheque staat een bedrag: fl. 2.500.- en de naam van
een bank: Amro-bank.

– Tina, doe dat nieuwe jurkje maar aan: we gaan uit
eten!

Oefening 76

Geef het tegenovergestelde!

Voorbeeld: veel   **_weinig_**

1.   goed nieuws   _____
2.   nieuw   _____
3.   moeilijk   _____
4.   ver   _____
5.   ouder   _____

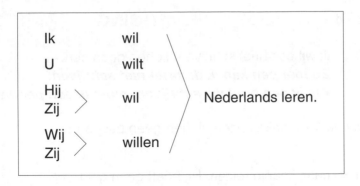

Ik	wil	
U	wilt	
Hij / Zij	wil	Nederlands leren.
Wij / Zij	willen	

Oefening 77

Voorbeeld: Ik ga naar school om Nederlands te leren.
Ik ga naar school omdat ik Nederlands wil leren.

1. Mevrouw van Dam gaat naar een winkel om iets te kopen.

2. Mijnheer de Vries neemt zijn pen om een brief te schrijven.

3. Wij doen de deur open om de klas uit te gaan.

4. U gaat naar de bioskoop om naar een film te kijken.

5. De sekretaresse leert Spaans om naar Spanje te reizen.

132

Oefening 78

Voorbeeld: Ik wil een brief schrijven. Ik heb geen pen.
Zonder pen kan ik de brief niet schrijven.
Als ik een brief wil schrijven, moet ik een pen <u>hebben</u>.

1.   Ik wil naar Amerika reizen. Ik heb geen paspoort.

2.   Jan wil naar Spanje reizen. Hij heeft geen geld.

3.   Wij willen naar een film kijken. Wij hebben geen toegangskaartjes.

4.   De leerlingen willen hun oefeningen maken. Zij hebben geen boeken.

5.   U wilt met uw auto rijden. U hebt geen autosleutel.

6.   De sekretaresse wil een brief schrijven. Zij heeft geen papier.

7.   Ik wil een foto nemen. Ik heb geen fototoestel.

8.   U wilt deze Duitse krant begrijpen. U hebt geen woordenboek.

9.   Peter wil Franse lessen volgen. Hij heeft geen leraar.

10.   Wij willen met de trein reizen. Wij hebben geen treinkaartjes.

11.   Ilse wil een brief typen. Zij heeft geen schrijfmachine.

12.   Ik wil roken. Ik heb geen lucifers.

Oefening 79

Voorbeeld: Ik ga naar de bank omdat ik geld nodig heb.
a) *Ik heb geld nodig, daarom ga ik naar de bank.*
b) *Ik heb geld nodig, dus ga ik naar de bank.*

1. Ik ga naar school omdat ik Nederlands wil leren.

a) _____

b) _____

2. De sekretaresse gaat naar het postkantoor omdat zij postzegels nodig heeft.

a) _____

b) _____

3. Wij kopen treinkaartjes omdat wij naar Amsterdam willen reizen.

a) _____

b) _____

4. U gaat naar veel koncerten omdat u klassieke muziek mooi vindt.

a) _____

b) _____

5. Mijnheer de Vries neemt een taxi omdat hij laat is.

a) _____

b) _____

Hoofdstuk

NAAR HET POSTKANTOOR

Mijnheer de Vries:	Juffrouw Roos! Wilt u dit pakje even naar het postkantoor brengen? Het is dringend!
Juffrouw Roos:	Dadelijk, meneer. Eerst deze brief nog typen, en dan ben ik klaar.
Mijnheer de Vries:	Neem dan ook deze brieven mee. Die moet u per expres versturen. En in die grote bruine enveloppe zit drukwerk. Schrijf dat er maar op voor u weggaat. En brengt u dan alstublieft ook wat postzegels van vijfenzeventig cent mee.
Juffrouw Roos:	Moet ik het pakje aangetekend versturen?
Mijnheer de Vries:	Nee, niet aangetekend, maar wel per luchtpost.
Juffrouw Roos:	In orde. Dan ga ik nu maar, voor het postkantoor gesloten is.

Juffrouw Roos komt op het postkantoor aan. Er staat een lange rij voor loket nummer twee. Juffrouw Roos staat ook in de rij en wacht.

Kijk! Is zij nu aan de beurt? Nee, nog niet. Er staat een man voor haar, en die is nu aan de beurt. Juffrouw Roos moet nog even wachten.

Zo! Nu is hij klaar en gaat weg; nu is het de beurt van juffrouw Roos.

Juffrouw Roos:	Wilt u dit pakje voor me versturen, meneer?
Postbeambte:	Het spijt me, juffrouw. Dit loket hier is voor postzegels en spoedbestellingen. Aan loket nummer vijf kunt u postpakketten versturen. Kijk, het staat erop: Loket 5 - Pakketpost.
Juffrouw Roos:	O nee! Weer in de rij! En ik heb al zo weinig tijd! Nou, geeft u me dan maar 50 postzegels van 75 ct. En ja, verstuurt u deze brieven maar per expres. In deze bruine enveloppe zit drukwerk. Hoeveel ben ik u schuldig?

Oefening 80

Antwoord op de vragen!

1. Waar stuurt mijnheer de Vries zijn sekretaresse naartoe?
2. Wat deed Annie vóór mijnheer de Vries binnenkwam?
3. Hoe moet Annie het pakje versturen?
4. Moet zij nog meer versturen?
5. Hoe moet zij de brieven versturen?
6. Wat zit er in die bruine enveloppe?
7. Wat moet zij op de enveloppe schrijven?
8. Hoeveel postzegels koopt Annie?
9. Zijn de postzegels van 65 of 75 ct.?
10. Staat Annie alleen voor het loket?
11. Kan Annie het pakje aan dit loket versturen?
12. Aan welk loket kan zij het versturen?
13. Moet Annie nu weer in de rij gaan staan?
14. Staat zij graag in de rij?
15. Heeft zij veel tijd?

Ja, ...

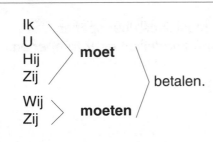

Nee, ...

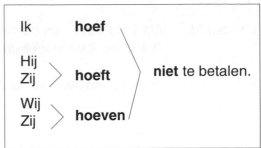

Oefening 81

Voorbeeld: Moet men in een winkel betalen? Moet men er per cheque betalen?
Men moet er betalen, maar men hoeft er niet per cheque te betalen.

1.   Moet u werken? Moet u zeven dagen per week werken?

2.   Moet ik mijn cheques tekenen? Moet ik ze met een gouden pen tekenen?

3.   Moet de sekretaresse naar kantoor komen? Moet zij om zes uur 's morgens komen?

4.   Moeten wij het adres op de enveloppe schrijven? Moeten wij het typen?

5.   Moeten alle kinderen naar school gaan? Moeten ze allen Engels leren?

138

Oefening 82

Voorbeeld: Als ik de kamer wil uitgaan, moet ik de deur openen.
Ik kan de kamer niet uitgaan zonder de deur te openen.

1. Als ik iets wil kopen moet ik betalen.

2. Als Jan naar de bioskoop wil gaan moet hij een toegangskaartje kopen.

3. Als men een taal wil leren moet men les volgen.

4. Als wij geld willen hebben moeten wij werken.

5. Als u geld van de bank wilt halen moet u er een rekening hebben.

6. Als oma iets wil lezen moet ze haar bril opzetten.

7. Als ik in het buitenland iets wil kopen moet ik eerst mijn geld wisselen.

8. Als men een brief wil versturen moet men een postzegel op de enveloppe plakken.

MIJNHEER BLIJHUIS IS BANKBEDIENDE

Mijnheer Blijhuis werkt op de bank. Hij is bankbediende. Elke morgen gaat hij om acht uur met de auto naar zijn werk. De bank sluit 's middags om half één. Mijnheer Blijhuis eet in de kantine voor het bankpersoneel.

Om kwart over één is hij alweer terug op de bank en doet hij administratief werk: de bank gaat pas om half drie weer open voor de klanten. Die kunnen dan weer geld van hun bankrekening opnemen of op hun bankrekening storten.

De klanten kunnen ook cheques innen of bankbiljettten wisselen in kleingeld.

Aan de kassa...

Eerste klant:	Goedemiddag, meneer. Kunt u dit Belgische geld wisselen tegen guldens?
Blijhuis:	Natuurlijk, mevrouw. Hoeveel guldens wilt u?
Eerste klant:	Tweehonderd, alstublieft.
Blijhuis:	Alstublieft. Tweehonderd gulden en dan heeft u nog honderdzestig Belgische frank over.
Tweede klant:	Dag, meneer. Wilt u deze cheque innen?
Blijhuis:	Jazeker. Hier hebt u al tweehonderd gulden. Nu nog een tientje en drie kwartjes. Alstublieft.
Tweede klant:	Ik had liever twintig briefjes van tien voor die tweehonderd gulden. Kan dat?
Blijhuis:	Natuurlijk. Alstublieft, meneer.
Tweede klant:	Dank u wel.

Oefening 83

Stel vragen!

1. **Ja, mijnheer Blijhuis is bankbediende**.

2. Mijnheer Blijhuis werkt **op een bank**.

3. De bank sluit **'s middags**.

4. Hij vertrekt **om acht uur**.

5. Het bankpersoneel eet **in een kantine**.

6. De bank gaat weer open **om half drie**.

7. De klanten van een bank **storten of innen geld**.

8. Men stort geld **op een bankrekening**.

9. De eerst klant wil **geld wisselen**.

10. **Nee, zij wil geen Frans geld wisselen**.

11. Zij wil **200** gulden.

12. Zij heeft nog **BF 160,-** over.

13. De **tweede** klant wil een cheque innen.

14. De cheque is voor **fl. 200.85**.

Oefening 84

Voorbeeld: Mercedes / Volkswagen / duur
Een Mercedes is duurder dan een Volkwagen.
Een Volkswagen is goedkoper dan een Mercedes.

1. de Rijn / de IJzer / lang

2. Amsterdam / Den Haag / groot

3. mijnheer de Vries / Peter / oud

4. Luxemburg / Nederland / klein

5. de kantine / een restaurant / goedkoop

6. sigaar / sigaret / zwaar

7. boek / krant / duur

8. Marijke / mevrouw Blijhuis / jong

9. zwart / wit / donker

10. Frankrijk / België / groot

PARDON, AGENT!

– Pardon, agent, kunt u me zeggen hoe ik van
hieruit naar het stadhuis kom?

– Dan kunt u het beste door de Hoogstraat gaan.
Kijk! U gaat rechtuit tot aan die verkeerslichten.
Dan neemt u de eerste straat links en daarna de
tweede ... of nee, de derde straat rechts. Het is
de Provinciestraat. Maar, weet u hoe laat het is?

– Waarom?

– Omdat het bij twaalven is. Het stadhuis sluit om
twaalf uur. U kunt beter deze namiddag gaan.

– U hebt gelijk. Hoe laat is het stadhuis 's middags
weer open?

– Om twee uur.

– Dank u wel. Erg vriendelijk van u.

– Tot uw dienst, meneer.

Oefening 85

1. Waar wil deze man naartoe?

2. In welke straat is het stadhuis?

3. Is de man al in deze straat?

4. Door welke straat moet hij gaan?

5. Tot hoe ver moet hij rechtuit gaan?

6. Kent hij de weg naar het stadhuis?

7. Aan wie vraagt hij de weg?

8. Hoe laat is het nu ongeveer?

9. Hoe laat sluit het stadhuis 's middags?

10. Hoe laat is het stadhuis 's middags weer open?

– Een kopje koffie of een kopje
thee, meneer Janssen?

– Thee, alstublieft.

– U drinkt niet graag koffie?

– Jawel, maar ik drink liever thee.

Oefening 86

Voorbeeld: Er staat koffie en thee op de tafel. Mijnheer Janssen
drinkt thee.
Hij drinkt liever thee dan koffie.

1.   Er is een concert, en er draait een film in de bioskoop. Ik ga naar
de bioskoop.

2.   Er gaan treinen en vliegtuigen naar Parijs. Wij reizen per trein.

3.   Er is klassieke en moderne muziek op de radio. Ik luister naar
klassieke muziek.

4.   Mijnheer de Vries kan kontant en met een cheque betalen. Hij
betaalt met een cheque.

5.   De sekretaresse kan met de lift en met de trap naar beneden. Zij
gaat met de lift.

Oefening 87

A. *Voorbeeld:*   Geen stad in België is groter dan *Brussel.*
   Brussel is de grootste stad in België.

1. Geen rivier in Europa is langer dan de Wolga.
2. Geen restaurant in Antwerpen is duurder dan de Rubens.
3. Geen meisje in haar school is mooier dan Annie.
4. Geen vliegtuig in deze wereld is groter dan de Boeing 747.
5. Geen leerling in deze klas is beter dan Jan.

B. *Voorbeeld:*   Alleen de Wolga is langer dan de Donau *(in Europa).*
   De Donau is de langste rivier in Europa na de Wolga.

1. Alleen Brussel is groter dan Antwerpen *(in België).*
2. Alleen de "Bijenkorf" is groter dan dit warenhuis *(in Amsterdam).*
3. Alleen het Vatikaan is kleiner dan Monaco *(in Europa).*
4. Alleen de Rolls Royce is duurder dan de Jaguar *(in de wereld).*
5. Alleen Shanghai is groter dan Tokio *(in de wereld).*

C. *Voorbeeld:*   Weinig steden in de wereld zijn groter dan *New York.*
   New York is één van de grootste steden in de wereld.

1. Weinig rivieren in de wereld zijn langer dan de *Wolga.*
2. Weinig gebouwen in de wereld zijn hoger dan het *Empire State Building.*
3. Weinig warenhuizen in Europa zijn groter dan de *Bijenkorf.*
4. Weinig landen in Europa zijn kleiner dan *Luxemburg.*
5. Weinig bruggen in de wereld zijn langer dan de *Golden Gate Bridge.*

Hoofdstuk

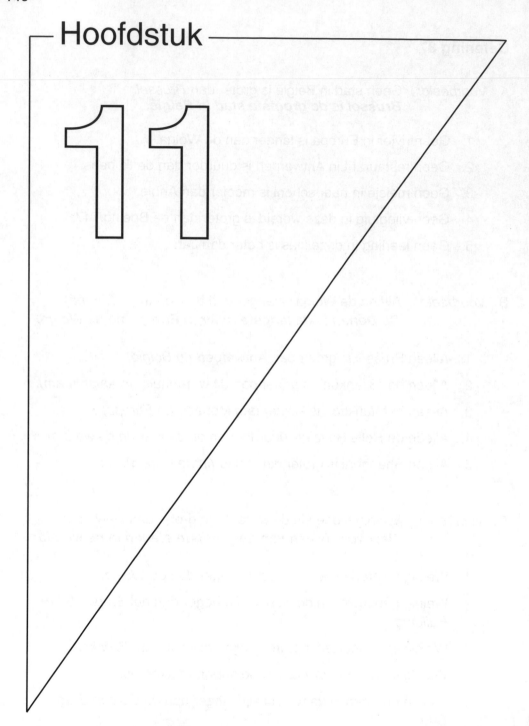

HET KNAP-KONTRAKT

Maandagmorgen, 9 uur:

De Vries: Goedemorgen, juffrouw Roos.

Juffrouw Roos: Goedemorgen, meneer de Vries.

De Vries: Is de krant er al, juffrouw Roos?

Juffrouw Roos: Jawel, meneer. *De Telegraaf* en *Het Handelsblad* ligg[en] al op uw bureau, samen met de correspondentie. Er i[s] een spoedbestelling uit Brussel bij.

De Vries: Hm! Die komt waarschijnlijk van mijnheer Janssen; [hij] sprak me vorige week al over een eventuele verlen[ging] van het Knap-kontrakt met het Belgische filiaal. Ev[en] kijken: hij zegt dat hij morgen met de trein van elf [in] Amsterdam aankomt. En hij zegt dat hij om vier uur terug naar Brussel wil, met de trein van 16.18 uur. Nou, dan hebben we niet veel tijd! Wat staat er voor morgen op het programma, juffrouw?

Juffrouw Roos: Om 10 uur hebt u een vergadering met de Raad van Bestuur en om half drie hebt u een afspraak met de heer Mast, die enkele nieuwe publiciteitsprojekten met u wil bespreken.

De Vries: Prima! Dan maken we er een zakenlunch van. Wilt u ons Belgisch filiaal opbellen en mijnheer Janssen aan de lijn vragen, alstublieft?

Color	K[leur]
White	W[it]
Black	Zw[art]
Grey	Gr[ijs]
Red	Ro[od]
Blue	Bla[uw]
Yellow	Gee[l]
Green	Gro[en]
Purple	Paar[s]
Pink	Roze
Orange	Oran[je]
Brown	Brui[n]
Gold	Goud
Silver	Zilver
Bronze	Brons
*Light	Licht
*Dark	Donke[r]

Juffrouw Roos neemt de hoorn op, wacht op de kiestoon en draait vervolgens het nummer van de firma Knap in België.

Sekretaresse: Met de firma Knap.

Juffrouw Roos: U spreekt met de firma Knap, Amsterdam. Kunt u me doorverbinden met de heer Janssen?

Sekretaresse: Jazeker, een ogenblikje, alstublieft.

Mijnheer Janssen: U spreekt met Mark Janssen.

Juffrouw Roos: Goedemorgen, mijnheer. U spreekt met de sekretaresse van mijnheer de Vries. Een ogenblikje alstublieft, ik verbind u door met mijnheer de Vries.

Juffrouw Roos drukt op een toets en verbindt de heer Janssen door met de heer de Vries.

Dinsdag, twee uur vijftien:

Mijnheer Mast: Goedemorgen, juffrouw. Mijn naam is Jan Mast. Ik heb een afspraak met de heer de Vries.

Juffrouw Roos: Inderdaad. Een ogenblikje alstublieft, meneer Mast.

Juffrouw Roos gaat naar het kantoor van haar direkteur en komt onmiddellijk terug.

Juffrouw Roos: Mijnheer de Vries laat zich verontschuldigen. Hij is in vergadering. Kunt u over een kwartiertje terugkomen, of blijft u liever wachten?

Mijnheer Mast: Ik wacht wel even, juffrouw. Hindert het u als ik rook?

Juffrouw Roos: Helemaal niet, meneer.

Juffrouw Roos neemt enkele tijdschriften en legt ze op het tafeltje dat naast de stoel van de heer Mast staat.

Juffrouw Roos: Als u wilt, kunt u deze lezen. Dan duurt het wachten minder lang.

Mijnheer Mast: Dat is erg vriendelijk van u, juffrouw. Dank u.

WAT ZEGT U?

Ik zeg: *"Morgen is het stadhuis gesloten."*

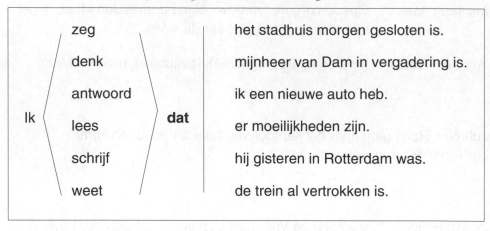

Ik	zeg	dat	het stadhuis morgen gesloten is.
	denk		mijnheer van Dam in vergadering is.
	antwoord		ik een nieuwe auto heb.
	lees		er moeilijkheden zijn.
	schrijf		hij gisteren in Rotterdam was.
	weet		de trein al vertrokken is.

Ik vraag: *"Is de kantoorjongen er nog?"*

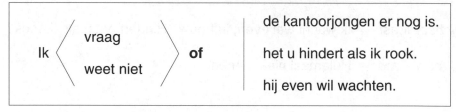

Ik	vraag	of	de kantoorjongen er nog is.
	weet niet		het u hindert als ik rook.
			hij even wil wachten.

Ik vraag: *"Wanneer beginnen de lessen?"*

Ik	vraag	**wanneer** de lessen beginnen.
	zeg	**waarom** ik thuis blijf.
	lees	**waarmee** hij naar London reist.
	schrijf	**wat** er in de la is.
	weet	**hoeveel** een nieuwe auto kost.

Oefening 88

Voorbeeld: Hij zegt: "Morgen kom ik naar Amsterdam."
   Hij zegt dat hij morgen naar Amsterdam komt.

1.   Mijnheer de Vries vraagt: "Waar is de kantoorjongen?"

2.   Soms denk ik: "Dat is niet belangrijk."

3.   Mijnheer Mast zegt: "Ik heb een afspraak met mijnheer de Vries."

4.   Ilse antwoordt: "Vandaag heb ik geen les."

5.   Mevrouw Blijhuis leest: "Het warenhuis Prima gaat morgen open."

6.   Juffrouw Roos vraagt: "Kunt u over een kwartiertje terugkomen?"

7.   Mijnheer Mast vraagt: "Hindert het u als ik rook?"

8.   De kinderen vragen altijd: "Wanneer komt u nog eens op bezoek?"

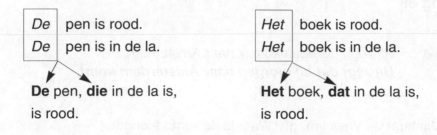

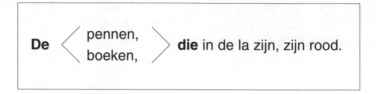

Oefening 89

Voorbeeld: Ik neem iedere dag de bus. De bus heeft nummer 38.
De bus, die ik iedere dag neem, heeft nummer 38.

1. Gisteren kreeg ik een brief. De brief kwam uit Rotterdam.

2. Wij bezochten een museum. Het museum was erg interessant.

3. Jan leest een boek. Het boek is in het Engels.

4. Peter heeft een radio gekocht. De radio doet het niet.

5. Maandag verstuurde ik enkele brieven. De brieven zijn vandaag aangekomen.

MOGEN OF MOETEN?

Als ik naar kantoor ga, *moet* ik eerst tien minuten lopen en dan *moet* ik de bus nemen, lijn achtendertig.

Soms *mag* ik met Joop mee: die heeft een auto en werkt op een bank vlakbij mijn kantoor. Om negen uur *moet* ik op kantoor zijn: te laat komen *mag* niet!

Hoe laat *moet* u op kantoor zijn? *Mag* u te laat komen?

Ik			dit werk afmaken.
U		**moet**	om half acht op kantoor zijn.
Hij			Nederlands spreken met de leraar.
Zij			de heer Mast nog opbellen.
Wij		**moeten**	rechts rijden.
Zij			

Ik			dit werk thuis afmaken.
U		**mag**	met Joop meerijden.
Hij			het geld van de bank halen.
Zij			een verjaardagsfeest geven.
Wij		**mogen**	's woensdags niet uitgaan.
Zij			

154

ROKEN VERBODEN!

Hier is roken verboden.
Niemand mag hier roken.

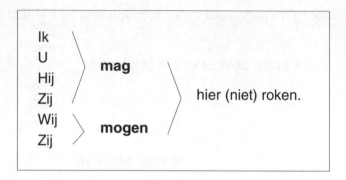

Ik
U
Hij
Zij
Wij
Zij

mag

mogen

hier (niet) roken.

Oefening 90

Voorbeeld: Vindt u het goed als ik rook?
Mag ik roken?

1.   Vindt u het goed als wij het raam opendoen?

2.   Vindt u het goed als de kinderen naar buiten gaan?

3.   Vindt u het goed als Jan uw auto neemt?

4.   Vindt u het goed als Annie wat vroeger weggaat?

5.   Vindt u het goed als ik u iets vraag?

CORRIE LEERT AUTORIJDEN

Corrie is 18 jaar en heeft een auto, maar... zij kan nog niet autorijden! Daarom gaat zij naar een rijschool om rijlessen te volgen. Als zij op het rijexamen geen fouten maakt, behaalt zij haar rijbewijs.

Oefening 91

Vul in met: *moeten, kunnen, willen,* of *mogen.*

Voorbeeld: Mijn vader __*wil*__ een nieuwe auto kopen.

1.   _____ Corrie leren autorijden?

2.   _____ u autorijden?

3.   Wat _____ u doen als u een rijbewijs _____ halen?

4.   Hoeveel fouten _____ u maken?

5.   _____ een jongen van 15 jaar ook autorijden?

6.   Hoeveel jaren _____ hij nog wachten voor hij auto _____ rijden?

7.   _____ uw vader en moeder autorijden?

Oefening 92

Vul in!

Voorbeeld: *(worden)*
            Corrie __*werd*__ drie maanden geleden achttien.

1.   *(geven)*
      Haar vader _____ haar een auto voor haar verjaardag.

2.   *(hebben)*
      Zij _____ die auto nu al drie maanden.

3.   *(krijgen / denken / zijn)*
      Toen zij haar auto _____, _____ zij dat rijden makke-
      lijk _____.

4.   *(volgen)*
      Tien weken lang _____ zij elke dag rijles.

5.   *(doen / gaan)*
      In de eerste lessen _____ zij alles fout, maar vorige
      maand _____ het al veel beter.

6.   *(afleggen)*
      Vorige week vrijdag _____ zij haar rijexamen _____

7.   *(maken / behalen)*
      Zij _____ geen enkele fout, en zij _____ haar rijbewijs.

Oefening 93

Voorbeeld: Ik heb het koud. (Iemand moet het raam dichtdoen!)
             Wilt u dat ik het raam dichtdoe?

1. Ik heb het warm. (Iemand moet het raam opendoen!)
2. Ik kreeg een brief uit Barcelona. (Iemand moet hem mij voorlezen!)
3. Ik heb honger. (Iemand moet een broodje voor mij halen!)
4. Ik ken het adres van mijnheer de Vries niet. (Iemand moet het in het telefoonboek opzoeken!)
5. Deze brief is dringend. (Iemand moet hem naar het postkantoor brengen!)

Oefening 94

Geef het tegenovergestelde!

1.	belangrijk	_____	3.	terugkomen	_____
2.	al	_____	4.	vriendelijk	_____
5.	ingang	_____	9.	opzetten	_____
6.	iemand	_____	10.	laat	_____
7.	vragen	_____	11.	iets	_____
8.	sluiten	_____	12.	wel	_____

Oefening 95

Vul in met: *onder andere / dat wil zeggen / enzovoort / bijvoorbeeld alstublieft / idem*

Voorbeeld: Er zijn veel grote warenhuizen in Amsterdam, **_onder andere_** de Bijenkorf.

1. Op de Berlitz-school kan men veel talen leren: Engels, Frans, Duits, _____.
2. Corrie mag autorijden, _____ zij heeft een rijbewijs.
3. Amsterdam ligt in Nederland; Rotterdam _____.
4. Geef mij een kopje koffie, _____!
5. Er zijn veel interessante dingen in Amsterdam, het Rijksmuseum _____.

Hoofdstuk

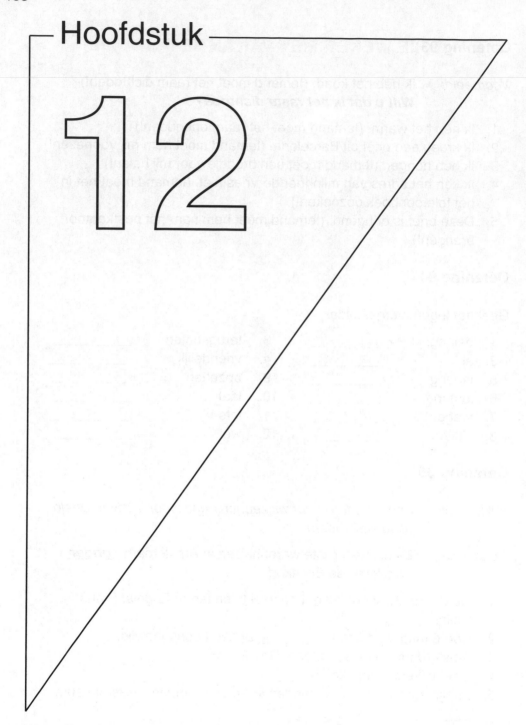

DRIE WEKEN MET VAKANTIE IN ITALIE!

Plaats: een straat in Amsterdam

Juffrouw Roos:	Dag, mevrouw Blijhuis.
Mevrouw Blijhuis:	Dag, juffrouw Roos. Waar gaat u naartoe met al die bagage? Gaat u op reis?
Juffrouw Roos:	O nee! Ik kom net terug van vakantie: drie weken in Italië!
Mevrouw Blijhuis:	Italië! Waar in Italië?
Juffrouw Roos:	De eerste twee weken van mijn vakantie heb ik Rome, Milaan en Venetië bezocht. De derde week heb ik aan de Italiaanse kust doorgebracht.

Mevrouw Blijhuis: Nou! Dat is een lange reis! Wat hebt u in Rome bezocht?

Juffrouw Roos: Het Forum Romanum natuurlijk, en het Vatikaan, het Colosseum en veel musea.

Mevrouw Blijhuis: Reisde u alleen of in een groep?

Juffrouw Roos: In een groep: het was heel gezellig. Wij zijn met het vliegtuig van Rome naar Milaan gevlogen.

Mevrouw Blijhuis: Hoe was Milaan? Duur zeker?

Juffrouw Roos: Ja, dat wel. Maar het is ook een prachtige stad. Vooral de Dom en de Scala van Milaan. Ik hou niet zo veel van operamuziek, maar het was toch de moeite waard.

Mevrouw Blijhuis: Bent u lang in Milaan gebleven?

Juffrouw Roos: Nee, vier dagen maar. Daarna zijn we met de trein naar Venetië gereisd. Dat was geweldig! Geen enkele auto of bus, alleen maar bootjes en gondels. Zelfs een Amsterdammer raakt ervan onder de indruk!

Mevrouw Blijhuis: En daarna?

Juffrouw Roos: En daarna? Daarna ben ik op mijn eentje met de trein naar Rimini gereden. Daar heb ik enkele vrienden. We hebben samen veel aan sport gedaan: zwemmen, tennissen, zeilen en soms ook waterskiën. Maar ik hou meer van zeilen dan van waterskiën. Nou, dat is wel wat anders dan kantoorwerk, niet?

Mevrouw Blijhuis: Tja! Maar aan alle goede dingen komt een eind. Ook aan vakanties!

Ik was in Italië.   Ik sprak Italiaans.

Toen ik in Italië was, **sprak** ik Italiaans.

Oefening 96

Voorbeeld: De leraar kwam de klas binnen. De leerling zat er al.
   Toen de leraar de klas binnenkwam, zat de leerling er al.

1. Wij reisden naar Engeland. Wij hadden maar 200 gulden bij ons.

2. De bus kwam bij mijn kantoor aan. Ik stapte uit.

3. Ik zag mijn vriend op straat. Ik gaf hem mijn nieuw adres.

4. De direkteur las de brief. Hij vond er veel fouten in.

5. Jan was een student. Hij moest veel boeken lezen.

6. Ik werkte op een bank. Ik moest veel cheques innen.

7. Wij gingen naar het museum. Wij hoefden niet te betalen.

8. Hans was een kleine jongen. Hij mocht niet roken.

9. Wij hoorden het nieuws. Wij liepen op straat.

	graag melk.			**van** melk.
Ik **drink**	**liever** thee.	Ik **hou**	**meer** *van* thee.
	't liefst koffie.			**'t meest** *van* koffie.

Oefening 97

Voorbeeld: Wij drinken liever koffie dan thee.

Wij houden meer van koffie dan van thee.

1. Jan luistert liever naar klassieke muziek dan naar popmuziek.

2. Ik kijk liever naar Italiaanse films dan naar Amerikaanse films.

3. Wij eten liever vlees dan vis.

4. Annie leest liever een boek dan een krant.

5. Ik luister liever naar een koncert dan naar een opera.

MIJNHEER JANSSEN ZOEKT EEN HOTELKAMER

Mijnheer Janssen is in Rotterdam. Hij zoekt een hotelkamer. Hij gaat een hotel binnen en vraagt...

Janssen: Goedemorgen, meneer. Hebt u nog een kamer vrij?

Hotelbediende: Jazeker, meneer. Voor hoeveel personen?

Janssen: Een éénpersoonskamer, alstublieft.

Hotelbediende: Met of zonder bad?

Janssen: Met bad, graag. Hoeveel kost dat per nacht?

Hotelbediende: Honderd negentig gulden, ontbijt inbegrepen.

Janssen: Honderd negentig gulden!!

Hotelbediende: Ik kan u ook een kamer van honderd vijfenzestig gulden geven, maar die heeft geen bad.

Janssen: Nee, ik heb liever een kamer met bad.

Hotelbediende: Zoals u wilt, meneer. Hebt u uw identiteitskaart bij u?

Janssen: Alstublieft.

Hotelbediende: Dank u. Hier is uw sleutel. Kamer vierentwintig. De lift is aan het einde van de gang.

Oefening 98

1. In welke stad is mijnheer Janssen?

2. Is hij een Nederlander?

3. Zoekt hij een tweepersoonskamer?

4. Wat voor een kamer zoekt hij?

5. Heeft het hotel nog éénpersoonskamers vrij?

6. Wat kost meer, een kamer met of zonder bad?

7. Vindt mijnheer Janssen 190 gulden veel voor één nacht?

8. Waarom neemt mijnheer Janssen de kamer van 165 gulden niet?

9. Welke kamer neemt hij?

10. Heeft het hotel een lift?

WAAROM BENT U NOG STEEDS HIER?

Mijnheer de Vries: Juffrouw Roos, wilt u aan de loopjongen vragen of hij even hier komt? Ik moet hem spreken.

Juffrouw Roos: Maar... de loopjongen is al naar huis, meneer.

Mijnheer de Vries: Nu al!

Juffrouw Roos: Ja, het is al over vijven.

Mijnheer de Vries: Waarom bent u dan nog steeds hier?

Juffrouw Roos: Ik ben nog niet klaar met mijn typwerk.

Mijnheer de Vries: Maak het morgen af!

Juffrouw Roos: Nou... morgen is het de laatste dag voor mijn vakantie en ik verlaat morgenavond de stad, dus dacht ik...

Mijnheer de Vries: O! Ik snap het al: u wilt morgen wat vroeger vertrekken. O.K., ga u gang; mij stoort dat niet.

Oefening 99

Vul aan met: *al / nog niet / nog geen / nog steeds*

1. Is juffrouw Roos _____ naar huis?

2. Nee, ze is _____ op kantoor.

3. Zij heeft haar typwerk _____ af.

4. Zij nam dit jaar _____ vakantie.

5. Volgt u _____ elke week Nederlandse les?

MIJNHEER JANSSEN NEEMT DE TREIN NAAR AMSTERDAM

Vandaag heeft mijnheer Janssen een afspraak met mijnheer van Dam in Amsterdam. Om zes uur 's morgens was hij al op straat.

Mijnheer Janssen: Taxi! Taxi!... Naar Brussel-Zuid, alstublieft!

Taxichauffeur: Brussel-Zuid? In orde!

Om tien over zes was hij al op het station. De trein naar Amsterdam vertrok om 6.18 u. Hij had nog net tijd om een treinkaartje te kopen.

Mijnheer Janssen: Een retourtje naar Amsterdam, alstublieft.

Loketbeambte: Eerste of tweede klas, meneer?

Mijnheer Janssen: Eerste klas. Hoeveel ben ik u schuldig?

Loketbeambte: Tweeduizend frank, alstublieft.

Nu zit mijnheer Janssen in de trein en leest de krant. Het is acht uur 's morgens. Hoe laat zal het zijn als de trein in Amsterdam aankomt?

WAT ZULLEN WIJ MORGEN DOEN?

Oefening 100

Voorbeeld: Ik kan deze week niet komen. *(volgende week)*
Ik zal volgende week komen.

1. Wij kunnen de rekening deze maand niet betalen. *(volgende maand)*

2. Jan kan de cassette-recorder vandaag niet brengen. *(morgen)*

3. U kunt vandaag niet naar de schouwburg gaan. *(volgende week zaterdag)*

4. Ik kan dit jaar niet naar Italië reizen. *(volgend jaar)*

5. Annie kan haar vakantie deze zomer niet nemen. *(deze winter)*

AGENT 009

AMT 1417 - 2030 DRINGEND

001 aan 009

Agent 002 zal donderdagavond om zeven uur aankomen. U zal hem op het vliegveld opwachten. Hij zal een blauw pak en een grijze das dragen. Hij zal een pakje in zijn linkerhand houden. Als hij het vliegveld verlaat, zal hij naar een taxi zoeken. U zal tegen hem zeggen: "Steek uw pakje in de tas." Hij zal antwoorden: "Ik geef het liever aan u" en hij zal het aan u geven.

Er zal een vel papier met een adres in het pakje zitten. U zal met 002 met uw auto naar dit adres rijden. Als hij de auto uitstapt, zal u uw revolver en een enveloppe met de tienduizend gulden, die u vorige week gekregen hebt, aan hem geven. 002 zal het gebouw binnengaan; u zal in uw auto op hem wachten.

Wanneer hij terugkomt, zal u hem naar het *Excelsiorhotel* rijden. 002 zal het hotel binnengaan en na tien minuten terugkomen. U zal hem naar het vliegveld rijden. Hij zal het vliegtuig naar New York nemen, dat om half tien vertrekt. Lees deze aanwijzingen en verbrand* ze. U zal volgende week nieuwe aanwijzingen krijgen.

* *een lucifer brandt*

> – Wat doet u vanavond?
>
> – Ik weet het nog niet. Als er een interessante film draait, zal ik naar de bioskoop gaan.

Oefening 101

Voorbeeld: Zult u vanavond naar de bioskoop gaan?
(Draait er een interessante film?)
Als er een interessante film draait, zal ik vanavond naar de bioskoop gaan.

1. Zal de leerling morgen naar school komen?
(Heeft hij lessen?)

2. Zullen wij volgende maandag gaan zwemmen?
(Krijgen wij een vrije dag?)

3. Zal de direkteur morgen een taxi nemen?
(Is hij laat?)

4. Zult u een feest voor uw vrienden geven?
(Krijg ik een loonsverhoging?)

5. Zullen onze vrienden in Parijs musea bezoeken?
(Hebben zij genoeg tijd?)

6. Zal de sekretaresse morgen naar de bank gaan?
(Krijgt zij een cheque?)

Hoofdstuk

13

HET GEZIN DE VRIES

Maandagmorgen. Het gezin de Vries ontbijt.

Bij het gezin de Vries loopt de wekker af om zeven uur. Mevrouw de Vries staat het eerst op en gaat naar de badkamer. Mijnheer de Vries blijft nog even liggen: hij heeft graag de badkamer voor zich alleen en wacht liever tot zijn vrouw klaar is. Terwijl mevrouw de Vries de kinderen wekt en het ontbijt klaarmaakt, wast en scheert hij zich.

Mevrouw de Vries heeft de radio aangezet. Om half acht komt mijnheer de Vries de keuken binnen...

Mevrouw de Vries:	Wat wil je voor je ontbijt, Maarten? Een eitje?
Mijnheer de Vries:	Nee, dank je, Leen. Alleen toast en koffie. Ik denk dat ik gisteravond te veel van die Indonesische rijsttafel gegeten heb. Zeg, maar waar blijven de kinderen?
Mevrouw de Vries:	Zij kleden zich aan. Kijk, daar heb je Ilse al.
Ilse:	Goedemorgen allebei. Hadden jullie gisteren een gezellig avondje uit?
Mevrouw de Vries:	Ja hoor, erg leuk!
Ilse:	En erg laat, niet?
Mevrouw de Vries:	Hoe weet jij dat? Heb je ons horen thuiskomen?
Ilse:	Nee hoor! Maar wanneer moeder de toast laat aanbranden en...
Mevrouw de Vries:	O! Mijn toast!
Ilse:	... en wanneer vader met twee linkerschoenen aan het ontbijt zit, dan...
Mijnheer de Vries:	Asjemenou! Je hebt gelijk, zeg! Goed dat jij uitgeslapen bent, Ilse!

Ilse:	Ik ga de andere schoen wel voor je halen, vader. En geef jij me dan een lift met de auto?
Mijnheer de Vries:	Waar moet je naartoe?
Ilse:	Maar... naar school natuurlijk, vader!
Mijnheer de Vries:	Ja, natuurlijk! O.K., kindje, maar haast je dan. Ik heb niet veel tijd.
Ilse:	Je bent een schat! Ik ben zo klaar.

Om half negen komt mijnheer de Vries het kantoor binnen.Juffrouw Roos is er al. Hij leest eerst alle brieven en andere korrespondentie, die de sekretaresse op zijn bureau heeft gelegd. De antwoorden dikteert hij dan aan juffrouw Roos.

Om tien uur is er een korte koffiepauze, en juffrouw Roos brengt hem een kopje koffie.

's Middags eet mijnheer de Vries in een klein, eenvoudig restaurant, niet ver van zijn kantoor. Hij eet er samen met enkele kollega's en vrienden.

Om één uur gaat mijnheer de Vries terug naar kantoor. Hij telefoneert met klanten en leveranciers en heeft één of twee afspraken met andere zakenmensen. Hij bestudeert nieuwe rapporten en budgetten. Om zes uur is hij klaar met zijn werk en gaat hij naar huis.

Mijnheer de Vries komt om ongeveer half zeven thuis. Het gezin de Vries dineert om kwart voor zeven.

Na de maaltijd ruimen mevrouw de Vries en Ilse de tafel af.

Mijnheer de Vries zet de televisie aan voor de nieuwsberichten. Daarna kijkt hij naar een film of leest hij een boek.

Soms luistert hij naar klassieke muziek: Beethoven meestal.

Om elf uur is alles stil: iedereen slaapt.

Oefening 102

Maak vragen bij deze antwoorden!

Voorbeeld: De wekker loopt **om zeven uur** af.
Hoe laat loopt de wekker af?

1. **Mevrouw de Vries** staat het eerst op.

2. Mijnheer de Vries **wast en scheert zich**, terwijl zijn vrouw de kinderen roept.

3. Nee, **mevrouw** de Vries zet de radio aan.

4. **Ilse** is het eerst klaar.

5. **Nee, zij heeft haar ouders niet horen thuiskomen.**

6. Mevrouw de Vries laat **de toast** aanbranden.

7. Ilse ziet **dat hij twee verschillende schoenen aanheeft**.

8. Ilse gaat **de andere schoen** halen.

9. Zij vraagt aan haar vader **of hij haar een lift wil geven**.

10. Zij moet naar **school**.

11. Zij moet zich haasten, **omdat mijnheer de Vries niet veel tijd heeft**.

12. **"Je bent een schat!"**

ANNIE GAAT NAAR KANTOOR

Oefening 103

Antwoord op de vragen!

1. Hoe laat loopt de wekker af?

2. Wordt Annie door de wekker gewekt?

3. Staat ze onmiddellijk op?

4. Hoe laat staat ze op?

5. Hoe laat ontbijt Annie?

6. Wat drinkt zij voor haar ontbijt?

7. Wat doet zij terwijl zij ontbijt?

8. Eet zij een typisch Hollands ontbijt?

9. Hoe laat komt zij op kantoor aan?

10. Komt zij vóór of na de andere sekretaressen het kantoor binnen?

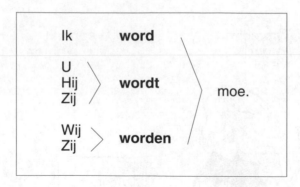

Oefening 104

Voorbeeld: Ik heb lang gewerkt. Ik ben moe.
             Als men lang werkt, wordt men moe.

1.   Jan heeft veel koffie gedronken. Hij is wakker.

2.   Wij hebben vlug gelopen. Wij zijn moe.

3.   Ik heb lang niets gegeten. Ik ben hongerig*.

4.   U hebt lang niets gedronken. U bent dorstig*.

5.   De kinderen hebben op straat gespeeld. Zij zijn vuil.

* ik ben hongerig = ik heb honger
 ik ben dorstig = ik heb dorst

> U **spreekt**. | U **spreekt**.
> Ik **hoor** u. | Ik **kan** u **horen**.
> ⇩ | ⇩
> Ik **hoor** u **spreken**. | Ik **kan** u **horen spreken**.

Oefening 105

A. *Voorbeeld:*   U spreekt met uw sekretaresse. *(Ik hoor.)*
   Ik hoor u met uw sekretaresse spreken.

1. De buren komen thuis. (*Wij horen.*)

2. Wij typen. *(U hoort.)*

3. De leraar komt de klas binnen. *(Ik zie.)*

4. Ik doe de deur open. *(Jan ziet.)*

5. De sekretaresse doet het raam dicht. *(Jij hoort.)*

B. *Voorbeeld:*   De leerlingen in de andere klas lachen. *(Ik kan ze horen.)*
   Ik kan de leerlingen in de andere klas horen lachen.

1. De wekker loopt af. *(Wij kunnen hem horen.)*

2. De taxi stopt voor het gebouw. *(Ik kan hem zien.)*

3. De direkteur dikteert. *(U kunt hem horen.)*

4. De sekretaresse praat met haar kollega. *(Wij kunnen haar horen.)*

5. Mijnheer de Vries zingt in de badkamer. *(Men kan hem horen.)*

Oefening 106

Voorbeeld: Er ligt een potlood op de tafel. Ik neem het niet.
Ik laat het liggen.

1. Peter slaapt. Zijn moeder wekt hem niet.

2. Er staat een koffer bij de deur. Ik neem hem niet.

3. De kinderen spelen. De moeder roept ze niet.

4. Onze vriend leest. Wij storen hem niet.

5. Ik eet. U spreekt niet met mij.

– *Hoe heet de sekretaresse van mijnheer van Dam?*

– *Het spijt me, ik ben de naam vergeten.*

Oefening 107

Voorbeeld: Ik weet niet meer hoe de sekretaresse heet. *(naam)*
Ik kan me de naam niet meer herinneren. Ik ben de naam vergeten.

1. U weet niet meer waar mijnheer de Vries woont. *(adres)*

2. Wij weten niet meer hoeveel deze krant kost. *(prijs)*

3. Ik weet niet meer wat er gisteren op de T.V. was. *(programma)*

4. Jan weet niet meer hoeveel leerlingen er in zijn klas waren. *(aantal)*

5. Jij weet niet meer waar je deze das gekocht hebt. *(plaats)*

Iemand **opent** de deur.   De deur **wordt geopend**.

Iemand **sluit** het raam.   Het raam **wordt gesloten**.

Men **leest** deze krant in   Deze krant **wordt** in
Amsterdam.   Amsterdam **gelezen**.

Men **drinkt** koffie in veel landen.   Koffie **wordt** in veel landen
gedronken.

Oefening 108

Voorbeeld: Om negen uur 's morgens opent iemand de bank.
          De bank wordt om negen uur 's morgens geopend.

1.   Om zes uur 's avonds doet iemand het licht in mijn kantoor uit.

2.   Men verkoopt deze tandpasta alleen in warenhuizen.

3.   Men verstuurt met Kerstmis veel kaarten.

4.   Iemand wast de ramen één keer per week.

5.   Men stuurt brieven naar het buitenland per luchtpost.

180

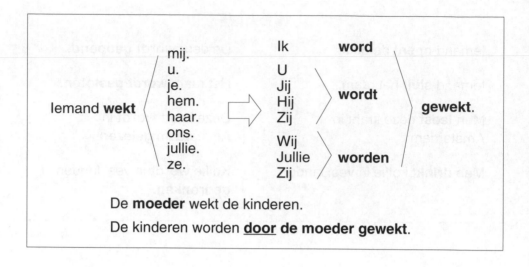

De **moeder** wekt de kinderen.

De kinderen worden **door** de moeder **gewekt**.

Oefening 109

Voorbeeld: De moeder wekt de kinderen.
            De kinderen worden door de moeder gewekt.

1. De direkteur beantwoordt de brieven.

2. Veel toeristen bezoeken deze musea.

3. Vrouwen kopen meestal dit produkt.

4. De kelner ruimt de tafel af.

5. De telefoniste verbindt ons door met de direkteur.

IK WAS ME

Ik	me	mijn
u	zich	uw
jij / je	je	jouw / je
hij	zich	zijn
zij / ze	zich	haar
men	zich	zijn
wij / we	ons	onze
u	zich	uw
jullie	je	jullie
zij / ze	zich	hun

Wast u zich met koud of warm water? Leen wast zich met koud water: dat is gezond, zegt ze. Dan kamt zij haar haar en brengt vlug een beetje make-up aan.

Maarten neemt liever een lekkere warme douche. Hij houdt van komfort: hij scheert zich met een elektrisch scheerapparaat.

En u? Wat doet u 's morgens? Neemt u een douche of een bad?

Kleedt u zich modern of klassiek? Haast u zich 's morgens?

Oefening 110

a) Ik was me niet met koud water.

b) Ik was me met warm water.

c) Ik scheer me met mijn scheerapparaat.

d) Daarna kleed ik me aan.

e) Ik haast me om naar kantoor te gaan.

1. En wat doe ik 's morgens?
   a) _Jij ..._
   b) _____
   c) _____
   d) _____
   e) _____

2. Wat doen u en uw broer 's morgens?
   a) _Wij ..._
   b) _____
   c) _____
   d) _____
   e) _____

3. Wat doen mijn broer en ik 's morgens?
   a) _Jullie ..._
   b) _____
   c) _____
   d) _____
   e) _____

4. Wat doen onze vrienden 's morgens?
   a) _Zij ..._
   b) _____
   c) _____
   d) _____
   e) _____

Oefening 111

Zet om in de vertrouwelijkheidsvorm...

1. Hoe voelt u zich wanneer u 's morgens opstaat?
2. Hebt u 'n hekel aan vroeg opstaan?
3. Begint u de dag met 'n lekker ontbijt?
4. Waar en met wie ontbijt u?
5. Drinkt u zwarte koffie?
6. Leest u 's morgens de krant aan tafel?
7. Is uw werk ver van huis?
8. Hoeveel tijd hebt u?
9. Komt u wel eens te laat op uw werk?
10. Stond u vanmorgen te laat op?

A. Zet om met *jij / je / jouw*   B. met *jullie / je / jullie*

1. _____   1. _____

2. _____   2. _____

3. _____   3. _____

4. _____   4. _____

5. _____   5. _____

6. _____   6. _____

7. _____   7. _____

8. _____   8. _____

9. _____   9. _____

10. _____   10. _____

Hoofdstuk

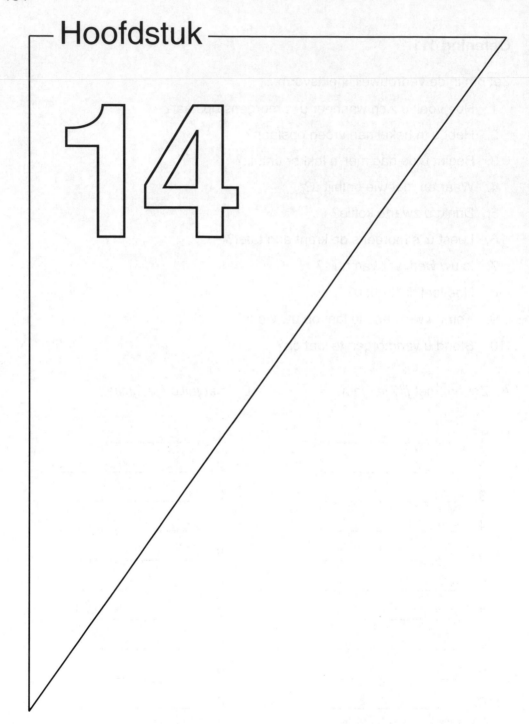

14

EEN UITNODIGING

Annie:	Zeg Rob, wat doe jij zaterdagavond?
Rob:	Nou, tot nu toe niets. En jij?
Annie:	Ik heb kaartjes voor 'n balletvoorstelling van Béjart en nou dacht ik zo dat jij...
Rob:	Maar natuurlijk ga ik met je mee. Ik begrijp best dat je niet in je eentje wilt uitgaan. Nee hoor, we gaan lekker met z'n tweeën, dat is eeuwen geleden!
Annie:	Eh... Rob,... ik heb Koen en Toos ook gevraagd en...
Rob:	O nee!
Annie:	...en Kees en Karen. En Peter komt ook!
Rob:	Peter? Wie is dat?
Annie:	Peter? Ken je die niet? Hij was op mijn verjaardagsfeest. 'n Erg sympathieke jongen.
Rob:	Nou, ik herinner me niet dat je me aan hem hebt voorgesteld.
Annie:	Dat geeft niet, dan maken jullie zaterdag wel kennis.
Rob:	Ik weet niet of ik wel kom: eigenlijk heb je me helemaal niet nodig!
Annie:	Toe nou, Rob, doe niet zo gek! Je weet best dat je onmisbaar bent. Weet je wat? Kom zaterdag wat vroeger dan de anderen, dan kan je met de borrel helpen! Niemand kan zo goed cocktails maken als jij! En anders moet ik ze zelf maar klaarmaken...
Rob:	O nee, dat nooit!! De laatste keer dat ik één van jouw "cocktails" gedronken heb, moest ik daarna een hele dag in bed blijven! Nee, nee! Ik kom wel wat vroeger!
Annie:	O.K. Tot zaterdag dan. Om half zeven bij mij thuis. Dag, Rob!
Rob:	Dag, Annie. Tot zaterdag!

Oefening 112

1. Heeft Rob zin om zaterdagavond iets te doen?

2. Waar heeft Annie kaartjes voor?

3. Heeft zij twee of meer kaartjes?

4. Gaat Rob mee naar de balletvoorstelling?

5. Gaan Rob en Annie dikwijls met z'n tweeën uit?

6. Kent Rob Peter?

7. Heeft Annie Peter aan Rob voorgesteld?

8. Wanneer zullen ze kennismaken?

9. Komt Rob zaterdag met de anderen of komt hij wat vroeger?

10. Kan Annie lekkere cocktails maken?

°6° EEN GEZELLIG AVONDJE UIT

Annie houdt veel van ballet. Zij interesseert zich vooral voor modern ballet. Zodra zij hoorde dat Béjart weer in Amsterdam was, reserveerde zij 'n zestal plaatsen voor zijn balletvoorstelling. Zij sprak af met enkele vrienden: zaterdagavond, om zeven uur bij haar thuis.

Zaterdagavond...

Iedereen is op tijd voor de afspraak, behalve Peter natuurlijk, want die is altijd te laat! Rob, Annie's vriendje, zorgt voor de borrel. Annie laat nog wat foto's zien van haar vakantie in Italië. Zij hebben niet veel tijd: de voorstelling begint om negen uur.

Om acht uur vertrekken ze: met z'n allen in één auto. Een beetje later zijn ze al bij de schouwburg, maar nog niet in de schouwburg: 'n plaatsje zoeken voor de auto! Na lang zoeken vinden ze tenslotte een parkeerplaats. Aan het andere eind van de straat, natuurlijk, tien minuten van de schouwburg. Als ze in de zaal komen, is het net negen uur: de voorstelling begint!

Na de voorstelling...

Als het doek neergaat, staat het publiek enthousiast op en applaudisseert: de voorstelling was een succes!

Het is bijna elf uur als ze weer in de auto zitten. Rob en Annie stellen voor om Italiaans te gaan eten. Dat vinden ze allen een prima idee, en een half uurtje later zit de hele groep aan tafel in een gezellig Italiaans restaurant. Zij hebben het natuurlijk over Béjart en zijn balletgroep. Iedereen is tevreden: én over de voorstelling, én over het diner. Een gezellig avondje uit!

Oefening 113

Zet het tweede en derde deel van dit leesstukje om in de verleden tijd!

Iedereen was op tijd voor de afspraak . . .

MOEDER TRAKTEERT

Ilse: Zeg, mams, weet je waar ik vanmiddag zin in heb?

Mevrouw de Vries: Nee, Ilse, waarin dan?

Ilse: In iets heel speciaals: in taartjes.

Mevrouw de Vries: Nou, zo speciaal is dat nu ook weer niet. Ga er maar een paar bij de bakker halen, dan zet ik de koffie wel.

Ilse: O nee, mams, dat bedoel ik niet! Ik bedoel taartjes eten in een echt café. Bij Parisiana bijvoorbeeld!

Mevrouw de Vries: Wat! Dat sjieke café tegenover de bank?

Ilse: Ja, precies. Ben jij er al eens geweest, mams?

Mevrouw de Vries: Nee hoor! Het lijkt me een geweldig dure zaak.

Ilse: Waarom denk je dat?

Mevrouw de Vries: Dat zie je toch aan het klienteel: allemaal sjieke dames met dure kleren en zo. Maar het gebak schijnt er wel erg lekker te zijn.

Ilse: Toe nou, mams! Elk een gebakje. Zoveel kan dat toch niet kosten!

Mevrouw de Vries: Nee, natuurlijk niet. Maar in ieder geval meer dan bij de bakker.

Ilse: Ach, mams, voor één keertje maar! We trekken onze sjiekste kleren aan en we gaan eens kijken of het er echt zo lekker is.

Mevrouw de Vries: Ja, waarom eigenlijk niet. Dan weten we eindelijk hoe het er binnen uitziet. Vooruit dan maar: moeder trakteert! Maar... mondje dicht, hé! Niks tegen de anderen zeggen, hoor! Anders willen ze binnenkort allemaal bij Parisiana gebakjes gaan eten.

Oefening 114

Voorbeeld: Zeg, dat je erg moe bent!
Ik ben erg moe.

1. Vraag aan die verkoopster hoe laat het is.

2. Zeg hem maar te gaan zitten!

3. Zeg Ans het boek aan haar broer te geven!

4. Vraag die dame of ze een kopje koffie wil!

5. Vraag je vrienden of ze al klaar zijn!

6. Zeg tegen een klant hoe laat de bank open gaat! (9 uur)

7. Vraag je zus of zij haar pen niet kan vinden!

8. Telefoneer naar het station en vraag wanneer er een trein naar Rotterdam gaat!

9. Vraag uw sekretaresse of zij liever met de bus of met de tram gaat!

10. Vraag me of ik de weg naar uw kantoor ken!

11. Zeg dat het je spijt!

12. Vraag naar de prijs van dat tasje!

MIJNHEER DE VRIES LAAT ZIJN HAAR KNIPPEN

Ik **knip** mijn

U **knipt** uw

Jij **knipt** je

Hij **knipt** zijn

Zij **knipt** haar   haar niet zelf.

Wij **knippen** ons

U **knipt** uw

Jullie **knippen** je

Zij **knippen** hun

Ik **laat** mijn

U **laat** uw

Jij **laat** je

Hij **laat** zijn

Zij **laat** haar   haar **knippen**.

Wij **laten** ons

U **laat** uw

Jullie **laten** je

Zij **laten** hun

Oefening 115

A. *Voorbeeld:*   Mijnheer de Vries knipt zijn haar niet zelf.
                  Hij laat zijn haar knippen.

1. Ik maak mijn kleren niet zelf.

2. De direkteur poetst zijn schoenen niet zelf.

3. Op reis dragen wij onze koffers niet zelf.

4. Men maakt zijn hotelkamer niet zelf schoon.

5. Mijnheer de Vries wast zijn auto niet zelf.

B. *Voorbeeld:*   De direkteur typt zijn brieven niet zelf.
                  (Hij vraagt het aan zijn sekretaresse.)
                  Hij laat zijn brieven door zijn sekretaresse typen.

1. Ik verstuur mijn brieven niet zelf.
   (Ik vraag het aan de loopjongen.)

2. Mevrouw de Vries ruimt de tafel niet zelf af.
   (Zij vraagt het aan de kinderen.)

3. Op reis parkeert men zijn auto niet zelf.
   (Men vraagt het aan een hotelbediende.)

4. De direkteur belt de taxi niet zelf op.
   (Hij vraagt het aan zijn sekretaresse.)

5. Ik maak mijn ontbijt niet zelf klaar.
   (Ik vraag het aan een hotelbediende.)

LATEN WE GAAN ETEN!

– Het is half twee. Hebt u geen
   honger?

– Jazeker! Laten we gaan eten!

Oefening 116

Vul in met: *Laten we naar de bioskoop gaan! Laten we een taxi nemen!*
                 Laten we er een kopen! Laten we het aan iemand vragen!
                 Laten we gaan   zwemmen! Laten we gaan eten!

Voorbeeld: Ik heb honger.
                Laten we gaan eten.

1.   Het is warm vandaag.

2.   Wij kennen de weg naar het museum niet.

3.   Er draait een interessante film.

4.   Dit warenhuis heeft goedkope dassen.

5.   De bus naar het vliegveld is al vertrokken.

Oefening 117

Voorbeeld: Ik heb een nieuw horloge gekocht. Het was duur.
Ik heb iets duurs gekocht.

1. Wij hebben een film gezien. Hij was mooi.
2. Jan heeft sinaasappelen meegebracht. Zij zijn gezond.
3. Ik heb koekjes aan Peter gegeven. Zij zijn lekker.
4. De kinderen hebben kadootjes gekregen. Zij zijn goed.
5. U heeft iets in uw tas. Het is groot.

Oefening 118

Zet de volgende zinnen om in de voltooid tegenwoordige tijd!

Voorbeeld: Ik moest gisteren twee uur op de bus wachten.
Ik heb gisteren twee uur op de bus moeten wachten.

1. Jan kon vorige week zijn lessen niet volgen.
2. Wij lieten onze auto vorige week maandag wassen.
3. Men moest gisteren zijn telefoonrekening betalen.
4. De direkteur liet vorige week de ramen wassen.
5. Ik hoorde de sekretaresse telefoneren.

Hoofdstuk

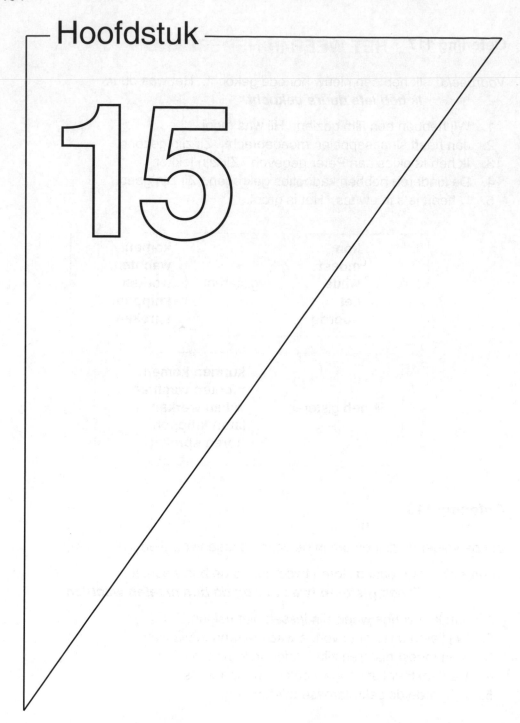

HET WEER IN NEDERLAND

Eind december. Leen en Maarten de Vries bij het opstaan...

Maarten:	Zeg, Leen, heb je vanmorgen al naar buiten gekeken?
Leen:	Nee, nog niet.
Maarten:	Het heeft vannacht gesneeuwd!
Leen:	Nee zeg! Ligt er echt sneeuw? Dat gebeurt niet vaak voor Kerstmis.
Maarten:	Nee, da's waar. Dan krijgen we dit jaar toch 'n witte Kerst. Dat is lang geleden.
Leen:	De kinderen zullen blij zijn. De laatste winters waren meestal zacht en regenachtig. Vorig jaar begon het pas na Nieuwjaar te vriezen, en na een paar dagen begon het al te dooien. Ze hebben hun nieuwe schaatsen niet één keer kunnen aandoen!
Maarten:	Dat heb je met een zeeklimaat: vochtig weer! En deze herfst was er nog meer wind en regen dan gewoonlijk.
Leen:	Gelukkig hebben we een mooie lente gehad. Dat is hier in Nederland wel 't mooiste jaargetijde, vind je niet?
Maarten:	Eigenlijk wel: het is de tijd van zon en bloeiende tulpenvelden. Maar toch hou ik nog 't meest van de zomertijd.
Leen:	Van de zomervakantie, bedoel je!
Maarten:	Nou en? Jij zegt anders ook niet nee tegen een paar dagen aan het strand!
Leen:	Stop! Doe me niet aan vakanties en zon denken! Het is zo al koud genoeg. Brr! En vakantie is het ook niet: als je niet opschiet, kom je nog te laat op kantoor! En wat zal juffrouw Roos daarvan denken?

Oefening 119

1. Wat zijn de vier jaargetijden?

2. Van welk jaargetijde houdt u het meest?

3. Welk jaargetijde vindt mevrouw de Vries het mooist?

4. Wat is een witte Kerst?

5. Schaatst men veel in Nederland als het vriest?

6. Wat voor klimaat hebben België en Nederland?

7. Wat ziet men in Nederland veel in de lente?

8. Hoe kleedt men zich in de winter?

9. Wat draagt u als het regent?

10. In welk jaargetijde gaan de meeste mensen met vakantie?

Het weer was **slecht**. Ik bleef thuis.	Het weer was **zo** slecht **dat** ik thuis bleef.
Het was **slecht weer**. Ik bleef thuis.	Het was **zulk** slecht weer **dat** ik thuis bleef.
Het was **een slechte film**. Ik ging weg.	Het was **zo'n** slechte film **dat** ik wegging.

Oefening 120

Voorbeeld: Het restaurant serveerde slechte wijn. Men kon hem niet drinken.
Het restaurant serveerde zulke slechte wijn, dat men hem niet kon drinken.

1. Het concert was goed. Wij kochten alle platen ervan.

2. Vandaag is het warm weer. Men heeft geen jas nodig.

3. Jan was ziek. Hij moest in bed blijven.

4. De leraar gaf ons een moeilijke oefening. Niemand kon ze maken.

5. Ik ben nat geworden. Ik heb kou gevat.

MIJNHEER DE VRIES VOELT ZICH NIET LEKKER

Mevrouw de Vries: Nog wat groenten, Maarten?

Mijnheer de Vries: Nee, dank je, Leen. Ik denk dat ik even ga liggen. Ik voel me niet lekker.

Mevrouw de Vries: Heb je weer last van je maag?

Mijnheer de Vries: Nee, dat is het niet. Ik heb geen maagpijn, maar wel 'n verschrikkelijke hoofdpijn en wat keelpijn. Waarschijnlijk een verkoudheid.

Mevrouw de Vries: Keelpijn? Laat me je voorhoofd eens voelen! Maar... je gloeit, Maarten! Jij hebt koorts. Ik bel onmiddellijk de dokter op!...

De dokter voelt de pols van mijnheer de Vries en neemt zijn temperatuur op.

Dokter: Uw man heeft griep, mevrouw. Hij moet natuurlijk enkele dagen in bed blijven. Ik zal u enkele geneesmiddelen voorschrijven. Ziezo, hier hebt u het voorschrift. De apotheker op de hoek heeft dienst.

Mevrouw de Vries: Dank u wel, dokter. Ik zal er onmiddellijk één van de kinderen om sturen.

Dokter: Tot ziens, mevrouw. En maakt u zich geen zorgen: binnen een paar dagen is hij weer op de been.

Mevrouw de Vries: Dank u wel, dokter. Tot ziens!

Oefening 121

1. Heeft mijnheer de Vries veel honger?

2. Waarom gaat hij even liggen?

3. Heeft hij dikwijls last van zijn maag?

4. Wat voor pijn heeft hij vandaag?

5. Wat voelt zijn vrouw?

6. Wie belt zijn vrouw op?

7. Wat schrijft de dokter voor?

8. Gaat mevrouw de Vries zelf naar de apotheek?

9. Wie stuurt zij erheen?

10. Hoeveel dagen moet mijnheer de Vries in bed blijven?

	personen	*voorwerpen*
wachten op	Op wie ...?	Waar ... op? / Waarop ...?
spreken over	Over wie ...?	Waar ... over? / Waarover ...?
luisteren naar	Naar wie ...?	Waar ... naar? / Waarnaar ...?
gaan met	Met wie ...?	Waar ... mee/ / *Waarmee ...?*

Oefening 122

Voorbeeld: De mensen wachten op **de bus**.
   Waar wachten de mensen op?
   Waarop wachten de mensen?

1.   De jongens wachten op **een vriend**.

2.   De leraar spreekt met **de leerling**.

3.   De leraar spreekt over **Nederland**.

4.   Annie luistert naar **haar direkteur**.

5.   Jan luistert naar **een concert**.

6.   Ik ga liever met **het vliegtuig**.

7.   Ik ga liever op reis met **Jan**.

8.   De kassier geeft het wisselgeld aan **de klant**.

9.   De kassier geeft terug van **500 gulden**.

10.   Mevrouw de Vries stuurt iemand om **geneesmiddelen**.

11.   Mevrouw de Vries stuurt iemand om **de dokter**.

ARME MIJNHEER DE VRIES!

Mijnheer de Vries zit in zijn auto en rijdt naar huis. Het is half tien. Hij is laat! Die vergadering met de Raad van Bestuur duurde weer zo lang. Nu hebben ze het weer over een nieuw projekt met Zweden.

En zij hebben het al zo moeilijk met dat Belgische projekt dat binnen een maand klaar moet zijn! Vooral nu mijnheer de Bruyn er niet is: die is voor twee dagen naar Londen vertrokken en komt pas over een week terug. En over een week moet hijzelf, de Vries, naar Zweden, om over dat nieuwe projekt te spreken.

- "Nee, zo kan het niet verder! Ik heb gewoon geen tijd om uit te gaan of om een krant te lezen. Altijd maar werken! Zelfs de kinderen kennen me niet meer! En Marleen..."

En zo gaat het maar voort, tot aan de huisdeur. Arme mijnheer de Vries!

Oefening 123

Voorbeeld: Ik neem de bus. Ik wil naar kantoor gaan.
         Ik neem de bus om naar kantoor te gaan.

1. Mijnheer de Vries gaat naar de bank. Hij wil geld storten.

2. Mevrouw de Vries heeft een mes nodig. Ze wil vlees snijden.

3. Ik moet in Londen zijn. Ik wil mijnheer Smith spreken.

4. Jij gaat naar de kantine. Je wilt lunchen.

5. Mijn vrouw telefoneert een hotel. Ze wil een kamer reserveren.

6. Wij nemen een taxi. Wij willen vlugger thuis zijn.

7. Jullie kopen kaartjes. Jullie willen naar een koncert gaan.

8. Juffrouw Roos haast zich. Zij wil vroeger klaar zijn.

9. Wij drinken koffie. We willen wakker blijven.

Hoofdstuk

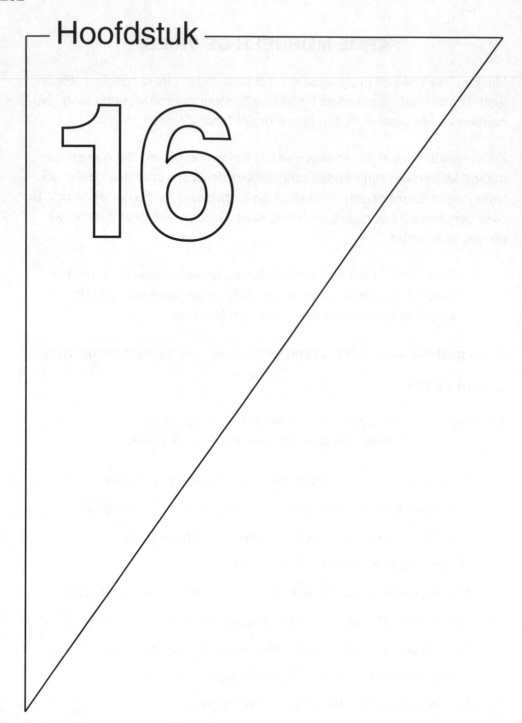

EEN VERJAARDAGSPROJEKT

Maarten de Vries is op kantoor. Hij vraagt aan zijn sekretaresse of ze
Willem Blijhuis voor hem wil opbellen. Zij neemt onmiddellijk de hoorn op,
draait het nummer, wacht tot Willem Blijhuis antwoordt en verbindt hem
dan met mijnheer de Vries door.

Maarten: Goedemorgen, Willem. Met Maarten de Vries.

Willem: Maarten! Hoe maak je het? Het is eeuwen geleden dat
we elkaar gezien hebben!

Maarten: Tja! Jammer genoeg! Maar het is de laatste tijd zo druk
op kantoor dat ik haast elke avond moet overwerken.

Willem: Zijn die projekten waar je me vorige keer over sprak, nog
steeds niet klaar?

Maarten: Nee, nog steeds niet! En bovendien kwam er vanmiddag
een derde probleem bij: een soort "verjaardagsprojekt"!
De firma zal over drie maanden honderd jaar bestaan, en
dat moet natuurlijk gevierd worden. Nu belde ik je op om
te vragen: hoe?

Willem: Hoe?!

Maarten: Ja, hoe!! Hoe moet je zo'n verjaardag organiseren?
Marleen vertelde me gisteren dat jij vorig jaar meewerkte
aan de viering van het 50-jarig bestaan van jouw
bankmaatschappij, en...

Willem: Nou! Als ik je daarmee kan helpen! Weet je wat,
Maarten, kom zaterdagavond even langs! Dan kunnen we
er wat langer over praten. En breng Marleen mee!

Maarten: In orde! Dat is erg vriendelijk van je, Willem! Tot
zaterdagavond dan. De groeten aan Tina en... hartelijk
bedankt, hoor!

Willem: Graag gedaan! Dag.

AAN DE TELEFOON

De telefoon rinkelt ...

– Met Maarten Stuyvesant.

– Goedemorgen, Maarten.
Je spreekt met Willem.

– Spreek ik met mijnheer
Stuyvesant?

– Daar spreekt u mee!

– Spreek ik met mijnheer
de Vries?

– Nee, u spreekt met
Joop Zoete.

– Neemt u me niet kwalijk!

– Goedemorgen, juffrouw.
Mag ik toestel nummer 26,
a.u.b.?

– Een ogenblikje, a.u.b....
Het toestel is bezet.
Wilt u even wachten?

– Met mevrouw van Dam.

– Goedemorgen, mevrouw.
U spreekt met Willem de
Bruyn. Kan ik de heer
van Dam even spreken?

EEN VERMOEIENDE REIS

Ik ben vorige week twee keer naar Parijs geweest. De eerste keer nam ik het vliegtuig: het was een korte, aangename reis.

Een charmante stewardess vroeg me of ik iets te roken wenste en gaf me enkele tijdschriften en een lekker ontbijt. De tweede maal reisde ik per trein. Als ik op zakenreis ga, neem ik gewoonlijk de TGV: die is snel en komfortabel. Maar dit keer nam ik een gewone sneltrein omdat de uren van vertrek en aankomst gunstiger waren.

Dit keer geen komfortabele zetel, maar een ongemakkelijke zitplaats in een overvol tweede-klas-rokerscoupé. En natuurlijk was er voor mijn zware aktentas geen plaats meer in het bagagerek. Die legde ik dan maar op mijn knieën: gezellig! De reis duurde eindeloos lang!

Ik kwam doodmoe in Parijs aan, wat natuurlijk niet zo best is, als je daarna urenlang een belangrijk kontrakt moet bespreken.

Oefening 124

Zet deze tekst, zin per zin, om in de voltooid tegenwoordige tijd:

De eerste keer heb ik het vliegtuig genomen:

_____

_____

_____

_____

_____

Oefening 125

Een kleine test!

Iemand zegt:	Wat antwoordt u?
1. Hoe maakt u het? _____	a. Dank u!
2. Spreekt u Nederlands? _____	b. Aangenaam!
3. Dit is mijnheer de Wit. _____	c. U spreekt met ...
4. Goedemorgen! _____	d. Neemt u me niet kwalijk!
5. Gaat u zitten! _____	e. Goed, dank u. En u?
6. Met Jan de Jong. _____	f. Jawel. Mijn nummer is ...
7. Hebt u telefoon? _____	g. Ja, graag.
8. Wilt u een kopje koffie? _____	h. Goede reis.
9. U hebt het verkeerde nummer! _____	i. Goedemorgen.
10. Wij vliegen morgen naar Rome. _____	j. Ja, een beetje.

> Een das kost **ongeveer twaalf gulden**.
>
> Een das kost **een gulden of twaalf**.

Oefening 126

Voorbeeld: Ik zal ongeveer vier dagen in Rotterdam blijven.
  Ik zal een dag of vier in Rotterdam blijven.

1. Jan heeft al ongeveer vijf weken Franse les gevolgd.

2. Wij wonen hier al ongeveer zes jaar.

3. Dit boek kostte ongeveer twintig gulden.

4. Ik heb ongeveer twee maanden in Italië doorgebracht.

5. De reis met de trein duurt ongeveer drie uur.

6. Zij werkt hier al ongeveer zeven jaar.

7. Ik heb ongeveer drie uur naar mijn portemonnee gezocht.

8. Het kind heeft ongeveer vier uur naar de televisie gekeken.

9. Ik ben deze zomer al ongeveer acht keer gaan zeilen.

10. Hij heeft ongeveer zes jaar aan de universiteit gestudeerd.

Ik vind **de** auto (niet) mooi.	Ik vind **het** (g)een mooi**e** auto.
het huis (niet) mooi	**het** (g)een mooi huis

Oefening 127

Voorbeeld: Ik vind het meisje mooi.
            Ik vind het een mooi meisje.

1. Ik vind de oefening gemakkelijk.

2. Jan vond dat restaurant erg duur.

3. Wij vinden deze auto niet erg groot.

4. Vindt u deze winkel niet erg sjiek?

5. Ik vond het bier heel lekker.

6. Zij vond het gebakje erg zoet.

7. Wij vinden dat land veel te warm.

8. Hij vindt de rivier erg vuil.

9. Ik vond de reis erg vermoeiend.

10. Zij vond die schoenen erg komfortabel.

Doe het raam dicht, alstublieft!

Wilt u alstublieft het raam dicht**doen**!

Zou u alstublieft het raam **willen** dicht**doen**!

Oefening 128

Voorbeeld: Wilt u alstublieft de cheque hier tekenen!
Zou u alstublieft de cheque hier willen tekenen!

1. Wilt u alstublieft een taxi voor me bellen!

2. Wilt u alstublieft het kontrakt doorlezen!

3. Wilt u alstublieft morgen op mijn kantoor komen!

4. Wilt u me alstublieft met mijnheer de Vries doorverbinden!

5. Wilt u alstublieft uw adres voor me opschrijven!

6. Wilt u alstublieft de deur voor me openen!

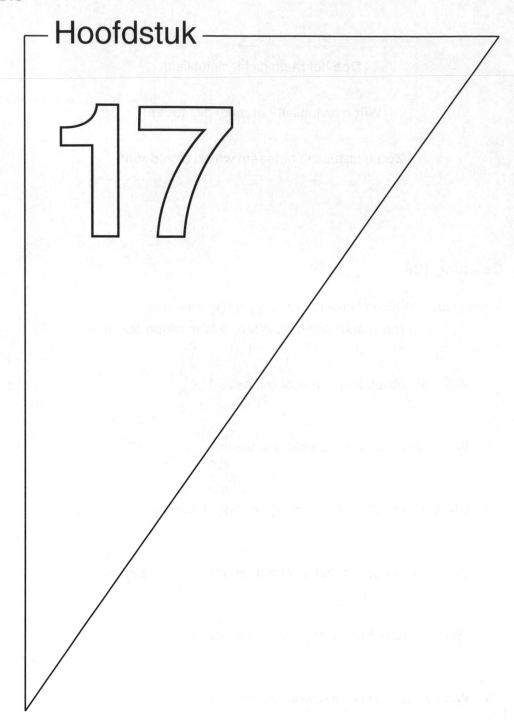

Hoofdstuk

17

EEN HART VAN GOUD!

Maarten kijkt naar de T.V. Leen komt binnen met een nieuwe jurk aan...

Leen: Kijk eens, Maarten! Wat denk je ervan?
Leuk, niet?

Maarten: Wat? Weer een nieuwe jurk, en van zijde nog wel!

Leen: Weer een nieuwe jurk?! Het is maanden geleden dat ik iets nieuws gehad heb!

Maarten: Zo! Ben je dat katoenen jurkje en dat wollen mantelpakje met de leren ceintuur dan al vergeten?

Leen: Maar Maarten, zoiets draag je toch niet op een receptie! En volgende week viert jouw firma zijn honderdjarig bestaan, en dus dacht ik ...

Maarten: (lacht) ... dus dacht jij dat je als vrouw van de direkteur de mooiste (en waarschijnlijk de duurste!) jurk moest dragen. Nou, gelijk heb je, hoor!

Leen: O Maarten! Wat lief van je: je hebt een hart van goud!

Maarten: Een hart of een portemonnee?

Opgelet!

> ... en
> ... maar
> ... want
> ... omdat
>
> ik dacht dat het zo goed was.
>
> ... dus dacht ik dat het zo goed was.

Oefening 129

1. Wat doet Maarten als Leen binnenkomt?

2. Wat heeft Leen gekocht?

3. Hoelang is het volgens Leen geleden dat ze iets nieuws heeft gehad?

4. Heeft zij gelijk?

5. Wat draag je niet op een receptie, een wollen mantelpakje of een zijden jurk?

6. Waarvoor heeft Leen die nieuwe jurk gekocht?

7. Is Maarten boos?

8. Wat dacht Leen (volgens Maarten!)?

9. Wat vindt Maarten ervan?

10. Wat zeg je tegen iemand die erg lief is?

EEN ZAKENBRIEF

Amsterdam, 16 mei 19..

De heer M. de Vries
Direkteur

N.V. Firma KAMP
Herengracht 16

Amsterdam

Geachte Heer Direkteur,

Op aanbeveling van de heer Blijhuis ben ik zo
vrij u te vragen of ik volgende week met een
twintigtal leerlingen uw fietsenfabriek mag komen
bezoeken.

Kan ik dit plan vooraf met u bespreken? Indien u
op mijn verzoek kunt ingaan, zal ik u daarvoor
zeer dankbaar zijn.

In afwachting van uw antwoord groet ik u,

met de meeste hoogachting,

Jan Laar

Jan Laar
Westblaak 42

3002 ROTTERDAM

EEN KIJKJE IN DE FIETSENFABRIEK

Vandaag komt Jan Laar met zijn klas de fabriek van mijnheer de Vries bezoeken.

Mijnheer de Vries leidt zelf de bezoekers rond en geeft hier en daar wat uitleg. Een fiets wordt van veel verschillende materialen gemaakt: rubber voor de banden, ijzer voor het frame, leer voor het zadel, enz.

Niet alle onderdelen worden ter plaatse gefabriceerd: de meeste komen volledig afgewerkt aan. De firma Kamp houdt zich vooral bezig met het monteren ervan, waardoor de produktie natuurlijk geweldig versneld wordt.

"En maar goed ook," zegt Maarten de Vries er trots bij, "want onze firma voert steeds meer naar het buitenland uit!"

De doos is van...   *Dat is een...*

glas	glaz**en**
ijzer	ijzer**en**
leer	ler**en**
goud	goud**en**
zilver	zilver**en**
papier	papier**en**
karton	karton**nen**
hout	hout**en**
steen	sten**en**
plastiek	plastiek**en**
(plastic)	(plastic)
metaal	met**alen**

doos.

| Ik **voeder** de dieren. | De dieren worden (door mij) **gevoederd**. |
| Ik **mag** de dieren **voederen**. | De dieren **mogen** (door mij) **gevoederd worden**. |

Oefening 130

Voorbeeld: De passagiers mogen de deuren van het vliegtuig niet openen.
De deuren van het vliegtuig mogen niet door de passagiers geopend worden.

1. Wij moeten onze cheques tekenen.

2. Kinderen mogen geen lucifers kopen.

3. De verkoopster kan ons de gebruiksaanwijzing uitleggen.

4. Alleen mijnheer Janssen mag bezoekers door de fabriek rondleiden.

5. De leerlingen moeten de landkaart bestuderen.

6. Mevrouw Blijhuis bakt de taartjes.

7. In de winter haalt mijnheer Mast de zeilboot binnen.

8. Ik brak de thermometer.

9. Mevrouw de Vries bracht de papieren naar het stadhuis.

10. Het personeel moet de concertzaal reinigen.

Oefening 131

Voorbeeld: Men kan een huis met een kachel verwarmen.
Een huis kan met een kachel verwarmd worden.

1. Men mag medicijnen alleen in een apotheek verkopen.

2. Men moet zijn cheque met een pen tekenen.

3. Men mag in deze klas geen Engels spreken.

4. Men kan brieven naar het buitenland per luchtpost versturen.

5. Men moet zijn koffers in het bagagerek plaatsen.

6. Men kan deze rivier gemakkelijk oversteken.

7. Men kan die ring groter maken.

8. Men kan dit museum elke dag bezoeken.

9. In deze buurt moet men zeer voorzichtig rijden.

10. Tijdens de lunchpauze mag men niet roken.

Oefening 132

Vul in met *maar*, *want*, *of*, *omdat*, *om* of *dus*.

Voorbeeld: We wilden gaan tennissen, __*maar*__ het regende.

1. Rob was boos _____ Annie zijn boek niet teruggegeven had.

2. Ik zal vandaag de brief maar schrijven, _____ morgen heb ik geen tijd.

3. De bank was gisteren gesloten, _____ moet ik morgen gaan.

4. Die mevrouw vroeg me _____ het niet te laat was _____ plaatsen te reserveren.

5. We moesten om acht uur in Den Haag zijn, _____ de trein had vertraging.

6. Er was geen suiker meer, _____ deden we het maar zonder.

Hoofdstuk

EEN VRIENDELIJKE POMPBEDIENDE

Mijnheer de Bruyn stopt bij een benzinestation op de autosnelweg naar Brussel.

De Bruyn: Doet u de benzinetank even vol? En kan ik hier ergens koffie krijgen?

Pompbediende: Zeker, meneer. Binnen is er een koffie-automaat.

De Bruyn: Dank u wel.

Mijnheer de Bruyn gaat naar binnen, en terwijl hij zijn koffie drinkt, bestudeert hij de kaart van de Benelux.

Het was in Amsterdam later geworden dan hij gedacht had: hij kan onmogelijk voor elf uur in Brussel zijn! Nog honderd kilometer! "Ik kan misschien beter in een motel overnachten en morgen wat vroeger opstaan," denkt hij bij zichzelf.

Mijnheer de Bruyn gaat terug naar buiten, naar de pompbediende...

De Bruyn: Ik zoek een hotel of een motel. Kent u een goed adres, niet te ver van hier?

Volgens de pompbediende is er een twintigtal kilometer verder een motel. Het is een groot, modern motel, waar hij zeker een kamer zal vinden.

Mijnheer de Bruyn betaalt de benzine en geeft de pompbediende een flinke fooi. Dan gaat hij weer achter het stuur van zijn huurauto zitten, op weg naar een welverdiende nachtrust.

Oefening 133

1. Waar is mijnheer de Bruyn?

2. Waarom stopt hij bij het benzinestation?

3. Wat vraagt hij aan de pompbediende?

4. Wat doet mijnheer de Bruyn terwijl hij zijn koffie drinkt?

5. Wat voor kaart is het?

6. Wat wil mijnheer de Bruyn weten?

7. Waar komt hij vandaan, en waar gaat hij naartoe?

8. Ligt Groningen ver van Brussel?

9. Mijnheer de Bruyn vindt 100 km te ver. Wat is hij van plan?

10. Wie wijst hem de weg naar het motel?

11. Waarom zal er zeker plaats zijn in dat motel?

12. Wat geeft mijnheer de Bruyn aan de pompbediende?

EEN GOED IDEE!

Mijnheer Mast komt het kantoor van Maarten de Vries binnen.

De Vries: He, Jan! Nog steeds hier? Moest jij niet in Milaan zijn?

Mast: Nee hoor, volgende week pas! Maar ik zie er wel tegen op: te veel en te lang autorijden.

De Vries: Maar je hoeft toch niet met de auto te gaan. Je kan ook met de trein naar Milaan reizen.

Mast: Jawel, maar ik moet van Milaan uit nog naar een drietal andere steden, en daarvoor heb ik een auto nodig. Anders verlies ik te veel tijd!

De Vries: Nou, dan huur je toch gewoon een auto in Milaan.

Mast: Daaraan had ik nog niet gedacht! Goed idee, Maarten! Ik ga direkt een plaats op de trein bespreken. Tot kijk!

Ik zei:	*Ik zei dat …*
Ik dacht:	*Ik dacht dat …*
Ik vroeg:	*Ik vroeg of …*

"Hij is in Parijs geweest." "Hij was in Parijs."	hij in Parijs **was** geweest.
"Hij heeft de trein genomen." "Hij nam de trein."	hij de trein **had** genomen.

Oefening 134

Voorbeeld: Wij dachten: "Wij hebben het raam dicht gedaan."
Wij dachten dat wij het raam hadden dicht gedaan.

1. Jan vroeg me per telefoon: "Ben je op Piets verjaardagsfeest geweest?"

2. Ik zei tot mijn sekretaresse: "Ik heb al koffie gedronken."

3. Mijn sekretaresse zei mij: "Mijnheer de Vries heeft vanmorgen opgebeld."

4. Mijn broer schreef: "Ik heb een nieuwe auto gekocht."

5. Wij begrepen: "Er is een ongeluk gebeurd!"

EEN ONGELUKJE

Mijnheer de Vries komt zijn kollega, mijnheer Mast, op de gang tegen.
Mijnheer Mast is net uit Italië teruggekomen...

De Vries: En, Jan, een goede terugreis gehad?

Mast: Nou, behalve dan dat ongelukje in Milaan.

De Vries: Ik wist niet dat je een auto-ongeluk had gehad! Hoe kwam dat? Was het ernstig?

Mast: Nee, niet zo ernstig. Het was eerder een aanrijding dan een ongeluk. Iemand reed van achteren tegen mijn auto aan, terwijl ik voor een verkeerslicht stond.

De Vries: Was de bestuurder gewond?

Mast: De bestuurster bedoel je! Ze had alleen haar hoofd een beetje bezeerd. Maar haar auto was nogal beschadigd.

De Vries: Dan is alles nog goed afgelopen. Heb je verder nog moeilijkheden met het Italiaanse verkeer gehad?

Mast: Nee, gelukkig niet. Maar ik moest wel goed uitkijken!

Oefening 135

Zet de tekst "Een ongelukje" om in de indirekte rede!

Maarten de Vries vroeg Jan Mast of hij een goede terugreis had

gehad.

WAT HAD U OM ACHT UUR AL GEDAAN?

> 7.15u. Ik **dronk** een kopje koffie.
>
> 7.30u. Ik **las** de krant.
>
> 8.00u. Ik **ging** naar mijn kantoor.

Om kwart over zeven **dronk** ik een kopje koffie.

– Ik **had** de krant nog niet gelezen.
– Ik **was** nog niet naar mijn kantoor gegaan.

Om half acht **las** ik de krant.

– Ik **had** al een kopje koffie gedronken.
– Ik **was** nog niet naar mijn kantoor gegaan.

Om acht uur **ging** ik naar kantoor.

– Ik **had** al een kopje koffie **gedronken**.
– Ik **had** de krant al **gelezen**.

Oefening 136

Schrijf volledige zinnen!

Voorbeeld: Ik kwam om 8.15u. op het station aan. De trein vertrok om
8.10u.
Toen ik op het station aankwam, __*was de trein al*__
__*vertrokken*__ .

1. De sekretaresse wilde de brieven om 4 uur versturen. De direkteur
tekende ze om 4.30u.
Toen de sekretaresse de brieven wilde versturen, _____.

2. Ik belde het kantoor van mijnheer Maas om 9.15u. op. Hij kwam om
9.30u. op zijn kantoor aan.
Toen ik het kantoor van mijnheer Maas opbelde, _____.

3. Mijn sekretaresse bracht mij de krant om 10 uur. Ik hoorde het
nieuws om 9 uur op de radio.
Toen mijn sekretaresse mij de krant bracht, _____.

4. Ik vond de pen vanmorgen. Mijn vrouw kocht gisteren een nieuwe.
Toen ik vanmorgen de pen vond, _____.

5. Wij spraken met mijnheer van Dam om 11 uur. Hij las het kontrakt om
11.30u.
Toen wij met mijnheer van Dam spraken, _____.

Hoofdstuk

19

WAAR IS DE SHAMPOO?

Ilse: Moeder, waar is mijn shampoo? Ik zou m'n haar willen wassen.

Mevrouw de Vries: Heb je al in het kastje boven de wastafel gekeken?

Ilse: Ja, maar daar is hij niet.

Mevrouw de Vries: Nou, dan is het flesje leeg en moet je een nieuw kopen.

Ilse: Leeg?! Vorige week was het nog halfvol! Maar wacht eens even... Heeft Peter soms z'n hond weer gewassen?

Mevrouw de Vries: Dat zou best kunnen.

Ilse: Met mijn shampoo! Weet je hoeveel ik daarvoor betaald heb!!!

Mevrouw de Vries: Toe nou, Ilse. Ik zal wel een nieuwe fles voor je meebrengen. Na 't ontbijt moet ik toch naar de kapper.

Ilse: Niet te kort laten knippen! En kom je daarna langs de stomerij?

Mevrouw de Vries: Ja. Waarom?

Ilse: Zou je dan mijn rok willen meenemen? Die moet nodig gestoomd worden.

Mevrouw de Vries: Leg 'm maar klaar. En zou je dan iets voor je moeder willen doen?

Ilse: Natuurlijk! Wat dan?

Mevrouw de Vries: Die mand met wasgoed moet naar de wasserij. Zou je die morgen kunnen wegbrengen?

Ilse: Is morgenmiddag goed? Dan vraag ik aan Karen Blijhuis of ze meegaat.

Mevrouw de Vries: Ook goed. Maar nu genoeg gepraat! Help me even met het afruimen van de tafel. Anders kom ik nooit op tijd bij de kapper.

Ilse: Laat maar: ik zal de tafel zelf wel afruimen. Vergeet vooral de shampoo niet.

Oefening 137

Voorbeeld: Ik waste mijn auto niet zelf.
Ik liet mijn auto wassen.

1. Mevrouw de Vries bracht de mand met wasgoed niet zelf naar de wasserij.

2. Ik herstelde mijn TV-toestel niet zelf.

3. Mijnheer Mast bouwde zijn huis aan het Vondelpark niet zelf.

4. De direkteur verstuurde de brieven niet zelf.

5. Ik stoomde mijn pak niet zelf.

Oefening 138

Voorbeeld: Jan zegt tegen de kapper: "Knip mijn haar niet te kort!"
Jan wil zijn haar niet te kort geknipt hebben.

1. Ik zeg tegen mijn zoon: "Bezorg deze boodschappen nog vandaag!"

2. De direkteur zegt tegen zijn sekretaresse: "Verstuur dit pakje per luchtpost!"

3. Wij zeggen tegen de hotelbediende: "Serveer het ontbijt op onze kamer!"

4. Ik zeg tegen mijn sekretaresse: "Schrijf deze brief met de hand!"

5. U zegt tegen de wasserijbediende: " Stoom dit pak nog voor het weekeind!"

ALS IK JOU WAS...

Karen en Ilse staan klaar om naar de wasserij te gaan. Ze hebben hun tennisspullen bij zich.

Karen: Wat zullen we doen? Zullen we met de fiets gaan?

Ilse: O.K. Ik denk niet dat het vandaag nog zal regenen. Als jij de fietsen uit de garage haalt, dan zal ik de mand met wasgoed halen.

Karen: Zal ik de garagedeur weer op slot doen?

Ilse: Nee, laat maar. Ik zal dat zelf wel doen.

Karen: Had je Lies en Johan niet gezegd dat we op hen zouden wachten?

Ilse: Nee, gisteravond belde Johan me op om te zeggen dat hij en Lies ons om twee uur aan de wasserij zouden opwachten en dat we van daaruit samen naar de tennisbaan zouden gaan.

Karen: Nou, dan zou ik maar opschieten als ik jou was! Het is al tien voor twee.

Oefening 139

1. Waar gaan Karen en Ilse naartoe?
2. Wat denkt Ilse van het weer?
3. Hoe zullen de meisjes naar de wasserij gaan?
4. Wat zal Karen doen terwijl Ilse de mand haalt?
5. Met wie heeft Ilse gisteravond getelefoneerd?
6. Waar hebben ze afgesproken?
7. Wanneer hebben ze afgesproken?
8. Wat zullen ze doen, tennissen of zeilen?
9. Moeten ze zich haasten?
10. Hoe laat is het al?

WAT ZOU U DOEN?

Als ik u was, ...	zou ik met vakantie gaan.
Als ik meer tijd had, ...	zou ik met vakantie kunnen gaan.
Als ik een cheque kreeg, ...	

Oefening 140

Schrijf volledige zinnen!

Voorbeeld: Mijnheer Maas heeft niet veel geld. Hij zal niet naar Amerika reizen.
Als hij veel geld had, zou hij naar Amerika reizen.

1. Ik ben geen Nederlander. Ik spreek niet vloeiend Nederlands.

2. Nu regent het niet. Ik draag mijn regenmantel niet.

3. Vandaag is het geen zondag. Vandaag kunnen wij de cheque innen.

4. Wij kennen het telefoonnummer niet. Wij kunnen Jan niet opbellen.

5. Piet spreekt geen Frans. Hij verstaat niet wat mijnheer Duval zegt.

HENK SCHRIJFT EEN SOLLICITATIEBRIEF

Het reisbureau AZUR zoekt voor de vakantieperiode (van 15 juli tot en met 15 september) een kantoorbediende.

In het "Groot Nieuws" van twee juni stond de volgende advertentie:

KANTOORBEDIENDE

Goede kennis van de Nederlandse taal en voldoende kennis van Frans en Engels.

Salaris afhankelijk van leeftijd en ervaring.

Schriftelijke sollicitaties aan de direktie: Karel de Preterlei 132, 2000 ANTWERPEN

Henk Blijhuis, Karens broer en mijnheer Blijhuis' oudste zoon, is student (eerstejaars) aan de Hogeschool voor Talen. Na zijn studies wil hij voor een jaar naar Amerika om daar een rondreis te maken.

Tijdens zijn vakantie wil Henk wat geld verdienen om zijn reis te betalen. In antwoord op deze advertentie schrijft hij de volgende sollicitatiebrief...

Antwerpen, 3 juni 19..

Reisbureau AZUR
Direktie
Karel de Preterlei 132
2000 ANTWERPEN

Geachte Heer Direkteur,
Naar aanleiding van uw advertentie in het "Groot
Nieuws" van de tweede dezer ben ik zo vrij te
solliciteren naar de betrekking van kantoorbediende.

Ik ben eerstejaarsstudent aan de Hogeschool voor
Talen te Antwerpen, waar ik Nederlands, Duits en
Engels studeer. Mijn moeder is Franstalig, waardoor
ik tevens een grondige kennis van de Franse taal
bezit. Ik volg sinds één jaar avondlessen
informatica.

In bijlage vindt u een kopie van mijn curriculum
vitae en van het getuigschrift, uitgereikt door de
Hogeschool voor Talen te Antwerpen.

In afwachting van uw gunstige beslissing teken ik,

met de meeste hoogachting,

Henk Blijhuis

Henk Blijhuis
Kogelslaan 35
2000 ANTWERPEN

Opgelet!

De broer van Karen	⟹	Karens broer
De zoon van Blijhuis		Blijhuis' zoon
De vriend van Anna		Anna's vriend

Oefening 141

Stel vragen!

1. De advertentie stond in het **Groot Nieuws**.
2. Het reisbureau heet **AZUR**.
3. Een kantoorbediende wordt voor de **vakantieperiode** gezocht.
4. Hij moet **Nederlands, Engels en Frans** kennen.
5. Het salaris is afhankelijk van **leeftijd en ervaring**.
6. Het moet een **schriftelijke** sollicitatie zijn.
7. Henk is **mijnheer Blijhuis' oudste zoon**.
8. Hij studeert **talen** aan de Hogeschool van Antwerpen.
9. Na zijn studies wil hij naar **Amerika**.
10. Hij wil er voor **één jaar** heen.
11. Hij wil geld verdienen **om zijn reis te betalen**.
12. Hij schrijft de brief aan **de direktie van het reisbureau**.
13. Hij solliciteert naar de betrekking van **kantoorbediende**.
14. Behalve Nederlands studeert hij ook nog **Duits en Engels**.
15. **Nee, zijn moeder is niet Nederlandstalig**.
16. Hij volgt **informatica** aan de avondschool.
17. Hij volgt deze avondlessen sinds **één jaar**.
18. De bijlage bij zijn brief is **een kopie van zijn getuigschrift**.
19. Het werd uitgereikt door **de Hogeschool voor Talen**.
20. Hij stuurt ook nog **zijn curriculum vitae**.

Oefening 142

Voorbeeld: Doe het raam open!

    (Jan)   **Jan, doe het raam open!**

    (jij)   **Jan, doe jij het raam open!**

    (even)   **Jan, doe jij even het raam open!**

    (eens)   **Jan, doe jij eens even het raam open!**

1. Kom terug!
   (Annie) _____
   (eens) _____
   (nog) _____

2. Maak die oefening af!
   (jij) _____
   (even) _____
   (maar) _____
   (gauw) _____

3. Heb je geen tijd?
   (soms) _____
   (weer) _____

4. Doe suiker in je thee!
   (nog) _____
   (maar) _____
   (wat) _____

5. Peter kwam te laat op kantoor.
   (weer) _____
   (eens) _____
   (even) _____
   (veel) _____

Hoofdstuk

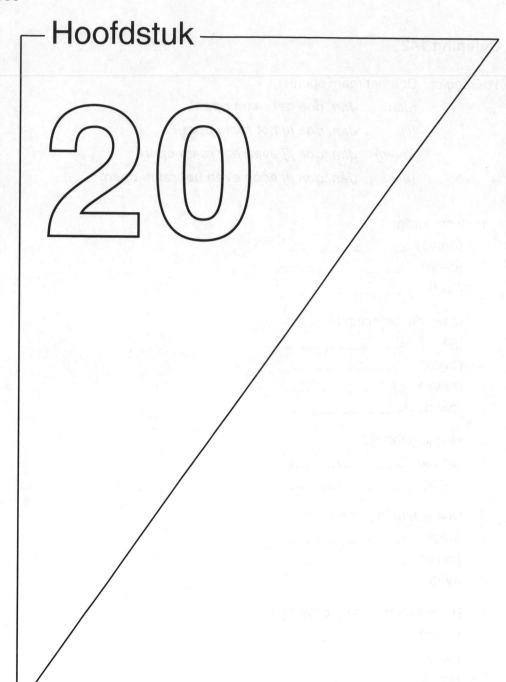

ROB STAAT TE WACHTEN

Annie: Ga je mee zwemmen?

Karen: Met dit weer? Het is aan het regenen!

Annie: Dat geeft toch niks*.

Karen: Nou, jij liever dan ik. Kunnen we niet wachten tot het ophoudt met regenen?

Annie: Nee, dat kunnen we niet! Rob staat al een half uur op me te wachten!

Karen: Dan ga je maar alleen. Met zulk weer blijf ik liever thuis. Zeg maar aan Rob dat ik aan 't studeren ben!

* niks = niets

Oefening 143

Voorbeeld: U maakt een oefening voor mij. *(zijn, zitten)*

    a) **U bent een oefening voor mij aan het maken.**

    b) **U zit een oefening voor mij te maken.**

1. Wij wachten al een kwartier op de bus. *(zijn, staan)*

   a) _____

   b) _____

2. Henk schrijft een sollicitatiebrief aan de direktie. *(zijn, zitten)*

   a) _____

   b) _____

3. De trein wacht. *(zijn, staan)*

   a) _____

   b) _____

4. Ik zoek al een half uur naar het adres. *(zijn, lopen)*

   a) _____

   b) _____

5. Mevrouw de Vries kijkt naar de etalages in de winkelstraat. *(zijn, staan)*

   a) _____

   b) _____

Oefening 144

Stel vragen!

Voorbeeld: Dit huis heeft twee verdiepingen.
             Hoeveel verdiepingen heeft dit huis?

1. De leraar vertelt graag over België.

2. De grootste kast heeft een glazen deur.

3. De volgende trein vertrekt om acht uur.

4. Corrie is achttien jaar oud.

5. Ik woon liever in een huis dan in een flat.

6. De oefening begint op bladzijde dertien.

7. Antwerpen ligt op 53 km van Brussel.

8. Het is vijf voor half vier.

HUIS TE KOOP

Te k. prachtig huis, land. gel. omg. A'dam.
18 km v.a. C.S. Bev. 1 gr. woonk. en 5 sl.k.,
mod. keuk., badk. en douche, gr. zold. en
keld., gar., tel.
Geheel 1200m_ eigen grond. Vrij vanaf okt.
Tel. 22225 Br. ond. no 33344, Postbus 1 A'dam.

Wat betekent:

Te koop: prachtig huis, landelijk gelegen in de omgeving van Amsterdam.
Op 18 km vanaf het Centraal Station. Bevattende 1 grote woonkamer en 5
slaapkamers, een moderne keuken, badkamer en douche, grote zolder en
kelder, garage, telefoon.
Geheel 1200 vierkante meter eigen grond. Vrij vanaf oktober.
Telefoon 22225. Brieven onder nummer 33344, Postbus 1, Amsterdam.

VAN AMSTERDAM TOT ANTWERPEN

Toen Jan vorige week enkele dagen vrij had, stelde hij voor om samen enkele kleine uitstapjes te maken: eerst de Randstad Holland, en daarna een Scheldevaart Vlissingen-Antwerpen, met een bezoek aan Antwerpen. De "Randstad Holland" is de driehoek gevormd door Amsterdam, Rotterdam en Utrecht. We vertrokken vanuit Utrecht. Onderweg bewonderden we het polderlandschap en de dijken, die er doorheen lopen. De dijken beschermen de lage polders tegen het zeewater. We zagen ook een paar oude molens. Vroeger gebruikten ze die om het water op peil te houden.

Het was bijna middag toen we in Amsterdam aankwamen, en we hadden reuzehonger. We wilden net een koffiehuis binnenstappen, toen we aan de overkant een haringkarretje zagen staan. We kochten liever enkele haringen, die we dan op straat opaten. Het smaakte heerlijk! Na een korte rust hebben we een wandeling langs de Amsterdamse grachten gemaakt. We zagen er overal prachtige oude huizen met mooie 17de-eeuwse gevels.

De volgende dag namen we in Vlissingen de Flandria-boot naar Antwerpen. Vlissingen ligt op ongeveer 88 km van Antwerpen: bijna vier uur varen! Het was ongeveer 4 uur toen de boot vanuit Vlissingen vertrok. We wilden de nacht in een Antwerps hotel doorbrengen en de volgende morgen een havenrondvaart maken. De Scheldetocht was aangenaam en leerzaam: in de verte zagen we de spitse toren van de beroemde Onze-Lieve-Vrouwekathedraal. Antwerpen is een oude stad met veel smalle en schilderachtige straten, vooral in de buurt van de kathedraal en het 16de-eeuwse stadhuis.

Er is geen brug over de Schelde, maar er zijn vier tunnels onder de rivier, die de linker- en de rechteroever van Antwerpen verbinden. Door drie tunnels rijden de mensen met hun auto's, door een vierde gaan ze te voet. De linkeroever is nieuwer en dus moderner.

Er lagen veel grote schepen in de haven. Antwerpen is één van de grootste havensteden in Europa. (Rotterdam heeft de grootste haven.) De havenrondvaart duurde drie uur en was erg interessant: we wisten niet dat Antwerpen zoveel nieuwe industrieën had!

Oefening 145

Antwoord op de vragen!

1. Is Nederland een groot land?

2. Waar liggen de polders?

3. Waarom loopt er een dijk omheen de polders?

4. Wat is de "Randstad Holland"?

5. Staan er nog molens in Nederland?

6. Worden ze nog steeds gebruikt om het water op peil te houden?

7. Waar kan men in Nederland haringen kopen?

8. Waar vindt men mooie 17de-eeuwse gevels?

9. Hoe ver ligt Vlissingen van Antwerpen?

10. Is Antwerpen de hoofdstad van België?

11. Wat is de hoofdstad van België?

12. Is Antwerpen een moderne stad?

13. Heeft Antwerpen veel nieuwe industrieën?

14. Wat verbindt de linker- met de rechteroever van Antwerpen?

15. Is Antwerpen de grootste havenstad van Europa?

16. Wat is de grootste havenstad van Europa?

| Als ik vorige week geen vakantie had gehad,
Als ik vorige week niet vrij was geweest, | zou ik niet naar het strand zijn gegaan.
zou ik niet naar het strand hebben kunnen gaan.
had ik naar mijn kantoor moeten gaan. |

Oefening 146

A. *Voorbeeld:* Ik heb Jan gisteren niet gezien. Ik heb hem niet gesproken.
   Als ik Jan gisteren had gezien, zou ik hem hebben gesproken.

1. De film was niet erg interessant. Wij zijn niet naar de bioskoop gegaan.
2. U hebt het me niet gevraagd. Ik heb u Jans adres niet gegeven.
3. Ik ben vandaag niet op tijd opgestaan. Ik moest me haasten.
4. Wij verstuurden de brief niet per expres. De brief is niet op tijd aangekomen.
5. Jan haastte zich niet. Hij miste de trein.

B. *Voorbeeld:* Als **ik** naar Parijs was gereisd, zou ik niet in **een hotel** hebben overnacht.
   Waar zou u hebben overnacht, als u naar Parijs was gereisd?

1. Als **ik** duizend gulden had gewonnen, zou ik niet naar **Spanje** zijn gereisd.
2. Als **wij** de weg niet hadden geweten, zouden wij niet **een toerist** ernaar hebben gevraagd.
3. Als **ik** mijn geld had verloren, zou ik niet **naar de politie zijn gegaan**.
4. Als **ik** de auto had bestuurd, zou ik niet de **tweede straat links** hebben genomen.
5. Als **ik** het huis had moeten schoonmaken, zou ik niet met **de hal** zijn begonnen.

NEDERLANDSE WERKWOORDEN

onbepaalde wijs	tegenwoordige tijd	onvoltooid verleden tijd	voltooid deelwoord
A. Zwakke werkwoorden *(zie ook blz. 91!)*			
betalen	ik betaal	ik betaalde	ik heb betaald
maken	ik maak	ik maakte	ik heb gemaakt
B. Onregelmatige werkwoorden			
bakken	ik bak	ik bakte	ik heb gebakken
barsten	ik barst	ik barstte	ik ben gebarsten
braden	ik braad	ik braadde	ik heb gebraden
heten	ik heet	ik heette	ik heb geheten
lachen	ik lach	ik lachte	ik heb gelachen
laden	ik laad	ik laadde	ik heb geladen
malen	ik maal	ik maalde	ik heb gemalen
scheiden	ik scheid	ik scheidde	ik heb gescheiden
spannen	ik span	ik spande	ik heb gespannen
vouwen	ik vouw	ik vouwde	ik heb gevouwen
wassen	ik was	ik waste	ik heb gewassen
weven	ik weef	ik weefde	ik heb geweven

C. Sterke werkwoorden

a) met *hebben*

onbepaalde wijs	tegenwoordige tijd	onvoltooid verleden tijd	voltooid deelwoord
beginnen	ik begin	ik begon	begonnen*
begrijpen	ik begrijp	ik begreep	begrepen
bewegen	ik beweeg	ik bewoog	bewogen
bidden	ik bid	ik bad	gebeden
bijten	ik bijt	ik beet	gebeten
blazen	ik blaas	ik blies	geblazen
breken	ik breek	ik brak	gebroken
brengen	ik breng	ik bracht	gebracht
denken	ik denk	ik dacht	gedacht
doen	ik doe	ik deed	gedaan
dragen	ik draag	ik droeg	gedragen
drijven	ik drijf	ik dreef	gedreven
drinken	ik drink	ik dronk	gedronken
eten	ik eet	ik at	gegeten
geven	ik geef	ik gaf	gegeven
hangen	ik hang	ik hing	gehangen
hebben	ik heb	ik had	gehad

*ook: ik *ben* begonnen

onbepaalde wijs	tegenwoordige tijd	onvoltooid verleden tijd	voltooid deelwoord
houden	ik houd	ik hield	gehouden
kiezen	ik kies	ik koos	gekozen
kijken	ik kijk	ik keek	gekeken
klinken	ik klink	ik klonk	geklonken
kopen	ik koop	ik kocht	gekocht
krijgen	ik krijg	ik kreeg	gekregen
lezen	ik lees	ik las	gelezen
liggen	ik lig	ik lag	gelegen
lijken	ik lijk	ik leek	geleken
nemen	ik neem	ik nam	genomen
ontbijten	ik ontbijt	ik ontbeet	ontbeten
ruiken	ik ruik	ik rook	geroken
roepen	ik roep	ik riep	geroepen
scheren	ik scheer	ik schoor	geschoren
schieten	ik schiet	ik schoot	geschoten
schijnen	ik schijn	ik scheen	geschenen
schrijven	ik schrijf	ik schreef	geschreven
slaan	ik sla	ik sloeg	geslagen
slapen	ik slaap	ik sliep	geslapen

onbepaalde wijs	tegenwoordige tijd	onvoltooid verleden tijd	voltooid deelwoord
sluiten	ik sluit	ik sloot	gesloten
snijden	ik snijd	ik sneed	gesneden
snuiten	ik snuit	ik snoot	gesnoten
spijten	*het spijt* me	*het speet* me	gespeten
spreken	ik spreek	ik sprak	gesproken
staan	ik sta	ik stond	gestaan
steken	ik steek	ik stak	gestoken
stelen	ik steel	ik stal	gestolen
stinken	ik stink	ik stonk	gestonken
trekken	ik trek	ik trok	getrokken
verbieden	ik verbied	ik verbood	verboden
vergeten	ik vergeet	ik vergat	vergeten*
verliezen	ik verlies	ik verloor	verloren*
vinden	ik vind	ik vond	gevonden
vragen	ik vraag	ik vroeg	gevraagd
vriezen	*het vriest*	*het vroor*	gevroren
wegen	ik weeg	ik woog	gewogen
weten	ik weet	ik wist	geweten

*ook: ik *ben* vergeten
verloren

onbepaalde wijs	tegenwoordige tijd	onvoltooid verleden tijd	voltooid deelwoord
winnen	ik win	ik won	gewonnen
zeggen	ik zeg	ik zei	gezegd
zenden	ik zend	ik zond	gezonden
zien	ik zie	ik zag	gezien
zingen	ik zing	ik zong	gezongen
zitten	ik zit	ik zat	gezeten
zoeken	ik zoek	ik zocht	gezocht
zwijgen	ik zwijg	ik zweeg	gezwegen

b) met *zijn*

beginnen	ik begin	ik begon	begonnen*
blijven	ik blijf	ik bleef	gebleven
gaan	ik ga	ik ging	gegaan
komen	ik kom	ik kwam	gekomen
schrikken	ik schrik	ik schrok	geschrokken
sterven	ik sterf	ik stierf	gestorven
vallen	ik val	ik viel	gevallen
verdwijnen	ik verdwijn	ik verdween	verdwenen
worden	ik word	ik werd	geworden
zijn	ik ben	ik was	geweest

*ook: ik *heb* begonnen

onbepaalde wijs	tegenwoordige tijd	onvoltooid verleden tijd	voltooid deelwoord
c) met *zijn* of *hebben*			
lopen	ik loop	ik liep	gelopen
rijden	ik rijd	ik reed	gereden
vliegen	ik vlieg	ik vloog	gevlogen
D. Hulpwerkwoorden			
hebben	ik heb	ik had	gehad
kunnen	ik kan	ik kon	gekund/kunnen
laten	ik laat	ik liet	gelaten/laten
moeten	ik moet	ik moest	gemoeten/moeten
mogen	ik mag	ik mocht	gemogen/mogen
willen	ik wil	ik wilde	gewild/willen
worden	ik word	ik werd	geworden/worden
zijn	ik ben	ik was	geweest
zullen	ik zal	ik zou	—

Oplossingen

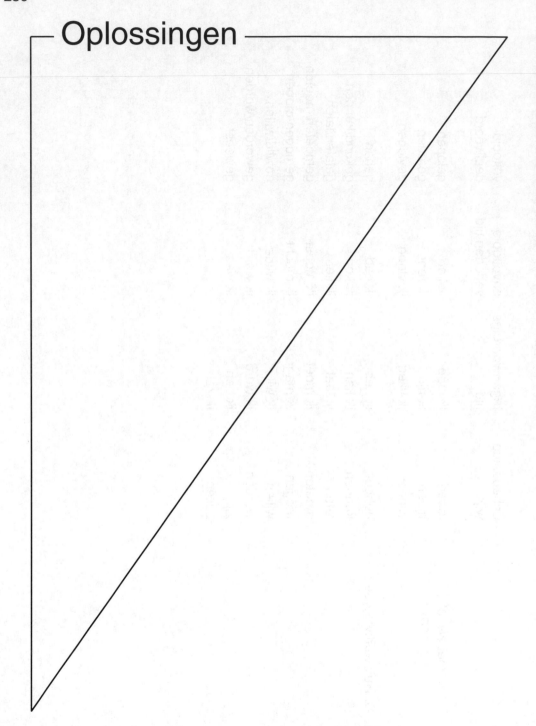

OPLOSSINGEN

Oefening 1 1. Ja, dit is een pen. 2. Nee, dit is geen fiets, dit is een auto. 3. Ja, dit is een sigaret. 4. Nee, dit is geen blad papier, dit is een krant. 5. Nee, dit is geen stoel, dit is een tafel.

Oefening 2 1. Dit is een tafel. De tafel is wit. 2. Dit is een stoel. De stoel is bruin. 3. Dit is een papier. Het papier is wit. 4. Dit is een boek. Het boek is geel. 5. Dit is een koffie. De koffie is zwart.

Oefening 3 1. De kleine auto is rood. 2. Het rode potlood is kort. 3. De korte pen is blauw. 4. Het blauwe boek is klein. 5. De groene trein is lang. 6. Het grote huis is bruin. 7. De zwarte hond is groot. 8. De witte fiets is klein.

Oefening 4 1. De Rijn is een lange rivier. 2. Het Albertkanaal is een lang kanaal. 3. Amsterdam is een grote stad. 4. De IJzer is een korte rivier. 5. De DAF is een kleine auto. 6. De E17 is een lange autosnelweg. 7. Het Noordzeekanaal is een kort kanaal. 8. De 747 is een groot vliegtuig.

Oefening 5 1. Delft is klein. 2. Rotterdam is groot. 3. Nee, Brugge ligt niet in Nederland. 4. Brugge ligt in België. 5. De E17 is lang. 6. De IJzer ligt in België. 7. De IJzer is kort. 8. België ligt in Europa. 9. Ja, Amsterdam is een grote stad. 10. Nederland ligt in Europa.

Oefening 6 1. Deze stoel is bruin, en die stoel is groen. 2. Deze rivier is lang, en die rivier is kort. 3. Dit papier is wit, en dat papier is geel. 4. Deze stad is groot, en die stad is klein. 5. Deze radio is zwart, en die radio is grijs. 6. Dit bier is donker, en dat bier is licht. 7. Deze schrijfmachine is rood, en die schrijfmachine is zwart. 8. Deze pen is bruin, en die pen is blauw.

Oefening 7 1. Nee, de auto is niet blauw. 2. Nee, dit is geen thee. 3. Nee, de landkaart is niet groot. 4. Nee, het kanaal is niet lang. 5. Nee, dat is geen wijn.

Oefening 8   1. Ja, hij is een Belg. 2. Ja, het is wit. 3. Nee, hij is niet lang. 4. Nee, zij is niet zwart. 5. Nee, het is niet klein. 6. Ja, zij is een Nederlandse. 7. Ja, het is groot. 8. Nee, hij is niet hier. 9. Nee, zij is niet blauw. 10. Ja, zij is daar.

Oefening 9   1. Waar ligt Den Haag? 2. Wie bent u? 3. Wat is dit? 4. Welke kleur heeft deze telefoon? 5. Welke autosnelweg is dit? 6. Welk boek is dit? 7. Welke taal spreekt u? 8. Is zij een Amerikaanse?

Oefening 10   1. Hij is een Duitser, en hij spreekt Duits. 2. Ik ben een Nederlander, en ik spreek Nederlands. 3. Zij is een Franse, en zij spreekt Frans. 4. U bent een Nederlandse, en u spreekt Nederlands. 5. Hij is een Belg, en hij spreekt Nederlands of Frans.

Oefening 11   nul, één, twee, drie, vier, vijf, zes, zeven, acht, negen, tien, elf, twaalf, dertien, veertien, vijftien, zestien, zeventien, achttien, negentien, twintig

Oefening 12   1. Wat is uw adres? 2. Wat is zijn adres? 3. Wat is haar adres? 4. Wat is zijn adres? 5. Wat is mijn adres?

Oefening 13   1. Ja, dit is zijn adres. Nee, dit is zijn adres niet. 2. Ja, dit is haar kopje koffie. Nee, dit is haar kopje koffie niet. 3. Ja, dit is mijn potlood. Nee, dit is mijn potlood niet. 4. Ja, dit is haar auto. Nee, dit is haar auto niet. 5. Ja, dit is uw bier. Nee, dit is uw bier niet.

Oefening 14   1. Hoe heet hij? 2. Hoe heet ik? 3. Hoe heet hij? 4. Hoe heet u?

Oefening 15   1. Wat doet mijnheer de Vries? 2. Wat leest hij? 3. Wat staat op de tafel? 4. Wat schrijft juffrouw Roos? 5. Waar zit mijnheer de Vries? 6. Wat ligt op de tafel?

Oefening 16   1. Nee, zij is geen lerares. 2. Zij is een sekretaresse. 3. Nee, Roos is niet haar voornaam. 4. Haar voornaam is Annie. 5. Hij woont in Amsterdam. 6. Zijn adres is Hoogstraat 21. 7. Ja, hij heeft een telefoon. 8. Zijn telefoonnummer is 72 34 98. 9. Annie is een meisjesnaam. 10. Dat is een telefoonnummer.

Oefening 17 1. Ja, hij ligt erop. Nee, hij ligt er niet op. 2. Ja, hij zit ervoor. Nee, hij zit er niet voor. 3. Ja, het staat erin. Nee, het staat er niet in. 4. Ja, zij zit erin. Nee, zij zit er niet in. 5. Ja, hij staat eronder. Nee, hij staat er niet onder.

Oefening 18

zesenzeventig	achtenveertig	vijfentwintig
achtendertig	vierentachtig	drieënzeventig
zevenentwintig	negenennegentig	vijfenvijftig
vierennegentig	zesenzestig	tweeënveertig

Oefening 19 1. Ja, het is achter hem. 2. Ja, ik zit voor u. 3. Ja, het staat voor haar. 4. Ja, hij staat achter u. 5. Ja, hij staat ervoor.

Oefening 20 1. Ja, hij leest het. 2. Ja, ik neem hem. 3. Ja, zij schrijft hem. 4. Ja, hij leest ze. 5. Ja, u neemt het. 6. Ja, ik schrijf het.

Oefening 21 1. a) Ik woon in Amsterdam. b) Ik werk voor de firma KAMP N.V. c) Ik ben op kantoor. d) Ik dikteer brieven aan mijn sekretaresse.

2. a) Wij wonen in Amsterdam. b) Wij werken voor de firma KAMP N.V. c) Wij zijn op kantoor. d) Wij dikteren brieven aan onze sekretaressen.

3. a) Zij woont in Amsterdam. b) Zij werkt voor de firma KAMP N.V. c) Zij is op kantoor. d) Zij dikteert brieven aan haar sekretaresse.

4. a) Zij wonen in Amsterdam. b) Zij werken voor de firma KAMP N.V. c) Zij zijn op kantoor. d) Zij dikteren brieven aan hun sekretaressen.

5. a) U woont in Amsterdam. b) U werkt voor de firma KAMP N.V. c) U bent op kantoor. d) U dikteert brieven aan uw sekretaresse.

Oefening 22 1. Welke kleur hebben die treinen? 2. Deze vrouwen staan voor het huis. 3. Die fietsen zijn rood. 4. Deze pennen liggen op mijn bureau. 5. Ik leg de kranten op mijn bureau.

Oefening 23   1. Zij werkt op kantoor. 2. De firma heet KAMP N.V. 3. Het personeel eet in de kantine. 4. Zij is in de kantine. 5. Zij drinkt koffie. 6. Zij drinkt koffie met suiker. 7. Zij eet een broodje. 8. Zij betaalt aan de kassa. 9. Zij geeft twee bonnen aan de kassier. 10. Twee bonnen kosten drie gulden.

Oefening 24   1. Er staan twaalf cijfers op een horloge. 2. Er zit één leerling in de klas. 3. Er liggen twee pennen op het bureau. 4. Er staat één stoel voor het bord. 5. Er zijn acht klassen in deze school.

Oefening 25   1. Onze fabrieken zijn klein. 2. Zijn aktentas is bruin. 3. Hun telefoon is zwart. 4. Haar winkel is groot. 5. Onze cassette-recorder is grijs. 6. Mijn sekretaresse is een Amerikaanse. 7. Uw schrijfmachine is duur. 8. Ons kantoor is groot. 9. Uw krant is Frans. 10. Haar auto is zwart. 11. Hun huis is groot. 12. Onze schrijfmachine is grijs. 13. Hun auto is klein. 14. Zijn fiets is blauw.

Oefening 26   1. Ja, ik leg ze op de tafel. 2. Ja, ze staan ervoor. 3. Ja, hij fotografeert ons. 4. Nee, ik schrijf geen brief naar hen. 5. Ja, zij typt ze op haar schrijfmachine. 6. Ja, ik koop ze in Nederland. 7. Nee, hij staat niet tussen hen.

Oefening 27   1. Twee boeken kosten fl. 40,-. 2. Twee cassettes kosten fl. 30,-. 3. Eén fles wijn kost fl. 15,-. 4. Twee broodjes kosten fl. 6,-. 5. Eén schrijfmachine kost fl. 500,-. 6. Twee radio's kosten BF 3.500,-. 7. Eén sigaar kost BF 80,-. 8. Twee fietsen kosten BF 17.000,-.

Oefening 28   1. Zij schrijven brieven. 2. U leest boeken. 3. Wij vragen: "Wat is dit?" 4. Zij antwoorden: "Dat is een cassette-recorder." 5. Doet u de ramen dicht? 6. Zij zijn in de klas. 7. Deze schepen gaan naar Hamburg. 8. Wij lezen geen boeken.

Oefening 29   1. Dat is een kleine Duitse auto. 2. Dat is een groot Engels schip. 3. Dat is een grote Belgische haven. 4. Dat is een grote Engelse auto. 5. Dat is een groot Nederlands vliegveld. 6. Dat is een grote Amerikaanse stad.

Oefening 30 1. Hij vertrekt om half zes. 2. Het loopt vijf minuten achter. 3. Het loopt voor / gelijk / achter. 4. Hij heeft nog vijfentwintig minuten voor de trein vertrekt. 5. Ik heb nog ... minuten voor de les begint. 6. Op mijn horloge is het nu ...

Oefening 31 1. Het is tien uur. 2. Het is kwart voor drie. 3. Het is kwart over vier. 4. Het is half zes. 5. Het is tien over zeven. 6. Het is kwart voor zes. 7. Het is tien voor half één. 8. Het is tien voor acht. 9. Het is vijf voor negen. 10. Het is vijf over drie.

Oefening 32 1. Het begint om half negen. 2. Zij eindigt om tien uur. 3. Het vertrekt om kwart over zeven. 4. Ik begin om kwart voor zes. 5. Hij vertrekt om vijf over half acht. 6. Zij begint om negen uur. 7. Hij komt om vijf voor negen. 8. Hij begint om half zes. 9. Het eindigt om tien over tien.

Oefening 33 1. Hij komt om vijf uur uit zijn kantoor. 2. Hij gaat naar huis. 3. Nee, hij gaat niet te voet naar huis. 4. Nee, hij neemt geen taxi. 5. Hij neemt de bus. 6. Hij wacht tien minuten op de bus. 7. De bus komt om tien voor half zes. 8. Hij zit in de bus. 9. Hij zit bij het raam. 10. Hij leest zijn krant in de bus. 11. Hij komt om zes uur thuis. 12. Hij doet de deur met een sleutel open.

Oefening 34 1. a) Ik neem een taxi. b) Ik ga naar het station. c) Ik reis met de trein naar Brussel. d) Ik lees een krant in de trein. e) Ik kom om half elf in Brussel aan.

2. a) Wij nemen een taxi. b) Wij gaan naar het station. c) Wij reizen met de trein naar Brussel. d) Wij lezen een krant in de trein. e) Wij komen om half elf in Brussel aan.

3. a) U neemt een taxi. b) U gaat naar het station. c) U reist met de trein naar Brussel. d) U leest een krant in de trein. e) U komt om half elf in Brussel aan.

4. a) Zij nemen een taxi. b) Zij gaan naar het station. c) Zij reizen met de trein naar Brussel. d) Zij lezen een krant in de trein. e) Zij komen om half elf in Brussel aan.

Oefening 34
(vervolg)

5. a) Zij neemt een taxi. b) Zij gaat naar het station. c) Zij reist met de trein naar Brussel. d) Zij leest een krant in de trein. e) Zij komt om half elf in Brussel aan.

Oefening 35

1. Hij geeft hen lessen. 2. Hij geeft haar geld. 3. Hij geeft ons huiswerk. 4. U geeft mij de krant. 5. Zij geeft hem geld. 6. Ik geef u mijn adres.

Oefening 36

1. Zij gaan op zaterdag uit. 2. Zij gaan naar de bioskoop. 3. Hij neemt twee kaartjes. 4. Ja, zij zijn op tijd. 5. De film begint om kwart voor negen. 6. Hij neemt plaatsen achteraan. 7. Een kaartje kost fl. 10,50. 8. Nee, dat is niet duur. 9. Ja, ik kijk graag naar een toneelstuk. 10. Ja, ik luister graag naar een concert.

Oefening 37

1. Ik heb er vijf. 2. Hij leest er twee. 3. Zij spreekt er vier. 4. Er draaien er twee. 5. Er werken er zevenentwintig. 6. Er komen er acht.

Oefening 38

1. Gisteren was hij in Antwerpen. 2. Gisteren waren wij op kantoor. 3. Gisteren was ik naar de bioskoop. 4. Gisteren waren zij dicht. 5. Gisteren was u in een koncertzaal.

Oefening 39

1. Vandaag is het maandag. 2. De maand april komt vóór de maand mei. 3. Vorige maand was het maart. 4. De maand augustus valt tussen juli en september. 5. Er zijn éénendertig dagen in de maand augustus. 6. Eén januari is de eerste dag van het jaar. 7. Eénendertig december is de laatste dag van het jaar. 8. De maand februari heeft in het jaar 2000 negenentwintig dagen. 9. Ja, het jaar 2000 is een schrikkeljaar. 10. Nee, het jaar 1999 is geen schrikkeljaar.

Oefening 40

1. dicht 2. niemand 3. open 4. iemand 5. Alle 6. Sommige, sommige 7. altijd 8. nooit 9. niets 10. iets

Oefening 41

1. Beide boeken kosten 15 gulden. 2. Beide leraars spreken Nederlands. 3. Beide vrouwen drinken koffie. 4. Beide mannen roken. 5. Beide vliegtuigen vertrekken om 8.00 u. 6. Beide sekretaressen gaan naar buiten. 7. Beide schrijfmachines zijn goed. 8. Beide restaurants zijn duur. 9. Beide stoelen zijn bruin.

Oefening 42 A. 1. Hier zijn twee treinen. De ene gaat naar Brussel, de andere gaat naar Amsterdam. 2. Hier zijn twee pennen. De ene kost fl. 12,-, de andere kost fl. 28,-. 3. Hier zijn twee horloges. Het ene loopt voor en het andere loopt achter. 4. Hier zijn twee auto's. De ene is van mij en de andere is van u.

B. 1. Hoe laat vertrekt de andere? 2. Hoeveel kost het andere? 3. Hoe laat begint de andere? 4. Waar gaat het andere naartoe? 5. Wat doet de andere? 6. Waar hebt u de andere gekocht? 7. In welke taal is het andere?

Oefening 43 1. Zij zijn in een restaurant. 2. Er zijn acht mensen in het restaurant. 3. Zij eten en drinken. 4. Er zitten twee vrouwen voor de kelner. 5. Nee, zij eten geen biefstuk. 6. Zij eten broodjes. 7. Zij drinken koffie. 8. De kelner brengt de rekening. 9. Hij brengt ze op een bordje.

Oefening 44 1. Die leerling is niet Marie de Bruyn. 2. Zij is geen veertien jaar oud. 3. Zij is geen goede leerling. 4. Zij luistert niet goed in de klas. 5. Zij werkt geen tien uur per dag.

Oefening 45 1. naar 2. in 3. tot 4. aan 5. te 6. om

Oefening 46 1. eraan 2. erin 3. erin 4. erop 5. erop 6. eronder 7. ervoor 8. erop 9. ermee 10. ermee

Oefening 47 1. a) Waartussen staat de stoel? b) Waar staat de stoel tussen? 2. a) Waaruit drinkt u thee? b) Waar drinkt u thee uit? 3. a) Waarop zit de leerling? b) Waar zit de leerling op? 4. a) Waarin hebt u uw geld? b) Waar hebt u uw geld in? 5. a) Waarover spreken zij? b) Waar spreken zij over?

Oefening 48 1. drinkt 2. brengt 3. zet 4. luncht 5. betalen 6. leggen 7. begint 8. luistert 9. gaan 10. koopt 11. roken 12. vraagt 13. kost 14. houdt 15. dikteert

Oefening 49 1. Wie is dit? 2. Hoe laat is het? 3. Wiens schrijfmachine is dat? 4. Wanneer vertrekt de trein? 5. Waar gaan zij naartoe? 6. Waar komt zij vandaan? 7. Wat is zijn naam? 8. Hebt u een telefoon?

Oefening 50

1. a) Ja, u toont hem aan haar. b) Ja, u toont hem haar. 2. a) Ja, ik breng ze voor u. b) Ja, ik breng ze u. 3. a) Ja, hij zendt ze naar ons. b) Ja, hij zendt ze ons. 4. a) Ja, u zegt ze tegen hen. b) Ja, u zegt ze hen. 5. a) Ja, hij dikteert ze aan haar. b) Ja, hij dikteert ze haar.

Oefening 51

1. U vraagt me om de klas binnen te komen. 2. U vraagt me om dit boek te nemen. 3. U vraagt me om het boek te openen. 4. U vraagt me om Nederlands te spreken. 5. U vraagt me om op uw vragen te antwoorden. 6. U vraagt me om u vragen te stellen. 7. U vraagt me om op de landkaart te kijken. 8. U vraagt me om mijn naam te schrijven. 9. U vraagt me om mijn oefeningen in mijn boek te maken.

Oefening 52

1. ons, Duits, ons 2. zijn, Nederlands, hem 3. haar, Italiaans, haar 4. mijn, Frans, mij 5. hun, Spaans, hen 6. uw, Engels, u

Oefening 53

1. zonder 2. weinig 3. slecht 4. buiten 5. niets 6. goedkoop 7. in 8. gaan 9. laatste 10. laat 11. iemand 12. zelden 13. langzaam 14. kleine letter 15. eindigen 16. aankomen 17. antwoorden 18. nooit 19. leerling 20. na

Oefening 54

1. a) Gisteren ging ik naar mijn kantoor. b) Ik beantwoordde veel brieven. c) Ik telefoneerde ook naar veel firma's. d) Om 12 uur ging ik naar een restaurant. e) Ik at een broodje en dronk een kopje koffie. f) Daarna ging ik terug naar mijn kantoor. g) Ik werkte tot 6 uur en ging toen naar het station. h) Ik kocht een krant en las ze in de trein.

2. a) Wij gingen naar ons kantoor. b) Wij beantwoordden veel brieven. c) Wij telefoneerden ook naar veel firma's. d) Om 12 uur gingen wij naar een restaurant. e) Wij aten een broodje en dronken een kopje koffie. f) Daarna gingen wij terug naar ons kantoor. g) Wij werkten tot 6 uur en gingen toen naar het station. h) Wij kochten een krant en lazen ze in de trein.

Oefening 55 1. kent, weet 2. weet 3. kennen, weten 4. weet, ken 5. weet, weet 6. weet, kent 7. kennen, weten 8. ken, weet 9. kent, weet

Oefening 56 1. Zij telefoneerde om 12 uur. 2. Nee, hij was er niet. 3. Zij gaf haar een boodschappenlijst. 4. Mevrouw de Vries heeft hem vandaag. 5. Nee, het was niet de eerste keer dat hij het niet deed. 6. Ja, hij deed ze. 7. Hij ging naar een supermarkt. 8. Nee, hij kende hem niet. 9. Hij betaalde aan de kassa. 10. Er waren er acht.

Oefening 57 1. Iedere morgen drink ik koffie. 2. Ieder jaar ga ik naar Nederland. 3. Ik leg ieder boek op de kast. 4. Ik kijk naar iedere film op de televisie. 5. De prijs staat op ieder pakje. 6. Heeft ieder warenhuis één of meer kassa's?

Oefening 58 1. Tel het! 2. Geef hem geld! 3. Lees het menu! 4. Vraag het aan iemand! 5. Kijk op uw horloge! 6. Open het! 7. Kijk in de telefoongids! 8. Lees hem! 9. Neem de bus! 10. Spreek langzaam!

Oefening 59 1. Wilt u uw naam spellen, alstublieft. 2. Wilt u mij haar telefoonnummer geven, alstublieft. 3. Wilt u mij een kopje koffie brengen, alstublieft. 4. Wilt u het boek op de tafel leggen, alstublieft. 5. Wilt u uw adres op dit papier schrijven, alstublieft! 6. Wilt u mij naar het station brengen, alstublieft. 7. Wilt u het raam openen, alstublieft. 8. Wilt u deze krant lezen, alstublieft.

Oefening 60 1. Hij spreekt Nederlands. 2. Nee, hij is geen Nederlander. 3. Hij is in Den Haag. 4. Hij gaat naar het station. 5. Nee, hij gaat niet naar het station lopen. 6. Nee, hij weet niet welke bus naar het station gaat. 7. Hij vraagt iemand welke bus naar het station gaat en waar de bushalte is. 8. Nee, zij is niet ver. 9. Hij heeft nummer 21. 10. Het is ver.

Oefening 61 1. evenveel ... als 2. evenveel ... als 3. meer ... dan 4. weinig 5. veel 6. meer ... dan 7. veel 8. weinig 9. evenveel ... als 10. minder ... dan 11. meer ... dan

Oefening 62

1. Zij is in een schoenwinkel. 2. Zij spreekt met een winkeljuffrouw. 3. Zij zag er een paar schoenen. 4. Zij zijn beige. 5. Het is een Italiaans merk. 6. Het kost 150 gulden. 7. Zij heeft maat 38 of 38 en een half. 8. Zij neemt het niet, omdat zij het beige paar mooier vindt. 9. Het ziet er goedkoper uit. 10. Nee, zij vond niet wat ze zocht.

Oefening 63

1. Nee, een horloge is kleiner dan een klok. 2. Nee, 2 pakjes sigaretten kosten meer dan 1 pakje. 3. Ja, het is goedkoper dan het zwarte. 4. Nee, een warenhuis is groter dan een winkel. 5. Nee, Amsterdam is ouder dan New York. 6. Nee, mijnheer de Vries is even oud als mijnheer Blijhuis. 7. Nee, de IJzer is korter dan de Rijn. 8. Ja, ik werk in een dag meer dan in een uur. 9. Nee, een gracht is kleiner dan een kanaal. 10. Nee, een DAF is goedkoper dan een Mercedes.

Oefening 64

1. Ik kan Duits spreken. 2. Wij kunnen het raam niet dichtdoen. 3. Hij kan Frans verstaan, maar hij kan het niet spreken. 4. Zij kunnen hun oefeningen maken. 5. Zij kan zonder bril goed zien.

Oefening 65

1. Ik koop geen Rolls Royce omdat hij te duur is. 2. Juffrouw Roos leert Spaans omdat zij een vriend in Spanje heeft. 3. De opa van Peter draagt een bril omdat hij niet goed ziet. 4. Wij werken morgen niet omdat het (morgen) zondag is. 5. Mijnheer Janssen koopt geen Franse kranten omdat hij ze niet kan lezen. 6. Mijnheer van Huizen doet boodschappen omdat zijn vrouw op reis is. 7. Ik ga met de bus naar kantoor omdat ik geen auto heb.

Oefening 66

1. kent 2. kan 3. kent, kan 4. kent 5. kan 6. kennen 7. kennen 8. Kunnen 9. kunnen 10. kunt 11. Kent, kan

Oefening 67

1. Hij heet Blijhuis. 2. Hij neemt een foto van het gezin de Vries. 3. Hij neemt een kleurenfoto. 4. Lies staat niet stil. 5. Nee, hij draagt geen hoed. 6. Mijnheer Blijhuis draagt een hoed. 7. Hij draagt een donker pak. 8. Ja, hij draagt ook een bril. 9. Mijnheer de Vries neemt een foto van hem. 10. Nee, hij draagt geen hoed op de foto.

Oefening 68 1. De auto staat stil. 2. Wij doen onze schoenen uit. 3. 's Morgens doe ik het raam open. 4. Juffrouw Roos heeft een groen mantelpakje aan. 5. U ziet er goed uit. 6. De winkeljuffrouw neemt het geld aan. 7. Mijnheer de Vries doet geen das aan.

Oefening 69 1. Dat was mijn vriend. 2. Zij had een leuk jurkje aan. 3. U nam uw hoed af. 4. Het hele gezin stond op de foto. 5. Hij deed zijn jas aan. 6. Wij namen die pen weg. 7. Zij deed haar mantel aan. 8. Zij zaten niet stil. 9. Ik las mijn krant.

Oefening 70 1. Mevrouw de Vries gaat naar een schoenwinkel om een paar schoenen te kopen. 2. Wij gaan naar het postkantoor om postzegels te kopen. 3. Mijnheer van Huizen doet de deur open om naar buiten te gaan. 4. Juffrouw de Ruyter volgt lessen om Frans te leren. 5. Mijnheer de Vries koopt een kaartje om naar Amsterdam te reizen. 6. Ik koop een krant om iets in de trein te lezen te hebben. 7. U neemt uw portemonnee uit uw zak om de rekening te betalen. 8. Mijnheer Smit gaat naar een restaurant om iets te eten. 9. Ik neem de pen om mijn naam te schrijven. 10. U gaat naar het raam om het open te doen.

Oefening 71 1. Help mij om de tafel te dragen, alstublieft! 2. Help hem om de oefening te maken, alstublieft! 3. Help ons om deze pakjes te dragen, alstublieft! 4. Help haar om haar mantel aan te doen, alstublieft! 5. Help hen om het raam dicht te doen, alstublieft!

Oefening 72 1. Op wat voor reis was hij? 2. Voor wie zocht hij een souveniertje? 3. Wat voor winkel was het? 4. Wat zag hij in de etalage? 5. Sprak men er Nederlands? 6. Hoeveel kostte de handtas? 7. Waarvan was de handtas (gemaakt)? 8. Was dat duur? 9. Waarom ging mijnheer de Vries naar een wisselkantoor? 10. Hoe laat sloot de winkel? 11. Wat doet men in een wisselkantoor?

Oefening 73 1. Ik heb ze al gemaakt! 2. Ik heb ze al gelezen! 3. Ik heb ze al geschreven! 4. Ik heb ze al betaald! 5. Ik heb hem al gedronken!

Oefening 74

A. 1. Wie heeft het gedronken? 2. Wie heeft ze gegeten? 3. Wie heeft het gedaan? 4. Wie heeft hem de hond gegeven? 5. Wie heeft hem getypt? 6. Wie heeft het dichtgedaan? 7. Wie heeft ze gerookt? 8. Wie heeft het geschreven? 9. Wie heeft ze geopend? 10. Wie heeft ze gekocht?

B. 1. Wanneer is zij gekomen? 2. Hoelang is hij gebleven? 3. Hoe oud is hij geworden? 4. Wanneer is het aangekomen? 5. Hoe laat is hij vertrokken?

Oefening 75

1. a) Hij is naar zijn kantoor gegaan. b) Hij is naar de bushalte gegaan en heeft op de bus gewacht. c) Hij is op de bus gestapt bij de bushalte. d) Hij heeft bij het raam gezeten en heeft zijn krant gelezen. e) Hij is om tien minuten voor half acht voor zijn kantoorgebouw aangekomen. f) Hij is uitgestapt en zijn kantoorgebouw binnengegaan. g) Hij heeft de lift genomen en is ermee naar boven gegaan.

2. a) Ik ben naar mijn kantoor gegaan. b) Ik ben naar de bushalte gegaan en heb op de bus gewacht. c) Ik ben op de bus gestapt bij de bushalte. d) Ik heb bij het raam gezeten en heb mijn krant gelezen. e) Ik ben om tien minuten voor half acht voor mijn kantoorgebouw aangekomen. f) Ik ben uitgestapt en mijn kantoorgebouw binnengegaan. g) Ik heb de lift genomen en ben ermee naar boven gegaan.

3. a) U bent naar uw kantoor gegaan. b) U bent naar de bushalte gegaan en hebt op de bus gewacht. c) U bent op de bus gestapt bij de bushalte. d) U hebt bij het raam gezeten en hebt uw krant gelezen. e) U bent om tien minuten voor half acht voor uw kantoorgebouw aangekomen. f) U bent uitgestapt en uw kantoorgebouw binnengegaan. g) U hebt de lift genomen en bent ermee naar boven gegaan.

4. a) Wij zijn naar ons kantoor gegaan. b) Wij zijn naar de bushalte gegaan en hebben op de bus gewacht. c) Wij zijn op de bus gestapt bij de bushalte. d) Wij hebben bij het raam gezeten en hebben onze krant gelezen. e) Wij zijn om tien minuten voor half acht voor ons kantoorgebouw aangekomen. f) Wij zijn

Oefening 75
(vervolg)

uitgestapt en ons kantoorgebouw binnengegaan. g) Wij hebben de lift genomen en zijn ermee naar boven gegaan.

Oefening 76

1. slecht nieuws 2. oud 3. gemakkelijk 4. dichtbij 5. jonger

Oefening 77

1. Mevrouw van Dam gaat naar een winkel omdat zij iets wil kopen. 2. Mijnheer de Vries neemt zijn pen omdat hij een brief wil schrijven. 3. Wij doen de deur open omdat wij de klas willen uitgaan. 4. U gaat naar de bioskoop omdat u naar een film wilt kijken. 5. De sekretaresse leert Spaans omdat zij naar Spanje wil reizen.

Oefening 78

1. Zonder paspoort kan ik niet naar Amerika reizen. Als ik naar Amerika wil reizen, moet ik een paspoort hebben. 2. Zonder geld kan hij niet naar Spanje reizen. Als hij naar Spanje wil reizen, moet hij geld hebben. 3. Zonder toegangskaartje kunnen wij niet naar een film kijken. Als wij naar een film willen kijken, moeten wij toegangskaartjes hebben. 4. Zonder boeken kunnen zij hun oefeningen niet maken. Als zij hun oefeningen willen maken, moeten zij boeken hebben. 5. Zonder autosleutel kunt u niet met uw auto rijden. Als u met uw auto wilt rijden, moet u een autosleutel hebben. 6. Zonder papier kan zij geen brief schrijven. Als zij een brief wil schrijven, moet ze papier hebben. 7. Zonder fototoestel kan ik geen foto nemen. Als ik een foto wil nemen, moet ik een fototoestel hebben. 8. Zonder woordenboek kunt u deze Duitse krant niet begrijpen. Als u deze Duitse krant wilt begrijpen, moet u een woordenboek hebben. 9. Zonder leraar kan hij geen Franse lessen volgen. Als hij Franse lessen wil volgen, moet hij een leraar hebben. 10. Zonder treinkaartjes kunnen wij niet met de trein reizen. Als wij met de trein willen reizen, moeten wij treinkaartjes hebben. 11. Zonder schrijfmachine kan zij geen brief typen. Als zij een brief wil typen, moet zij een schrijfmachine hebben. 12. Zonder lucifers kan ik niet roken. Als ik wil roken, moet ik lucifers hebben.

Oefening 79
1. a) Ik wil Nederlands leren, daarom ga ik naar school. b) Ik wil Nederlands leren, dus ga ik naar school. 2. a) De sekretaresse heeft postzegels nodig, daarom gaat zij naar het postkantoor. b) De sekretaresse heeft postzegels nodig, dus gaat zij naar het postkantoor. 3. a) Wij willen naar Amsterdam reizen, daarom kopen wij treinkaartjes. b) Wij willen naar Amsterdam reizen, dus kopen wij treinkaartjes. 4. a) U vindt klassieke muziek mooi, daarom gaat u naar veel concerten. b) U vindt klassieke muziek mooi, dus gaat u naar veel concerten. 5. a) Mijnheer de Vries is laat, daarom neemt hij een taxi. b) Mijnheer de Vries is laat, dus neemt hij een taxi.

Oefening 80
1. Hij stuurt haar naar het postkantoor. 2. Zij typte een brief voor hij binnenkwam. 3. Zij moet het per luchtpost versturen. 4. Ja, zij moet nog meer versturen. 5. Zij moet ze per expres versturen. 6. Er zit drukwerk in. 7. Zij moet er "drukwerk" op schrijven. 8. Zij koopt vijftig postzegels. 9. Zij zijn van 75 ct. 10. Nee, zij staat er niet alleen voor. 11. Nee, zij kan het niet aan dit loket versturen. 12. Zij kan het aan loket nummer vijf versturen. 13. Ja, zij moet nu weer in de rij gaan staan. 14. Nee, zij staat er niet graag in. 15. Nee, zij heeft niet veel tijd.

Oefening 81
1. Ik moet werken, maar ik hoef niet zeven dagen per week te werken. 2. U moet uw cheques tekenen, maar u hoeft ze niet met een gouden pen te tekenen. 3. Zij moet naar kantoor komen, maar zij hoeft niet om zes uur 's morgens te komen. 4. Wij moeten het adres op de enveloppe schrijven, maar wij hoeven het niet te typen. 5. Alle kinderen moeten naar school gaan, maar ze hoeven niet allen Engels te leren.

Oefening 82
1. Ik kan niets kopen zonder te betalen. 2. Hij kan niet naar de bioskoop gaan zonder een toegangskaartje te kopen. 3. Men kan geen taal leren zonder les te volgen. 4. Wij kunnen geen geld hebben zonder te werken. 5. U kunt geen geld van de bank halen zonder er een rekening te hebben. 6. Zij kan niets lezen zonder haar bril op te zetten. 7. Ik kan niets in het buitenland kopen zonder eerst mijn geld te wisselen. 8. Men kan geen brief versturen zonder een postzegel op de enveloppe te plakken.

Oefening 83 1. Is mijnheer Blijhuis bankbediende? 2. Waar werkt mijnheer Blijhuis? 3. Wanneer sluit de bank? 4. Hoe laat vertrekt hij? 5. Waar eet het bankpersoneel? 6. Hoe laat gaat de bank weer open? 7. Wat doen de klanten van een bank? 8. Waarop stort men geld? 9. Wat wil de eerste klant doen? 10. Wil zij Frans geld wisselen? 11. Hoeveel gulden wil zij? 12. Hoeveel geld heeft zij nog over? 13. Welke klant wil een cheque innen? 14. Voor hoeveel geld is de cheque?

Oefening 84 1. De Rijn is langer dan de IJzer. De IJzer is korter dan de Rijn. 2. Amsterdam is groter dan Den Haag. Den Haag is kleiner dan Amsterdam. 3. Mijnheer de Vries is ouder dan Peter. Peter is jonger dan mijnheer de Vries. 4. Luxemburg is kleiner dan Nederland. Nederland is groter dan Luxemburg. 5. De kantine is goedkoper dan een restaurant. Een restaurant is duurder dan de kantine. 6. Een sigaar is zwaarder dan een sigaret. Een sigaret is lichter dan een sigaar. 7. Een boek is duurder dan een krant. Een krant is goedkoper dan een boek. 8. Marijke is jonger dan mevrouw Blijhuis. Mevrouw Blijhuis is ouder dan Marijke. 9. Zwart is donkerder dan wit. Wit is lichter dan zwart. 10. Frankrijk is groter dan België. België is kleiner dan Frankrijk.

Oefening 85 1. Hij wil naar het stadhuis. 2. Het is in de Provinciestraat. 3. Nee, hij is er nog niet. 4. Hij moet door de Hoogstraat gaan. 5. Hij moet rechtuit gaan tot aan de verkeerslichten. 6. Nee, hij kent de weg naar het stadhuis niet. 7. Hij vraagt de weg aan een agent. 8. Het is nu ongeveer twaalf uur. 9. Het sluit om twaalf uur. 10. Het is om twee uur weer open.

Oefening 86 1. Ik ga liever naar de bioskoop dan naar een koncert. 2. Wij reizen liever per trein dan per vliegtuig. 3. Ik luister liever naar klassieke (muziek) dan naar moderne muziek. 4. Mijnheer de Vries betaalt liever met een cheque dan kontant. 5. De sekretaresse gaat liever met de lift naar beneden dan met de trap.

Oefening 87 A. 1. De Wolga is de langste rivier in Europa. 2. De Rubens is het duurste restaurant in Antwerpen. 3. Annie is het mooiste meisje in haar school. 4. De Boeing 747 is het grootste vliegtuig in de wereld. 5. Jan is de beste leerling in deze klas.

B. 1. Antwerpen is de grootste stad in België na Brussel. 2. Dit is het grootste warenhuis in Amsterdam na de Bijenkorf. 3. Monaco is het kleinste land in Europa na het Vatikaan. 4. De Jaguar is de duurste auto in de wereld na de Rolls Royce. 5. Tokio is de grootste stad in de wereld na Shanghai.

C. 1. De Wolga is één van de langste rivieren in de wereld. 2. Het Empire State Building is één van de hoogste gebouwen in de wereld. 3. De Bijenkorf is één van de grootste warenhuizen in Europa. 4. Luxemburg is één van de kleinste landen in Europa. 5. De Golden Gate Bridge is één van de langste bruggen in de wereld.

Oefening 88 1. Mijnheer de Vries vraagt waar de kantoorjongen is. 2. Soms denk ik dat dat niet belangrijk is. 3. Mijnheer Mast zegt dat hij een afspraak met mijnheer de Vries heeft. 4. Ilse antwoordt dat zij vandaag geen les heeft. 5. Mevrouw Blijhuis leest dat het warenhuis Prima morgen opengaat. 6. Juffrouw Roos vraagt of u over een kwartiertje terug kunt komen. 7. Mijnheer Mast vraagt of het u hindert als hij rookt. 8. De kinderen vragen altijd wanneer u nog eens op bezoek komt.

Oefening 89 1. De brief, die ik gisteren kreeg, kwam uit Rotterdam. 2. Het museum, dat wij bezochten, was erg interessant. 3. Het boek, dat Jan leest, is in het Engels. 4. De radio, die Peter gekocht heeft, doet het niet. 5. De brieven, die ik maandag verstuurde, zijn vandaag aangekomen.

Oefening 90 1. Mogen wij het raam opendoen? 2. Mogen de kinderen naar buiten gaan? 3. Mag Jan uw auto nemen? 4. Mag Annie wat vroeger weggaan? 5. Mag ik u iets vragen?

Oefening 91 1. Wil 2. Kunt 3. moet, wilt 4. volgde 5. Mag 6. moet, mag 7. Kunnen

Oefening 92 1. gaf 2. heeft 3. kreeg, dacht, was 4. nam 5. deed, ging 6. legde...af 7. maakte, behaalde

Oefening 93 **1**. Wilt u dat ik het raam opendoe? 2. Wilt u dat ik hem aan u voorlees? 3. Wilt u dat ik een broodje voor u haal? 4. Wilt u dat ik het adres van mijnheer de Vries in het telefoonboek opzoek? 5. Wilt u dat ik deze brief naar het postkantoor breng?

Oefening 94 1. onbelangrijk 2. nog niet 3. weggaan 4. onvriendelijk 5. uitgang 6. niemand 7. antwoorden 8. openen 9. afzetten 10. vroeg 11. niets 12. niet

Oefening 95 1. enzovoort 2. dat wil zeggen 3. idem 4. alstublieft 5. bijvoorbeeld

Oefening 96 1. Toen wij naar Engeland reisden, hadden wij maar 200 gulden bij ons. 2. Toen de bus bij mijn kantoor aankwam, stapte ik uit. 3. Toen ik mijn vriend op straat zag, gaf ik hem mijn nieuw adres. 4. Toen de direkteur de brief las, vond hij er veel fouten in. 5. Toen Jan een student was, moest hij veel boeken lezen. 6. Toen ik op een bank werkte, moest ik veel cheques innen. 7. Toen wij naar het museum gingen, hoefden wij niet te betalen. 8. Toen Hans een kleine jongen was, mocht hij niet roken. 9. Toen wij het nieuws hoorden, liepen wij op straat.

Oefening 97 1. Jan houdt het meest van klassieke muziek. 2. Ik kijk graag naar Italiaanse films. 3. Wij houden meer van vlees dan van vis. 4. Annie houdt meer van een boek dan van een krant. 5. Ik ga liever naar een concert dan naar een opera.

Oefening 98 1. Hij is in Rotterdam. 2. Nee, hij is geen Nederlander. 3. Nee, hij zoekt geen tweepersoonskamer. 4. Hij zoekt een éénpersoonskamer. 5. Ja, het heeft nog éénpersoonskamers vrij. 6. Een kamer met bad kost meer (dan een kamer zonder bad). 7. Ja, hij vindt 190 gulden veel voor één nacht. 8. Hij neemt ze niet omdat ze geen bad heeft. 9. Hij neemt de kamer van 190 gulden. 10. Ja, het heeft een lift.

Oefening 99   1. al 2. nog steeds 3. nog niet 4. nog geen 5. nog steeds

Oefening 100   1. Wij zullen de rekening volgende maand betalen. 2. Jan zal de cassette-recorder morgen brengen. 3. U zult volgende week zaterdag naar de schouwburg gaan. 4. Ik zal volgend jaar naar Italië reizen. 5. Annie zal haar vakantie deze winter nemen.

Oefening 101   1. Als de leerling lessen heeft, zal hij morgen naar school komen. 2. Als wij een vrije dag krijgen, zullen wij volgende maandag gaan zwemmen. 3. Als de direkteur laat is, zal hij morgen een taxi nemen. 4. Als ik een loonsverhoging krijg, zal ik een feest voor mijn vrienden geven. 5. Als onze vrienden genoeg tijd hebben, zullen zij in Parijs musea bezoeken. 6. Als de sekretaresse een cheque krijgt, zal zij morgen naar de bank gaan.

Oefening 102   1. Wie staat het eerst op? 2. Wat doet mijnheer de Vries terwijl zijn vrouw de kinderen roept? 3. Zet mijnheer de Vries de radio aan? 4. Wie is het eerst klaar? 5. Heeft zij haar ouders horen thuiskomen? 6. Wat laat mevrouw de Vries aanbranden? 7. Wat ziet Ilse? 8. Wat gaat Ilse halen? 9. Wat vraagt zij aan haar vader? 10. Waar moet zij naartoe? 11. Waarom moet zij zich haasten? 12. Wat zegt Ilse tegen haar vader?

Oefening 103   1. Hij loopt om zeven uur af. 2. Ja, zij wordt erdoor gewekt. 3. Nee, zij staat niet onmiddellijk op. 4. Zij staat om kwart over zeven op. 5. Zij ontbijt om kwart over acht. 6. Zij drinkt koffie voor haar ontbijt. 7. Zij leest de krant terwijl zij ontbijt. 8. Ja, zij eet een typisch Hollands ontbijt. 9. Zij komt om kwart voor negen op kantoor aan. 10. Zij komt na de andere sekretaressen het kantoor binnen.

Oefening 104   1. Als men veel koffie drinkt, wordt men wakker. 2. Als men vlug loopt, wordt men moe. 3. Als men lang niets eet, wordt men hongerig. 4. Als men lang niets drinkt, wordt men dorstig. 5. Als men op straat speelt, wordt men vuil.

Oefening 105 A. 1. Wij horen de buren thuiskomen. 2. U hoort ons typen. 3. Ik zie de leraar de klas binnenkomen. 4. Jan ziet mij de deur opendoen. 5. Jij hoort de sekretaresse het raam dichtdoen.

B. 1. Wij kunnen de wekker horen aflopen. 2. Ik kan de taxi voor het gebouw zien stoppen. 3. U kunt de direkteur horen dikteren. 4. Wij kunnen de sekretaresse met haar kollega horen praten. 5. Men kan mijnheer de Vries in de badkamer horen zingen.

Oefening 106 1. Zij laat hem slapen. 2. Ik laat hem staan. 3. Zij laat ze spelen. 4. Wij laten hem lezen. 5. U laat me eten.

Oefening 107 1. U kunt zich het adres niet meer herinneren. U bent het adres vergeten. 2. Wij kunnen ons de prijs niet meer herinneren. Wij zijn de prijs vergeten. 3. Ik kan mij het programma niet meer herinneren. Ik ben het programma vergeten. 4. Jan kan zich het aantal niet herinneren. Jan is het aantal vergeten. 5. Jij kunt je de plaats niet meer herinneren. Jij bent de plaats vergeten.

Oefening 108 1. Het licht in mijn kantoor wordt om zes uur 's avonds uitgedaan. 2. Deze tandpasta wordt alleen in warenhuizen verkocht. 3. Met Kerstmis worden veel kaarten verstuurd. 4. De ramen worden één keer per week gewassen. 5. Brieven naar het buitenland worden per luchtpost verstuurd.

Oefening 109 1. De brieven worden door de direkteur beantwoord. 2. Deze musea worden door veel toeristen bezocht. 3. Dit produkt wordt meestal door vrouwen gekocht. 4. De tafel wordt door de kelner afgeruimd. 5. Wij worden door de telefoniste met de direkteur doorverbonden.

Oefening 110 1. a) Jij wast je niet met koud water. b) Jij wast je met warm water. c) Jij scheert je met jouw scheerapparaat. d) Daarna kleed jij je aan. e) Jij haast je om naar kantoor te gaan. 2. a) Wij wassen ons niet met koud water. b) Wij wassen ons met warm water. c) Wij scheren ons met ons scheerapparaat. d) Daarna kleden wij ons aan. e) Wij haasten ons om naar

Oefening 110
(vervolg)

kantoor te gaan. 3. a) Jullie wassen je niet met koud water. b) Jullie wassen je met warm water. c) Jullie scheren je met jullie scheerapparaat. d) Daarna kleden jullie je aan. e) Jullie haasten je om naar kantoor te gaan. 4. a) Zij wassen zich niet met koud water. b) Zij wassen zich met warm water. c) Zij scheren zich met hun scheerapparaat. d) Daarna kleden zij zich aan. e) Zij haasten zich om naar kantoor te gaan.

Oefening 111

A. 1. Hoe voel jij je wanneer je 's morgens opstaat? 2. Heb jij 'n hekel aan vroeg opstaan? 3. Begin jij de dag met 'n lekker ontbijt? 4. Waar en met wie ontbijt jij? 5. Drink jij zwarte koffie? 6. Lees jij de krant aan tafel? 7. Is jouw werk ver van huis? 8. Hoeveel tijd heb jij? 9. Kom jij wel eens te laat op je werk? 10. Stond jij vanmorgen te laat op?

B. 1. Hoe voelen jullie je wanneer jullie 's morgens opstaan? 2. Hebben jullie 'n hekel aan vroeg opstaan? 3. Beginnen jullie de dag met een lekker ontbijt? 4. Waar en met wie ontbijten jullie? 5. Drinken jullie zwarte koffie? 6. Lezen jullie 's morgens de krant aan tafel? 7. Is jullie werk ver van huis? 8. Hoeveel tijd hebben jullie? 9. Komen jullie weleens te laat op jullie werk? 10. Stonden jullie vanmorgen te laat op?

Oefening 112

1. Nee, hij heeft geen zin om zaterdagavond iets te doen. 2. Zij heeft kaartjes voor een balletvoorstelling. 3. Zij heeft meer dan twee kaartjes. 4. Ja, hij gaat mee naar de balletvoorstelling. 5. Nee, zij gaan niet dikwijls met zijn tweeën uit. 6. Nee, hij kent hem niet. 7. Nee, zij heeft hem niet aan hem voorgesteld. 8. Zij zullen zaterdagavond kennismaken. 9. Hij komt wat vroeger. 10. Nee, zij kan geen lekkere cocktails maken.

Oefening 113

Iedereen was op tijd voor de afspraak, behalve Peter natuurlijk, want die is altijd te laat! Rob, Annie's vriendje, zorgde voor de borrel. Annie liet nog wat foto's zien van haar vakantie in Italië. Zij hadden niet veel tijd: de voorstelling begon om negen uur.

Oefening 113
(vervolg)

Om acht uur vertrokken ze: met z'n allen in één auto. Een beetje later waren ze al bij de schouwburg, maar nog niet in de schouwburg: 'n plaatsje zoeken voor de auto. Na lang zoeken vonden ze tenslotte een parkeerplaats. Aan het andere eind van de straat, natuurlijk, tien minuten van de schouwburg. Toen ze in de zaal kwamen, was het net negen uur: de voorstelling begon.

Toen het doek neerging, stond het publiek enthousiast op en applaudisseerde: de voorstelling was een succes.

Het was bijna elf uur toen ze weer in de auto zaten. Rob en Annie stelden voor om Italiaans te gaan eten. Dit vonden ze allen een prima idee, en een half uurtje later zat de hele groep aan tafel in een gezellig Italiaans restaurant. Zij hadden het natuurlijk over Béjart en zijn balletgroep. Iedereen was tevreden: én over de voorstelling, én over het diner. Een gezellig avondje uit!

Oefening 114

1. Hoe laat is het? 2. Gaat u maar zitten! 3. Geef het boek aan je broer! 4. Wilt u een kopje koffie? 5. Zijn jullie al klaar? 6. De bank gaat om negen uur open. 7. Kun je je pen niet vinden? 8. Wanneer gaat er een trein naar Rotterdam? 9. Gaat u liever met de bus of met de tram? 10. Kent u de weg naar mijn kantoor? 11. Het spijt me! 12. Hoeveel kost dat tasje?

Oefening 115

A. 1. Ik laat mijn kleren maken. 2. Hij laat zijn schoenen poetsen. 3. Wij laten onze koffers dragen. 4. Men laat zijn hotelkamer schoonmaken. 5. Hij laat zijn auto wassen.

B. 1. Ik laat mijn brieven door de loopjongen versturen. 2. Zij laat de tafel door de kinderen afruimen. 3. Men laat zijn auto door een hotelbediende parkeren. 4. Hij laat de taxi door zijn sekretaresse opbellen. 5. Ik laat mijn ontbijt door een hotelbediende klaarmaken.

Oefening 116

1. Laten wij gaan zwemmen! 2. Laten we het aan iemand vragen! 3. Laten we naar de bioskoop gaan! 4. Laten we er één kopen! 5. Laten we een taxi nemen!

Oefening 117 1. Wij hebben iets moois gezien. 2. Jan heeft iets gezonds meegebracht. 3. Ik heb iets lekkers aan Peter gegeven. 4. De kinderen hebben iets goeds gekregen. 5. U hebt iets groots in uw tas.

Oefening 118 1. Jan heeft vorige week zijn lessen niet kunnen volgen. 2. Wij hebben onze auto vorige week maandag laten wassen. 3. Men heeft gisteren zijn telefoonrekening moeten betalen. 4. De direkteur heeft vorige week de ramen laten wassen. 5. Ik heb de sekretaresse horen telefoneren.

Oefening 119 1. De vier jaargetijden zijn: lente, zomer, herfst en winter. 2. Ik houd het meest van .... 3. Zij vindt de lente het mooist. 4. Een witte Kerst is een Kerst met sneeuw. 5. Ja, men schaatst veel in Nederland als het vriest. 6. België en Nederland hebben een zeeklimaat. 7. In de lente ziet men veel bloeiende tulpenvelden. 8. In de winter kleedt men zich warm. 9. Als het regent draag ik een regenmantel. 10. De meeste mensen gaan in de zomer met vakantie.

Oefening 120 1. Het koncert was zo goed dat wij alle platen ervan kochten. 2. Vandaag is het zulk warm weer dat men geen jas nodig heeft. 3. Jan was zo ziek dat hij in bed moest blijven. 4. De leraar gaf ons zo'n moeilijke oefening dat niemand ze kon maken. 5. Ik ben zo nat geworden dat ik kou heb gevat.

Oefening 121 1. Nee, hij heeft niet veel honger. 2. Hij gaat even liggen omdat hij zich niet lekker voelt. 3. Ja, hij heeft er dikwijls last van. 4. Vandaag heeft hij hoofd- en keelpijn. 5. Zij voelt zijn voorhoofd. 6. Zij belt de dokter op. 7. Hij schrijft enkele geneesmiddelen voor. 8. Nee, zij gaat niet zelf naar de apotheek. 9. Zij stuurt één van de kinderen erheen. 10. Hij moet een paar dagen in bed blijven.

Oefening 122 1. Op wie wachten de jongens? 2. Met wie spreekt de leraar? 3. Waar spreekt de leraar over? / Waarover spreekt de leraar? 4. Naar wie luistert Annie? 5. Waar luistert Jan naar? / Waarnaar luistert Jan? 6. Waar

Oefening 122
(vervolg)

gaat u liever mee? / Waarmee gaat u liever? 7. Met wie gaat u liever op reis? 8. Aan wie geeft de kassier het wisselgeld? 9. Waar geeft de kassier van terug? / Waarvan geeft de kassier terug? 10. Waar stuurt mevrouw de Vries iemand om? 11. Om wie stuurt mevrouw de Vries iemand?

Oefening 123

1. Mijnheer de Vries gaat naar de bank om geld te storten. 2. Mevrouw de Vries heeft een mes nodig om vlees te snijden. 3. Ik moet in London zijn om mijnheer Smith te spreken. 4. Jij gaat naar de kantine om te lunchen. 5. Mijn vrouw telefoneert een hotel om een kamer te reserveren. 6. Wij nemen een taxi om vlugger thuis te zijn. 7. Jullie kopen kaartjes om naar een koncert te gaan. 8. Juffrouw Roos haast zich om vroeger klaar te zijn. 9. Wij drinken koffie om wakker te blijven.

Oefening 124

De eerste keer heb ik het vliegtuig genomen: het is een korte, aangename reis geweest.

Een charmante stewardess heeft me gevraagd of ik iets te roken wenste en heeft me enkele tijdschriften en een lekker ontbijt gegeven. De tweede maal ben ik per trein gereisd. Als ik op zakenreis ga, neem ik gewoonlijk de TGV: die is snel en komfortabel. Maar dit keer heb ik een gewone sneltrein genomen omdat de uren van vertrek en aankomst gunstiger waren.

Dit keer geen komfortabele zetel, maar een ongemakkelijke zitplaats in een overvol tweede-klas-rokerscoupé. En natuurlijk is er voor mijn zware aktentas geen plaats meer in het bagagerek geweest. Die heb ik dan maar op mijn knieën gelegd: gezellig! De reis heeft eindeloos lang geduurd!

Ik ben doodmoe in Parijs aangekomen, wat natuurlijk niet zo best is, als je daarna urenlang een belangrijk kontrakt moet bespreken.

Oefening 125

1. e 2. j 3. b 4. i 5. a 6. c 7. f 8. g 9. d 10. h

Oefening 126   1. Jan heeft al een week of vijf Franse les gevolgd. 2. Wij wonen hier al een jaar of zes. 3. Dit boek kostte een gulden of twintig. 4. Ik heb een maand of twee in Italië doorgebracht. 5. De reis met de trein duurt een uur of drie. 6. Zij werkt hier al een jaar of zeven. 7. Ik heb een uur of drie naar mijn portemonnee gezocht. 8. Het kind heeft een uur of vier naar de televisie gekeken. 9. Ik ben deze zomer al een keer of acht gaan zeilen. 10. Hij heeft een jaar of zes aan de universiteit gestudeerd.

Oefening 127   1. Ik vind het een gemakkelijke oefening. 2. Jan vond het een erg duur restaurant. 3. Wij vinden het geen erg grote auto. 4. Vindt u het geen erg sjieke winkel? 5. Ik vond het heel lekker bier. 6. Zij vond het een erg zoet gebakje. 7. Wij vinden het een veel te warm land. 8. Hij vindt het een erg vuile rivier. 9. Ik vond het een erg vermoeiende reis. 10. Zij vond het erg komfortabele schoenen.

Oefening 128   1. Zou u alstublieft een taxi voor me willen bellen! 2. Zou u alstublieft het kontrakt willen doorlezen! 3. Zou u alstublieft morgen op mijn kantoor willen komen! 4. Zou u me alstublieft met mijnheer de Vries willen doorverbinden! 5. Zou u alstublieft uw adres voor me willen opschrijven! 6. Zou u alstublieft de deur voor me willen openen!

Oefening 129   1. Hij kijkt naar de T.V. 2. Zij heeft een nieuwe jurk gekocht. 3. Het is maanden geleden dat ze iets nieuws heeft gehad. 4. Nee, zij heeft geen gelijk. 5. Je draagt geen wollen mantelpakje op een receptie. 6. Zij heeft hem gekocht voor het honderdjarig bestaan van de firma. 7. Nee, hij is niet boos. 8. Leen dacht dat ze als vrouw van de direkteur de mooiste jurk moest dragen. 9. Hij vindt dat zij gelijk heeft. 10. Je zegt: "Je hebt een hart van goud".

Oefening 130   1. Onze cheques moeten door ons getekend worden. 2. Lucifers mogen niet door kinderen gekocht worden. 3. De gebruiksaanwijzing kan ons door de verkoopster uitgelegd worden. 4. Bezoekers mogen alleen door

Oefening 130
(vervolg)

mijnheer Janssen door de fabriek rondgeleid worden. 5. De landkaart moet door de leerlingen bestudeerd worden. 6. De taartjes worden door mevrouw Blijhuis gebakken. 7. In de winter wordt de zeilboot door mijnheer Mast binnengehaald. 8. De thermometer werd door mij gebroken. 9. De papieren werden door mevrouw de Vries naar het stadhuis gebracht. 10. De koncertzaal moet door het personeel gereinigd worden.

Oefening 131

1. Medicijnen mogen alleen in een apotheek verkocht worden. 2. Een cheque moet met een pen getekend worden. 3. In deze klas mag geen Engels gesproken worden. 4. Brieven naar het buitenland kunnen per luchtpost verstuurd worden. 5. Koffers moeten in het bagagerek geplaatst worden. 6. Deze rivier kan gemakkelijk overgestoken worden. 7. Die ring kan groter gemaakt worden. 8. Dit museum kan elke dag bezocht worden. 9. In deze buurt moet zeer voorzichtig gereden worden. 10. Tijdens de lunchpauze mag niet gerookt worden.

Oefening 132

1. omdat 2. want 3. dus 4. of, om 5. maar 6. dus

Oefening 133

1. Hij is bij een benzinestation. 2. Hij stopt er om benzine te tanken. 3. Hij vraagt hem of hij ergens koffie kan krijgen. 4. Hij bestudeert de kaart terwijl hij zijn koffie drinkt. 5. Het is een kaart van de Benelux. 6. Hij wil weten of het nog ver is naar Brussel. 7. Hij komt van Amsterdam en gaat naar Brussel. 8. Ja, Groningen ligt ver van Brussel. 9. Hij is van plan de nacht in een motel door te brengen. 10. De pompbediende wijst hem de weg. 11. Er zal daar zeker plaats zijn omdat het een groot motel is. 12. Hij geeft hem een flinke fooi.

Oefening 134

1. Jan vroeg me per telefoon of ik op Piets verjaardagsfeest was geweest. 2. Ik zei tot mijn sekretaresse dat ik al koffie had gedronken. 3. Mijn sekretaresse zei mij dat mijnheer de Vries die morgen had opgebeld. 4. Mijn broer schreef dat hij een nieuwe auto had gekocht. 5. Wij begrepen dat er een ongeluk was gebeurd.

Oefening 135　Maarten de Vries vroeg Jan Mast of hij een goede terugreis had gehad. Jan Mast antwoordde dat hij een ongelukje in Milaan had gehad. Maarten de Vries zei dat hij niet wist dat Jan Mast een auto-ongeluk had gehad. Hij vroeg hoe dat was gekomen en of het ernstig was geweest.

Jan Mast antwoordde dat het niet zo ernstig was geweest en dat het eerder een aanrijding dan een ongeluk was geweest. Hij zei dat iemand van achteren tegen zijn auto was aangereden, terwijl hij voor een verkeerslicht stond. Maarten de Vries vroeg of de bestuurder gewond was. Jan Mast antwoordde dat het een bestuurster was geweest en dat zij alleen haar hoofd een beetje had bezeerd, maar dat haar auto nogal beschadigd was.

Maarten de Vries zei dat alles dan nog goed was afgelopen. Hij vroeg of Jan Mast verder nog moeilijkheden met het Italiaanse verkeer had gehad. Jan Mast antwoordde dat hij er gelukkig geen moeilijkheden meer mee had gehad, maar dat hij toch goed had moeten uitkijken.

Oefening 136　1. ... had de direkteur ze nog niet getekend. 2. ... was hij nog niet aangekomen. 3. ... had ik het nieuws al gehoord. 4. ... had mijn vrouw al een nieuwe gekocht. 5. ... had hij het kontrakt nog niet gelezen.

Oefening 137　1. Zij liet de mand met wasgoed naar de wasserij brengen. 2. Ik liet mijn TV-toestel herstellen. 3. Hij liet zijn huis aan het Vondelpark bouwen. 4. Hij liet de brieven versturen. 5. Ik liet mijn pak stomen.

Oefening 138　1. Ik wil deze boodschappen nog vandaag bezorgd hebben. 2. Hij wil dit pakje per luchtpost verstuurd hebben. 3. Wij willen het ontbijt op onze kamer geserveerd hebben. 4. Ik wil deze brief met de hand geschreven hebben. 5. U wilt dit pak nog voor het weekeind gestoomd hebben.

Oefening 139　1. Ze gaan naar de wasserij. 2. Ze denkt niet dat het vandaag nog zal regenen. 3. Zij zullen er met de fiets

Oefening 139
(vervolg)

naartoe gaan. 4. Ze zal de fietsen uit de garage halen, terwijl Ilse de mand haalt. 5. Ze heeft gisteravond met Johan getelefoneerd. 6. Ze hebben bij de wasserij afgesproken. 7. Ze hebben om twee uur afgesproken. 8. Ze zullen tennissen. 9. Ja, ze moeten zich haasten. 10. Het is al tien voor twee.

Oefening 140

1. Als ik een Nederlander was, zou ik vloeiend Nederlands spreken. 2. Als het nu regende, zou ik mijn regenmantel dragen. 3. Als het vandaag zondag was, zouden wij de cheque niet kunnen innen. 4. Als wij het telefoonnummer kenden, zouden wij Jan kunnen opbellen. 5. Als Piet Frans sprak, zou hij verstaan wat mijnheer Duval zegt.

Oefening 141

1. In welke krant stond de advertentie? 2. Hoe heet het reisbureau? 3. Voor welke periode wordt een kantoorbediende gezocht? 4. Welke talen moet hij kennen? 5. Waarvan is het salaris afhankelijk? 6. Wat voor sollicitatie moet het zijn? 7. Wie is Henk? 8. Wat studeert hij aan de Hogeschool van Antwerpen? 9. Waar wil hij na zijn studies naartoe? 10. Voor hoelang wil hij erheen? 11. Waarom wil hij geld verdienen? 12. Aan wie schrijft hij de brief? 13. Naar welke betrekking solliciteert hij? 14. Wat studeert hij ook nog behalve Nederlands? 15. Is zijn moeder Nederlandstalig? 16. Wat volgt hij aan de avondschool? 17. Sinds hoelang volgt hij deze avondlessen? 18. Wat is de bijlage bij zijn brief? 19. Door welke school werd het getuigschrift uitgereikt? 20. Wat stuurt hij ook nog?

Oefening 142

1. Annie, kom terug! Annie, kom eens terug! Annie, kom nog eens terug! 2. Maak jij die oefening af! Maak jij even die oefening af! Maak jij maar even die oefening af! Maak jij maar even gauw die oefening af! 3. Heb je soms geen tijd? Heb je soms weer geen tijd? 4. Doe nog suiker in je thee! Doe nog maar suiker in je thee! Doe nog maar wat suiker in je thee! 5. Peter kwam weer te laat op kantoor. Peter kwam weer eens te laat op kantoor. Peter kwam weer eens even te laat op kantoor. Peter kwam weer eens even veel te laat op kantoor.

Oefening 143 1. a) Wij zijn al een kwartier op de bus aan het wachten. b) Wij staan al een kwartier op de bus te wachten. 2. a) Henk is een sollicitatiebrief aan de direktie aan het schrijven. b) Henk zit een sollicitatiebrief aan de direktie te schrijven. 3. a) De trein is aan het wachten. b) De trein staat te wachten. 4. a) Ik ben al een half uur naar het adres aan het zoeken. b) Ik loop al een half uur naar het adres te zoeken. 5. a) Mevrouw de Vries is naar de etalages in de winkelstraat aan het kijken. b) Mevrouw de Vries staat naar de etalages in de winkelstraat te kijken.

Oefening 144 1. Over welk land vertelt de leraar graag? 2. Welke kast heeft een glazen deur? 3. Hoe laat vertrekt de volgende trein? 4. Hoe oud is Corrie? 5. Waar woont u liever, in een huis of in een flat? 6. Op welke bladzijde begint de oefening? 7. Op hoeveel km ligt Antwerpen van Brussel? 8. Hoe laat is het?

Oefening 145 1. Nee, Nederland is geen groot land. 2. De polders liggen tussen Utrecht en de Randstad Holland. 3. Er loopt een dijk omheen de polders om ze te beschermen tegen het zeewater. 4. De "Randstad Holland" is de driehoek gevormd door Amsterdam, Rotterdam en Utrecht. 5. Ja, er staan nog molens in Nederland. 6. Nee, zij worden niet meer gebruikt om het water op peil te houden. 7. In Nederland kan men haringen kopen aan een haringkarretje. 8. Men vindt mooie 17de-eeuwse gevels in Amsterdam. 9. Vlissingen ligt op ongeveer 88 km van Antwerpen. 10. Nee, Antwerpen is niet de hoofdstad van België. 11. Brussel is de hoofdstad van België. 12. Nee, Antwerpen is geen moderne stad. 13. Ja, Antwerpen heeft veel nieuwe industrieën. 14. Drie tunnels verbinden de linker- met de rechteroever van Antwerpen. 15. Nee, Antwerpen is niet de grootste havenstad van Europa. 16. Rotterdam is de grootste havenstad van Europa.

Oefening 146 A. 1. Als de film erg interessant was geweest, zouden wij naar de bioskoop zijn gegaan. 2. Als u het me had gevraagd, zou ik u Jans adres hebben gegeven. 3. Als ik vandaag op tijd was opgestaan, zou ik me niet

Oefening 146
(vervolg)

hebben moeten haasten. 4. Als wij de brief per expres hadden verstuurd, zou hij op tijd zijn aangekomen. 5. Als Jan zich had gehaast, zou hij de trein niet hebben gemist.

B. 1. Waar zou u naartoe zijn gereisd, als u duizend gulden had gewonnen? 2. Wie zou u naar de weg hebben gevraagd, als u hem niet had geweten? 3. Wat zou u hebben gedaan, als u uw geld had verloren? 4. Welke straat zou u hebben genomen, als u de auto had bestuurd? 5. Waarmee zou u zijn begonnen, als u het huis had moeten schoonmaken?

Geluidsband
Tekst

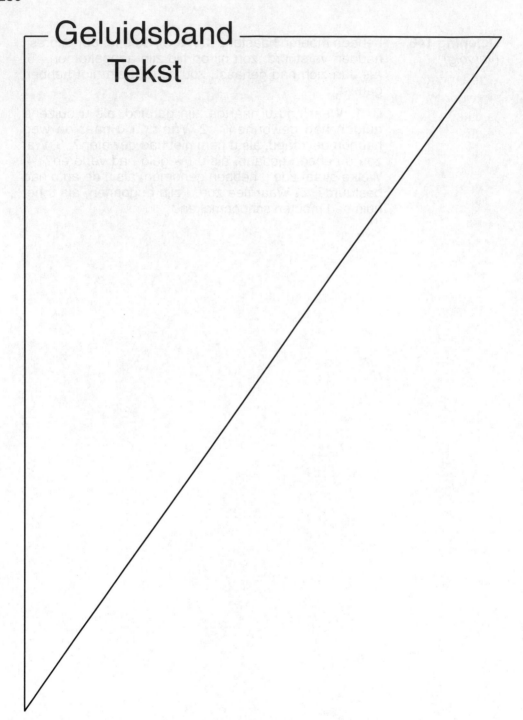

BAND NUMMER EEN

Goedendag, mevrouw!	Dag, meneer!
Antwoord alstublieft, "ja" of "nee".	
Is dit een band? Ja, ...	Ja, dit is een band.
Is dit een Nederlandse band?	Ja, dit is een Nederlandse band.
Is dit band nummer twee?	Nee, dit is niet band nummer twee.
Welke band is dit?	Dit is band nummer één.
Is deze band kort?	Nee, deze band is niet kort.
Is deze band kort of lang?	Deze band is lang.
Heel goed!	
Luister!	
(telefoon)	
Wat is dit, een telefoon of een radio?	Dit is een telefoon.
Is de telefoon groen? Nee, ...	Nee, de telefoon is niet groen.
Welke kleur heeft de telefoon?	De telefoon is zwart.
En het papier, is het papier ook zwart?	Nee, het papier is niet zwart.
Welke kleur heeft het papier?	Het papier is wit.
Heel goed!	
Herhaal alstublieft!	
De telefoon.	
Het papier.	
Wat is korrekt, "de" of "het"?	
boek? de of het?	het boek
stoel?	de stoel
potlood?	het potlood
tafel?	de tafel
auto?	de auto
schip?	het schip
wijn?	de wijn
café?	het café
vliegtuig?	het vliegtuig
Bravo!	
Luister!	
(auto)	
Is dit een vliegtuig?	Nee, dit is geen vliegtuig.

Wat is dit, een trein of
een auto?   Dit is een auto.
(auto)
En wat is dat?   Dat is ook een auto.
(auto)
Antwoord alstublieft!
Is deze auto klein?   Nee, deze auto is niet klein.
Wat is deze auto, klein of
groot?   Deze auto is groot.
(auto)
En die auto?   Die auto is klein.
Heel goed!
Luister! Wat is dat?
(schip)
Is dat een auto?   Nee, dat is geen auto.
Is dat een trein of een
schip?   Dat is een schip.
(schip)
En wat is dit?   Dit is ook een schip.
Is dit schip groot of klein?   Dit schip is klein.
(schip)
En dat schip?   Dat schip is groot.
Heel goed!
Herhaal alstublieft!
Deze auto en die auto.
Dit schip en dat schip.
Wat is korrekt, "deze" en "die",
of "dit" en "dat"?
boek – dit boek en ...   dit boek en dat boek
stoel – deze ...   deze stoel en die stoel
trein   deze trein en die trein
kopje   dit kopje en dat kopje
radio   deze radio en die radio
Heel goed!
Herhaal alstublieft!
(auto)
Dit is een auto.
Dit is geen schip.
De auto is groot.
De auto is niet klein.

Antwoord alstublieft met
"niet" of "geen"!

Is de Mercedes een vlieg-
tuig? Nee, ...

Nee, de Mercedes is geen vliegtuig.

Is de Mercedes klein?

Nee, de Mercedes is niet klein.

Is Amsterdam een land?

Nee, Amsterdam is geen land.

Is Amsterdam in België?

Nee, Amsterdam is niet in België.

Is mijnheer de Vries een
Engelsman?

Nee, mijnheer de Vries is geen
Engelsman.

Is hij in Londen?

Nee, hij is niet in Londen.

Mijnheer de Vries is niet
in Londen. Waar is hij,
in Amsterdam? Ja, ...

Ja, hij is in Amsterdam.

Is Amsterdam een kleine of
een grote stad?

Amsterdam is een grote stad.

Is Nederland ook een stad?

Nee, Nederland is geen stad.

Wat is Nederland?

Nederland is een land.

Is Nederland een groot land?

Nee, Nederland is geen groot land.

Wat is Nederland?

Nederland is een klein land.

Is de Rijn een lange rivier?

Ja, de Rijn is een lange rivier.

Is de IJzer ook een lange
rivier?

Nee, de IJzer is geen lange rivier.

Wat is de IJzer?

De IJzer is een korte rivier.

Is het Noordzeekanaal een
lang kanaal?

Nee, het Noordzeekanaal is geen
lang kanaal.

Wat is het Noordzeekanaal?

Het Noordzeekanaal is een kort
kanaal.

En het Albertkanaal?

Het Albertkanaal is een lang kanaal.

Heel goed!

Herhaal alstublieft!

Het kanaal is lang.
Dit is een lang kanaal.
De rivier is lang.
Dit is een lange rivier.
Het vliegtuig is groot.
Dit is een ...

Dit is een groot vliegtuig.

De auto is groot. Dit is een ...

Dit is een grote auto.

De pen is kort.

Dit is een korte pen.

De pen is niet lang.

Dit is geen lange pen.

Het potlood is lang.

Dit is een lang potlood.

Het potlood is niet kort.

Dit is geen kort potlood.

De telefoon is klein.

Dit is een kleine telefoon.

De telefoon is niet groot.

Dit is geen grote telefoon.

Het boek is groot.

Dit is een groot boek.

Het boek is niet klein.

Dit is geen klein boek.

De band is lang.

Dit is een lange band.

De band is niet kort.

Dit is geen korte band.

Heel goed!

Luister! Mevrouw de Vries is
in een café in Amsterdam.
Zij spreekt met de kelner.

    – *Ober!*

    – *Ja, mevrouw?*

    – *Een kopje koffie, alstublieft!*

    – *Met of zonder melk?*

    – *Zonder melk, graag.*

    – *Een zwarte koffie. Jawel, mevrouw.*

Antwoord alstublieft!

Is mevrouw de Vries in een
café?

Ja, zij is in een café.

En de kelner?

Hij is ook in een café.

Spreekt mevrouw de Vries
met de kelner?

Ja, zij spreekt met de kelner.

Spreekt de kelner Frans?

Nee, hij spreekt geen Frans.

Welke taal spreekt hij?

Hij spreekt Nederlands.

Spreekt u ook Nederlands?

Ja, ik spreek ook Nederlands.

En spreekt u met mevrouw
de Vries?

Nee, ik spreek niet met mevrouw
de Vries.

Met wie spreekt u?

Ik spreek met u.

Heel goed!

En nu de nummers.

Herhaal!

één
twee
drie
vier
vijf
één, twee, drie, vier, vijf

zes
zeven
acht
negen
tien

zes, zeven, acht, negen, tien

elf
twaalf
dertien
veertien
vijftien

elf, twaalf, dertien, veertien, vijftien

zestien
zeventien
achttien
negentien
twintig

zestien, zeventien, achttien, negentien, twintig

Heel goed!

Zo! Dat is het einde van de
  nummers.

En dat is ook het einde van
  deze band.

Dank u, meneer!   Dank u, mevrouw!

Dank u, en tot ziens!   Tot ziens!

BAND NUMMER TWEE

Luister!

Dit is mijnheer de Vries.

Antwoord alstublieft!
Zit mijnheer de Vries in
een trein?   Nee, hij zit niet in een trein.

Zit hij in een vliegtuig?   Nee, hij zit ook niet in een vliegtuig.

Waar zit hij?   Hij zit in een auto.

Zit hij in uw auto?   Nee, hij zit niet in mijn auto.

Zit hij in mijn auto?   Nee, hij zit ook niet in uw auto.

In wie z'n auto zit hij?   Hij zit in zijn auto.

Herhaal alstublieft!

Mijnheer de Vries zit in zijn auto.
Mevrouw de Vries zit in haar auto.

U zit ...	U zit in uw auto.
Hij ...	Hij zit in zijn auto.
Zij ...	Zij zit in haar auto.
Ik ...	Ik zit in mijn auto.

Heel goed!
Ik schrijf met mijn pen.

U ...	U schrijft met uw pen.
Hij ...	Hij schrijft met zijn pen.
De sekretaresse ...	Zij schrijft met haar pen.
Ik ...	Ik schrijf met mijn pen.

Heel goed!
Luister! Mijnheer de Vries is in zijn auto.

   – Rotterdam, vijfentwintig kilometer. Goed!

Antwoord alstublieft!

Is mijnheer de Vries in Rotterdam?	Nee, hij is niet in Rotterdam.
Is hij in Amsterdam, of op de autosnelweg?	Hij is op de autosnelweg.
Is hij op de autosnelweg Amsterdam-Den Haag?	Nee, hij is niet op de autosnelweg Amsterdam-Den Haag.
Op welke autosnelweg is hij?	Hij is op de autosnelweg Amsterdam-Rotterdam.
Ligt Amsterdam voor hem?	Nee, Amsterdam ligt niet voor hem.
Waar ligt Amsterdam, voor of achter hem?	Amsterdam ligt achter hem.
En Rotterdam?	Rotterdam ligt voor hem.

Goed!
Herhaal alstublieft!

Het boek ligt niet op de tafel. Het ligt eronder.	
Ik sta niet voor de auto.	Ik sta erachter.
U staat niet achter de deur.	U staat ervoor.
Ik leg het tijdschrift niet op de stoel.	Ik leg het eronder.
De koffie is niet onder het kopje.	Het is erin.

Heel goed!

Luister!

(schrijfmachine)

Dit is juffrouw Roos.

Antwoord!

Zit juffrouw Roos in haar auto?	Nee, zij zit niet in haar auto.
Waar zit zij, in haar auto of aan haar bureau?	Zij zit aan haar bureau.
Staat het bureau achter haar?	Nee, het staat niet achter haar.
Waar staat het?	Het staat voor haar.
Pardon? Wat staat voor haar?	Het bureau staat voor haar.
En de telefoon?	De telefoon staat ook voor haar.

Luister!

De telefoon van juffrouw Roos gaat.

> – *Met de sekretaresse van mijnheer de Vries! ... Ah, meneer Janssen! Goedemorgen! Hoe maakt u het?*

Antwoord alstublieft!

Leest juffrouw Roos een tijdschrift?	Nee, zij leest geen tijdschrift.
Wat doet zij? Leest zij of spreekt zij?	Zij spreekt.
Spreekt zij aan de telefoon?	Ja, zij spreekt aan de telefoon.
Spreekt zij met mijnheer de Vries?	Nee, ze spreekt niet met mijnheer de Vries.
Spreekt zij met u?	Nee, ze spreekt ook niet met mij.
Met wie spreekt zij?	Zij spreekt met mijnheer Janssen.
Spreekt zij Engels met hem?	Nee, ze spreekt geen Engels met hem.
Welke taal spreekt zij met hem?	Zij spreekt Nederlands met hem.
En welke taal spreekt hij met haar?	Hij spreekt ook Nederlands met haar.
Pardon? Met wie spreekt juffrouw Roos?	Zij spreekt met mijnheer Janssen.

Heel goed!

Juffrouw Roos spreekt met mijnheer Janssen.

Luister!

> – *Ah, meneer Janssen! Goedemorgen! Hoe maakt u het? ... O nee, mijnheer de Vries is hier niet. Hij is in Rotterdam.*

Antwoord alstublieft!

Is mijnheer de Vries in Amsterdam? Nee, hij is niet in Amsterdam.

Waar is hij?	Hij is in Rotterdam.
Woont hij in Rotterdam?	Nee, hij woont niet in Rotterdam.
Waar woont hij, in Rotterdam of in Amsterdam?	Hij woont in Amsterdam.
Heel goed!	
Luister!	

– *O nee, mijnheer de Vries is in Rotterdam. ... Maar natuurlijk!*
       Wat is uw adres? ... Kalverstraat? ... Ja, Kalverstraat tien. Zo!

Antwoord alstublieft! Kalverstraat tien. Is dat een telefoonnummer?	Nee, dat is geen telefoonnummer.
Wat is het, een telefoonnummer of een adres?	Het is een adres.
Is het uw adres?	Nee, het is niet mijn adres.
Wie z'n adres is dat?	Dat is het adres van mijnheer Janssen.
Woont mijnheer Janssen in de Leidsestraat?	Nee, hij woont niet in de Leidsestraat.
Woont hij in de Keizerstraat?	Nee, hij woont ook niet in de Keizerstraat.
Woont hij in de Keizerstraat of in de Kalverstraat?	Hij woont in de Kalverstraat.
Goed!	
Luister!	

– *Kalverstraat tien. Zo! En wat is uw telefoonnummer? ... Twintig,*
       drieëntwintig, vijfentwintig ... Dank u, mijnheer Janssen!

Antwoord alstublieft! Twintig, drieëntwintig, vijfentwintig. Is dat ook een adres?	Nee, dat is geen adres.
Wat is dat?	Dat is een telefoonnummer.
Is het uw telefoonnummer?	Nee, het is niet mijn telefoonnummer.
Wie z'n telefoonnummer is het?	Het is het telefoonnummer van mijnheer Janssen.

Heel, heel goed!

Nu spreekt u heel goed Nederlands! Dit is het einde van de konversatie. En dit is ook het einde van deze band, van band nummer twee.

Dank u en tot ziens!	Tot ziens!

BAND NUMMER DRIE

De derde band
Luister!
Mijnheer de Vries is in een winkel.
- *Goedemorgen, meneer!*
- *Goedemorgen, juffrouw! Een doos sigaren, alstublieft!*
Antwoord alstublieft!

Is mijnheer de Vries op kantoor?	Nee, hij is niet op kantoor.
Waar is hij?	Hij is in een winkel.
Spreekt hij met zijn sekretaresse?	Nee, hij spreekt niet met zijn sekretaresse.
Met wie spreekt hij, met zijn sekretaresse of met de winkeljuffrouw?	Hij spreekt met de winkeljuffrouw.
Werkt mijnheer de Vries in deze winkel?	Nee, hij werkt niet in deze winkel.
Wie werkt hier, mijnheer de Vries of de winkeljuffrouw?	De winkeljuffrouw werkt hier.
En wat doet mijnheer de Vries hier? Koopt hij sigaretten?	Nee, hij koopt geen sigaretten.
Wat koopt hij?	Hij koopt sigaren.
En wat doet de winkeljuffrouw? Koopt zij ook sigaren?	Nee, zij koopt geen sigaren.
Koopt of verkoopt zij sigaren?	Zij verkoopt sigaren.

Heel goed!
Luister nu weer naar mijnheer de Vries en de winkeljuffrouw.
- *Een doos sigaren, alstublieft!*
- *Wat voor sigaren, meneer?*
- *Eh, Havanna, graag!*
- *Een doos met dertig, of met veertig sigaren?*
- *Geef mij een doos met dertig.*
- *Zes gulden, alstublieft!*
Antwoord alstublieft!

Koopt mijnheer de Vries één sigaar?	Nee, hij koopt niet één sigaar.
Koopt hij één sigaar of een doos sigaren?	Hij koopt een doos sigaren.

Koopt hij een doos met tien sigaren?	Nee, hij koopt niet een doos met tien sigaren.
Wat voor een doos koopt hij?	Hij koopt een doos met dertig sigaren.
Kosten de sigaren tien gulden?	Nee, zij kosten niet tien gulden.
Hoeveel kosten ze?	Ze kosten zes gulden.

Heel goed!

En nu, luister nog eens! Mijnheer de Vries en de winkeljuffrouw.

- *Verkoopt u ook lucifers, juffrouw?*
- *Natuurlijk, meneer! Hoeveel doosjes?*
- *Eén doosje, graag! Hoeveel is het samen?*
- *De sigaren kosten zes gulden en de lucifers kosten een dubbeltje. Dat is dan samen zes gulden en tien cent.*
- *Alstublieft!*
- *Dank u, meneer!*

Antwoord alstublieft!

Verkoopt de juffrouw ook lucifers?	Ja, ze verkoopt ook lucifers.
Kost een doosje lucifers een gulden?	Nee, een doosje lucifers kost niet een gulden.
Kost een doosje lucifers een kwartje?	Nee, een doosje lucifers kost ook niet een kwartje.
Hoeveel kost een doosje lucifers?	Een doosje lucifers kost een dubbeltje.
Is een dubbeltje vijf cent?	Nee, een dubbeltje is niet vijf cent.
Hoeveel is een dubbeltje?	Een dubbeltje is tien cent.

Herhaal alstublieft!

Een dubbeltje is tien cent.
Er zijn tien centen in een dubbeltje.

Antwoord alstublieft!

Zijn er ook tien centen in een stuiver?	Nee, er zijn niet tien centen in een stuiver.
Hoeveel centen zijn er in een stuiver?	Er zijn vijf centen in een stuiver.
Hoeveel centen zijn er in een kwartje?	Er zijn vijfentwintig centen in een kwartje.
En in een gulden?	Er zijn honderd centen in een gulden.

Heel goed!

Een doosje lucifers kost een dubbeltje. Is dat duur?	Nee, dat is niet duur.

Wat zijn de lucifers, duur of
goedkoop?

Ze zijn goedkoop.

Hoeveel kosten zij?

Ze kosten tien cent.

Hoeveel kosten de sigaren?

Ze kosten zes gulden.

Hoeveel kosten de sigaren
en de lucifers samen?

Ze kosten samen zes gulden en
tien cent.

Luister!

Mijnheer de Vries en juffrouw Roos zijn op kantoor.

- *Goedemorgen, juffrouw Roos!*
- *Goedemorgen! Meneer de Vries, er zijn drie brieven voor u.*
- *Oh, dank u, juffrouw! Legt u ze alstublieft op mijn bureau.*

Antwoord alstublieft!
Is mijnheer de Vries in
de winkel of op kantoor?

Hij is op kantoor.

Spreekt hij met een
winkeljuffrouw?

Nee, hij spreekt niet met
een winkeljuffrouw.

Met wie spreekt hij?

Hij spreekt met zijn sekretaresse.

Wat heeft de sekretaresse voor
mijnheer de Vries? Heeft zij
kranten voor hem?

Nee, zij heeft geen kranten voor hem.

Wat heeft zij voor hem?

Zij heeft brieven voor hem.

Legt juffrouw Roos de brieven
op de stoel?

Nee, zij legt ze niet op de stoel.

Legt zij ze op de stoel of op
het bureau?

Zij legt ze op het bureau.

Legt ze vijf brieven op het
bureau?

Nee, ze legt niet vijf brieven op
het bureau.

Hoeveel brieven legt ze op het
bureau?

Zij legt drie brieven op het bureau.

Herhaal alstublieft!

Op het bureau liggen drie brieven.
Er liggen drie brieven op het bureau.

Op mijn kantoor staan twee
bureau's. Er staan ...

Er staan twee bureau's op mijn
kantoor.

Op mijn bureau ligt een pen.

Er ligt een pen op mijn bureau.

Aan deze tafel zitten drie mannen.

Er zitten drie mannen aan deze tafel.

Aan die tafel zit een vrouw.

Er zit een vrouw aan die tafel.

In deze straat zijn twee winkels.

Er zijn twee winkels in deze straat.

In die straat is een restaurant.

Er is een restaurant in die straat.

Heel goed!

Luister!

Mijnheer de Vries en mijnheer Janssen zijn in een restaurant in Amsterdam.

    – *Heren?*

    – *Een tafel voor twee, alstublieft!*

    – *Voor twee? ... Jawel! ... Deze tafel hier bij het raam?*

    – *Heel goed, dank u.*

Antwoord alstublieft!

Zijn mijnheer de Vries en mijnheer Janssen op straat?	Nee, ze zijn niet op straat.
Waar zijn ze?	Ze zijn in een restaurant.
Zijn ze in een restaurant in Brussel of in Amsterdam?	Ze zijn in een restaurant in Amsterdam.
Zitten zij aan een bureau?	Nee, zij zitten niet aan een bureau.
Waar zitten zij?	Ze zitten aan tafel.
Staat de tafel achter hen?	Nee, de tafel staat niet achter hen.
Waar staat de tafel?	De tafel staat voor hen.

Natuurlijk, zij staat voor hen!

Herhaal alstublieft!

Ik zit aan een tafel.
Er staat een tafel voor mij.

U zit aan een tafel. Er staat ...	Er staat een tafel voor u.
Mijnheer de Vries zit aan een tafel. Er ...	Er staat een tafel voor hem.
Juffrouw Roos zit aan een tafel.	Er staat een tafel voor haar.
Wij zitten aan een tafel.	Er staat een tafel voor ons.
De mensen zitten aan een tafel.	Er staat een tafel voor hen.

Heel goed!

Dit is het einde van deze konversatie.

En dit is ook het einde van deze band, band nummer drie.

Dank u, meneer! Dank u, mevrouw! Dank u, en tot ziens!	Tot ziens!

BAND NUMMER VIER

De vierde band
Antwoord alstublieft!
Is dit de eerste band?   Nee, dit is niet de eerste band.
De hoeveelste band is dit?   Dit is de vierde band.
Herhaal alstublieft!
Dit is band nummer vier.
Dit is de vierde band.
Dit is klas nummer drie.
Dit is de ...   Dit is de derde klas.
Ik heb het boek nummer twee.   Ik heb het tweede boek.
Dit is cassette nummer één.   Dit is de eerste cassette.
Heel goed!
Luister alstublieft!
Mijnheer de Vries en zijn sekretaresse zijn op kantoor.

  – *Zeg, juffrouw Roos, hoe laat is het nu?*
  – *Pardon?*
  – *Eh, hoe laat heeft u het?*
  – *Ah, ik heb het tien voor vier.*
  – *Ah, tien voor vier! Dank u!*

Antwoord alstublieft!
Heeft juffrouw Roos het tien
voor twee?   Nee, zij heeft het niet tien voor twee.
Heeft zij het tien voor drie?   Nee, zij heeft het ook niet tien voor
                                          drie.
Hoe laat heeft zij het?   Zij heeft het tien voor vier.
Luister!
Is het nu tien voor vier?   Nee, het is nu niet tien voor vier.
Hoe laat is het nu?   Het is nu vier uur.
En hoe laat heeft juffrouw Roos
het?   Zij heeft het tien voor vier.
Loopt het horloge van juffrouw
Roos gelijk?   Nee, het loopt niet gelijk.
Loopt haar horloge voor of
achter?   Het loopt achter.
Hoeveel minuten loopt het achter?   Het loopt tien minuten achter.
Heel goed!

Luister!

- *Oh! Het is al vier uur! Mijn horloge loopt achter!*
- *Al vier uur? Dan ga ik nu naar het station. Tot ziens, juffrouw Roos!*
- *Ja, tot ziens, meneer de Vries! En goede reis!*

Antwoord alstublieft!

Gaat mijnheer de Vries naar de bushalte?	Nee, hij gaat niet naar de bushalte.
Waar gaat hij naartoe?	Hij gaat naar het station.
Gaat hij met de bus naar het station?	Nee, hij gaat niet met de bus naar het station.
Hoe gaat hij naar het station?	Hij gaat met de auto naar het station.
Waar komt hij vandaan? Komt hij van een winkel?	Nee, hij komt niet van een winkel.
Komt hij van zijn huis?	Nee, hij komt ook niet van zijn huis.
Waar komt hij vandaan?	Hij komt van zijn kantoor.

Herhaal alstublieft!

Ik kom van mijn kantoor.

U komt van ...	U komt van uw kantoor.
De direkteur ...	Hij komt van zijn kantoor.
De sekretaresse ...	Zij komt van haar kantoor.
Wij ...	Wij komen van ons kantoor.

Heel goed!

Luister! Mijnheer de Vries is nu op het station. Hij staat aan een loket en spreekt met de loketjuffrouw.

- *Meneer?*
- *Een kaartje naar Rotterdam, alstublieft.*

Antwoord alstublieft!

Koopt mijnheer de Vries een krant?	Nee, hij koopt geen krant.
Wat koopt hij?	Hij koopt een kaartje.
Koopt mijnheer de Vries een kaartje naar Den Haag?	Nee, hij koopt geen kaartje naar Den Haag.
Wat voor een kaartje koopt hij?	Hij koopt een kaartje naar Rotterdam.
Staat hij op het perron of aan een loket?	Hij staat aan een loket.

Heel goed!

En nu, luister nog eens naar mijnheer de Vries en de loketjuffrouw.

- *Een kaartje naar Rotterdam, alstublieft!*
- *Eerste of tweede klas, meneer?*
- *Eerste klas, alstublieft!*

Antwoord alstublieft!

Spreekt mijnheer de Vries met een man of met een juffrouw?

Hij spreekt met een juffrouw.

Werkt deze juffrouw hier op het station?

Ja, zij werkt hier op het station.

Wat doet deze juffrouw, koopt of verkoopt zij treinkaartjes?

Zij verkoopt treinkaartjes.

Verkoopt zij een kaartje aan mijnheer de Vries?

Ja, zij verkoopt een kaartje aan mijnheer de Vries.

Heel goed!

Luister nog eens! Mijnheer de Vries en de loketjuffrouw.

- *Eerste klas, alstublieft!*
- *Een enkele reis?*
- *Nee ... geeft u mij een retourtje.*
- *Twaalf gulden, alstublieft!*
- *Vijf .... tien ... twaalf!*
- *Dank u, meneer!*

Antwoord alstublieft!

Neemt mijnheer de Vries een enkele reis?

Nee, hij neemt geen enkele reis.

Wat neemt hij?

Hij neemt een retourtje.

Kost het retourtje twintig gulden?

Nee, het kost niet twintig gulden.

Hoeveel kost het?

Het kost twaalf gulden.

Heel goed!

Luister!

- *Zeg, juffrouw, hoe laat vertrekt de trein naar Rotterdam?*
- *Om vijf uur.*
- *En ... eh... hoe laat kom ik in Rotterdam aan?*
- *Om zes uur, meneer.*

Antwoord alstublieft!

Vertrekt de trein naar Rotterdam om vier uur?

Nee, hij vertrekt niet om vier uur.

Hoe laat vertrekt hij?

Hij vertrekt om vijf uur.

En hoe laat komt hij in Rotterdam aan?

Hij komt om zes uur in Rotterdam aan.

Hoelang duurt de reis, drie uur?	Nee, de reis duurt niet drie uur.
Duurt hij vijf uur?	Nee, hij duurt ook niet vijf uur.
Hoelang duurt hij?	Hij duurt één uur.
Pardon, wat duurt een uur?	De reis naar Rotterdam duurt een uur.

Heel goed!

Luister!

> – *Attentie! Attentie! De sneltrein van vijf uur naar Rotterdam vertrekt nu van perron drie.*

Antwoord!

Vertrekt de trein van perron twee?	Nee, hij vertrekt niet van perron twee.
Vertrekt hij van perron acht?	Nee, hij vertrekt ook niet van perron acht.
Van welk perron vertrekt hij?	Hij vertrekt van perron drie.

Heel goed!

> – *Attentie! Attentie! De sneltrein van vijf uur naar Rotterdam vertrekt nu van perron drie. Willen alle passagiers met bestemming Rotterdam ...*

Zo begint de reis van mijnheer de Vries. Zijn reis begint, maar onze band, band nummer vier, eindigt hier. Ja, dit is nu het einde van de vierde band.

Dank u en tot ziens!   Tot ziens!

BAND NUMMER VIJF

Luister alstublieft!

Hier komt juffrouw Brown. Juffrouw Brown is een Engelse, maar zij woont in Nederland.

Hier komt mijnheer Janssen.

> – *Dag, juffrouw Brown!*
> – *O, meneer Janssen! Hoe maakt u het?*
> – *Heel goed, dank u. En u?*
> – *Ook heel goed.*

Antwoord alstublieft!

Spreekt juffrouw Brown met mijnheer de Vries?	Nee, zij spreekt niet met mijnheer de Vries.
Met wie spreekt zij?	Ze spreekt met mijnheer Janssen.
Spreekt zij Engels met hem?	Nee, zij spreekt niet Engels met hem.
Welke taal spreekt zij met hem?	Ze spreekt Nederlands met hem.

Goed!

Luister!

– *Zeg, juffrouw Brown, waar gaat u naartoe?*
– *Ik ga naar huis.*
– *Wat heeft u daar in uw hand, een radio?*
– *Nee, dit is geen radio. Dit is een recorder, een cassette-recorder.*

Antwoord alstublieft!

Gaat juffrouw Brown naar kantoor?	Nee, zij gaat niet naar kantoor.
Waar gaat zij naartoe?	Zij gaat naar huis.
Heeft zij iets in haar hand?	Ja, ze heeft iets in haar hand.
Heeft ze een radio in haar hand?	Nee, ze heeft geen radio in haar hand.
Wat heeft ze in haar hand?	Zij heeft een cassette-recorder in haar hand.

Goed!
Luister!

– *Dit is een recorder, een cassette-recorder.*
– *Een cassette-recorder?*
– *Ja en dit hier is een cassette.*
– *Ah, muziek!*
– *Nee, nee, geen muziek. Dit is een Nederlandse cassette. Ik neem Nederlandse les 's avonds.*

Antwoord alstublieft!

Heeft juffrouw Brown ook een cassette?	Ja, zij heeft ook een cassette.
Heeft zij een muziek-cassette?	Nee, zij heeft geen muziek-cassette.
Wat voor cassette heeft ze?	Zij heeft een Nederlandse cassette.
Neemt juffrouw Brown les?	Ja, ze neemt les.
Neemt ze Franse of Duitse les?	Ze neemt noch Franse, noch Duitse les.
Wat voor les neemt ze?	Ze neemt Nederlandse les.
Neemt ze 's morgens les?	Nee, ze neemt niet 's morgens les.
Wanneer neemt ze les?	Ze neemt 's avonds les.

Heel goed!
Luister!

– *Ik neem Nederlandse les 's avonds.*
– *O ja? Waar? Op school?*
– *Ja, op de Berlitz-school.*
– *Nemen alle leerlingen op uw school Nederlandse les?*
– *O nee, niet allen! Sommigen nemen Engelse les, sommigen nemen Franse les of Duitse les.*

Antwoord alstublieft!

Nemen alle leerlingen van de Berlitz-school Nederlandse les?	Nee, niet allen nemen Nederlandse les.
Nemen sommigen ook Engelse les?	Ja, sommigen nemen ook Engelse les.
Wat voor les neemt juffrouw Brown?	Ze neemt Nederlandse les.

Heel goed!

Luister!

– *Gaat u iedere dag naar school, juffrouw Brown?*
– *Ja, iedere dag.*
– *Wat jammer! Heeft u vanavond ook les?*
– *Op zaterdag? Nee, op zaterdag ga ik nooit naar school.*

Antwoord alstublieft!

Is het vandaag zondag?	Nee, vandaag is het niet zondag.
Welke dag is het vandaag?	Vandaag is het zaterdag.
Gaat juffrouw Brown vandaag naar school?	Nee, 's zaterdags gaat zij nooit naar school.
Gaat zij iedere dag, of iedere dag behalve zaterdag naar school?	Ze gaat iedere dag behalve zaterdag naar school.
Gaan wij ook naar school? Ja,...	Ja, wij gaan ook naar school.
Gaan wij 's zondags wel eens naar school?	Nee, 's zondags gaan wij nooit naar school.
Is er 's zondags iemand op school?	Nee, 's zondags is er niemand op school.
En 's maandags?	's Maandags is er iemand op school.

Heel goed!

Antwoord alstublieft!

Is er iemand op school?	
Ja, ...	Ja, er is iemand op school.
Nee, ...	Nee, er is niemand op school.
Spreekt u met iemand?	
Ja, ...	Ja, ik spreek met iemand.
Nee, ...	Nee, ik spreek met niemand.
Ligt er iets op tafel?	
Ja, ...	Ja, er ligt iets op tafel.
Nee, ...	Nee, er ligt niets op tafel.
Heeft u iets in uw hand?	
Ja, ...	Ja, ik heb iets in mijn hand.
Nee, ...	Nee, ik heb niets in mijn hand.

Spreekt u ooit met de direkteur?

Ja, ...

Ja, ik spreek wel eens met de direkteur.

Nee, ...

Nee, ik spreek nooit met de direkteur.

Heel goed!

Luister!

- *'s Zaterdags ga ik nooit naar school.*
- *Gaat u dan vanavond met mij naar de bioskoop?*
- *Ja, graag! Naar welke bioskoop gaan wij?*
- *Naar de "Rialto"?*
- *De "Rialto"? Ah, prima!*

Antwoord alstublieft!

Blijven mijnheer Janssen en juffrouw Brown vanavond thuis?

Nee, ze blijven vanavond niet thuis.

Blijven zij thuis of gaan zij uit?

Zij gaan uit.

Gaan zij naar de schouwburg?

Nee, ze gaan niet naar de schouwburg.

Gaan ze naar een concert?

Nee, ze gaan ook niet naar een concert.

Waar gaan ze naartoe?

Ze gaan naar de bioskoop.

Heet de bioskoop "Berlitz"?

Nee, hij heet niet "Berlitz".

Hoe heet de bioskoop?

Hij heet "Rialto".

Gaan wij ook met hen naar de "Rialto"?

Nee, wij gaan niet met hen naar de "Rialto".

Gaan wij met hen naar de bioskoop, of blijven wij thuis?

Wij blijven thuis.

Heel goed!

Luister!

- *Zeg, meneer Janssen, hoe laat begint de film?*
- *Om half acht.*
- *Dan ben ik er om kwart over zeven. En hoe laat eindigt de voorstelling?*
- *Om tien uur.*
- *Goed! Tot vanavond dan!*
- *Ja, tot vanavond, juffrouw Brown!*

Antwoord alstublieft!

Begint de film om zeven uur?

Nee, hij begint niet om zeven uur.

Begint hij om acht uur?

Nee, hij begint ook niet om acht uur.

Hoe laat begint hij?

Hij begint om half acht.

Dus duurt de film twee uur?	Nee, hij duurt niet twee uur.
Duurt hij drie uur?	Nee, hij duurt ook niet drie uur.
Hoelang duurt hij?	Hij duurt twee en een half uur.
Pardon, wat duurt twee en een half uur?	De film duurt twee en een half uur.
Duurt deze band ook twee en een half uur?	Nee, deze band duurt niet twee en een half uur.
Hoelang duurt deze band, twee en een half uur of vijftien minuten?	Hij duurt vijftien minuten.

Juist, deze band duurt vijftien minuten. Dat is niet zo lang, nietwaar? En dit is nu het einde van deze band, het einde van band nummer vijf.

Dank u, meneer!	
Dank u, mevrouw!	
Dank u wel en tot ziens!	Tot ziens!

BAND NUMMER ZES

Luister alstublieft!
Mijnheer de Vries en zijn sekretaresse, juffrouw Roos, zijn op kantoor.

- *Meneer de Vries, bent u morgen op kantoor?*
- *Nee, ik ga morgen naar Groningen.*
- *Naar Groningen? Alweer?*
- *Jawel, de derde keer deze maand!*

Antwoord alstublieft!

Gaat mijnheer de Vries morgen naar Hilversum?	Nee, hij gaat morgen niet naar Hilversum.
Waar gaat hij morgen naartoe?	Hij gaat morgen naar Groningen.
Is dat de eerste keer deze maand?	Nee, dat is niet de eerste keer deze maand.
De hoeveelste keer is dat deze maand?	Dat is de derde keer deze maand.
Gaat hij zelden of vaak naar Groningen?	Hij gaat vaak naar Groningen.

Juist!
Luister nog een keer!

- *Gaat u naar Groningen met de auto, meneer de Vries?*
- *Nee, niet met de auto. Deze keer neem ik de trein. Zeg, bel even het station op en vraag wanneer 's morgens de treinen naar Groningen vertrekken.*

- *Hoe laat vertrekt u?*
- *Tussen zeven en acht.*
- *Jawel, meneer. Ik bel even op.*

Antwoord alstublieft!
Vraagt mijnheer de Vries zijn
sekretaresse de luchthaven
op te bellen?

Nee, hij vraagt haar niet
de luchthaven op te bellen.

Wat vraagt hij haar?

Hij vraagt haar het station op te
bellen.

Heel goed!
Vraagt de leraar zijn leerlingen
te herhalen?

Ja, hij vraagt ze te herhalen.

En vraag ik u te herhalen?

Ja, u vraagt mij te herhalen.

Vraag ik u ook te antwoorden?

Ja, u vraagt mij ook te antwoorden.

Vraagt de direkteur mij naar
school te komen?

Ja, hij vraagt u naar school te komen.

Vraagt hij mij met de leerlingen
Nederlands te spreken?

Ja, hij vraagt u met de leerlingen
Nederlands te spreken.

Heel goed!

Herhaal alstublieft!

Spreek Nederlands!
U vraagt mij Nederlands te spreken.

Open het boek!
Antwoord! U vraagt mij ...

U vraagt mij het boek te openen.

Rook niet hier! Wat vraag ik?

U vraagt mij hier niet te roken.

Jan, kom aan tafel! Wat vraag
ik Jan?

U vraagt hem aan tafel te komen.

Annie, doe het raam open! Wat
vraag ik?

U vraagt Annie het raam open
te doen.

Heel goed!

Luister!

Mijnheer de Vries vraagt zijn sekretaresse het station op te bellen.

- *Is dit het Centraal Station? Goedemorgen! Vertrekt er een trein 's*
  morgens tussen zeven en acht uur naar Groningen? ... Ja, tussen
  zeven en acht ... Er vertrekken er twee? ... De ene om kwart over
  zeven ... aha ... en de andere? ... Om kwart voor acht? ... En van
  welk perron? ... Beide van perron drie. Dank u!

Antwoord alstublieft!
Hoeveel treinen vertrekken er
naar Groningen?

Er vertrekken twee treinen naar
Groningen.

Vertrekken beide treinen om kwart over zeven?	Nee, beide treinen vertrekken niet om kwart over zeven.
Hoe laat vertrekken de treinen? De ene ...	De ene vertrekt om kwart over zeven en de andere om kwart voor acht.
Vertrekken beide van perron vier?	Nee, beide vertrekken niet van perron vier.
Van welk perron vertrekken zij?	Zij vertrekken van perron drie.
Heel goed!	

– *Meneer de Vries, er vertrekken twee treinen 's morgens naar Groningen. De ene om kwart over zeven en de andere om kwart voor acht.*
– *Prima! Ik neem de trein om kwart voor acht.*
– *En wanneer komt u terug?*
– *Ik blijf maar twee dagen. Ik kom overmorgenavond terug!*

Antwoord alstublieft!

Neemt mijnheer de Vries de trein van kwart over zeven?	Nee, hij neemt niet de trein van kwart over zeven.
Welke trein neemt hij?	Hij neemt de trein van kwart voor acht.
Blijft hij een week in Groningen?	Nee, hij blijft niet een week in Groningen.
Hoelang blijft hij in Groningen?	Hij blijft twee dagen in Groningen.
En komt hij morgen terug?	Nee, hij komt niet morgen terug.
Wanneer komt hij terug?	Hij komt overmorgen terug.
Heel goed!	

Mijnheer de Vries is nu in Groningen, maar zijn sekretaresse is op kantoor in Amsterdam.

Luister!

– *Met de sekretaresse van mijnheer de Vries! Ah, mijnheer Duval. Goedemorgen! ... O nee, mijnheer de Vries is er niet vandaag. Vandaag is hij in Groningen bij de firma Schouwstra ... Schouwstra ... Nee, nee! ... Ik spel het even voor u: S-c-h-o-u-w-s-t-r-a - Schouwstra. Hij komt overmorgenavond terug ... Ja, overmorgenavond. Geen dank, mijnheer Duval. Tot ziens!*

Antwoord alstublieft!

Is mijnheer de Vries vandaag op zijn kantoor?	Nee, hij is vandaag niet op zijn kantoor.
Waar is hij vandaag, op kantoor of in Groningen?	Hij is vandaag in Groningen.
Wie is op zijn kantoor?	Zijn sekretaresse is op zijn kantoor.

Spreekt juffrouw Roos met
iemand aan de telefoon?

Ja, zij spreekt met iemand aan
de telefoon.

Met wie spreekt zij, met mijnheer
Janssen of met mijnheer Duval?

Zij spreekt met mijnheer Duval.

Spreekt juffrouw Roos Frans
met mijnheer Duval?

Nee, zij spreekt geen Frans met hem.

Welke taal spreekt zij met hem?

Zij spreekt Nederlands met hem.

Geeft ze hem de naam van een
bioskoop of van een firma?

Ze geeft hem de naam van een
firma.

Heet deze firma Berlitz?

Nee, deze firma heet niet Berlitz.

Hoe heet deze firma, Berlitz
of Schouwstra?

Deze firma heet Schouwstra.

Schrijft juffrouw Roos deze
naam op?

Nee, ze schrijft hem niet op.

Wat doet ze, schrijft ze hem
op of spelt ze hem?

Ze spelt hem.

Heel goed!

Herhaal alstublieft!

Mijnheer Duval geeft zijn
naam aan de sekretaresse.
Hij geeft hem haar.

Ik geef mijn naam aan de
direkteur. Ik geef het ...

Ik geef het hem.

U zegt mij uw telefoonnummer.
U zegt ...

U zegt het mij.

De sekretaresse geeft het
tijdschrift aan de direkteur.

Zij geeft het hem.

Heel goed!

En nu, herhaal alstublieft!

a, b, c, d, e, f, g, h, i, j ...

Antwoord!

Is dat het alfabet?

Ja, dat is het alfabet.

Is "b" de eerste letter van
het alfabet?

Nee, "b" is niet de eerste letter
van het alfabet.

Wat is de eerste letter van
het alfabet?

"A" is de eerste letter van het
alfabet.

Begint of eindigt het alfabet
met "z"?

Het alfabet eindigt met "z".

Heel goed!

Het alfabet begint met "a" en eindigt met "z".

Dit is het einde van het alfabet en dit is nu ook het einde van deze band, van band nummer zes.

Dank u wel, meneer!

Dank ook u, mevrouw!

Dank u en tot ziens!   Tot ziens!

BAND NUMMER ZEVEN

Luister alstublieft!

Hier komen mijnheer Janssen en juffrouw Brown.

- *Dag, juffrouw Brown!*
- *Dag, meneer Janssen!*
- *Juffrouw Brown, u was de vorige maand niet op kantoor. Waar was u?*
- *Oh, vorige maand was ik met vakantie. Ik was in Italië!*

Antwoord alstublieft!

Was juffrouw Brown de vorige maand op kantoor?	Nee, ze was de vorige maand niet op kantoor.
Was ze op kantoor of met vakantie?	Ze was met vakantie.
Waar ging zij naartoe, naar Frankrijk?	Nee, ze ging niet naar Frankrijk.
Waar ging ze naartoe?	Ze ging naar Italië.
Ging zij deze maand naar Italië?	Nee, ze ging niet deze maand naar Italië.
Wanneer ging ze naar Italië?	Ze ging de vorige maand naar Italië.

Heel goed!

Luister!

- *Vorige maand was ik met vakantie in Italië.*
- *Ah! Hoe was het in Italië?*
- *Oh, leuk, erg leuk! Ik had een erg goed hotel.*
- *En wanneer kwam u terug?*
- *Ik ben twee dagen geleden teruggekomen.*
- *Reisde u met de trein?*
- *Nee, ik nam het vliegtuig.*

Antwoord alstublieft!

Was juffrouw Brown bij vrienden of in een hotel?	Ze was in een hotel.
Had zij een goed hotel?	Ja, ze had een goed hotel.

En hoe reisde ze, met de trein?

Nee, ze reisde niet met de trein.

Hoe reisde ze naar Italië?

Ze reisde met het vliegtuig naar Italië.

Kwam zij een week geleden terug?

Nee, ze kwam niet een week geleden terug.

Hoelang geleden kwam ze terug?

Ze kwam twee dagen geleden terug.

Heel goed!

Luister!

- *Waren er veel Nederlanders in uw hotel?*
- *Nee, niet zo veel, maar er waren veel Fransen en Duitsers. Er waren ook een paar Engelsen.*

Antwoord alstublieft!

Waren er veel Nederlanders in het hotel?

Nee, er waren niet veel Nederlanders in het hotel.

Waren er evenveel Nederlanders als Fransen?

Nee, er waren niet evenveel Nederlanders als Fransen.

Waren er meer of minder Nederlanders dan Fransen?

Er waren minder Nederlanders dan Fransen.

En waren er meer of minder Fransen dan Engelsen?

Er waren meer Fransen dan Engelsen.

Heel goed!

Herhaal alstublieft!

Ik ben vandaag.
Ik was gisteren.

Ik reis vandaag. Gisteren ...

Ik reisde gisteren.

Ik werk vandaag.

Ik werkte gisteren.

Ik ga vandaag.

Ik ging gisteren.

U gaat vandaag.

U ging gisteren.

U heeft vandaag.

U had gisteren.

U leest vandaag het tijdschrift.

U las gisteren het tijdschrift.

U eet vandaag boterhammen.

U at gisteren boterhammen.

Wij eten vandaag boterhammen.

Wij aten gisteren boterhammen.

Wij drinken vandaag koffie.

Wij dronken gisteren koffie.

Wat doen wij vandaag?

Wat deden wij gisteren?

Wat doet hij vandaag?

Wat deed hij gisteren?

Heel goed!

Luister!

- *Juffrouw Brown, heeft u tijd voor een kopje koffie?*
- *Ja, graag! Dank u wel!*

Antwoord alstublieft!

Gaan juffrouw Brown en mijnheer Janssen naar de bioskoop?	Nee, ze gaan niet naar de bioskoop.
Waar gaan ze naartoe, naar de bioskoop of naar een café?	Ze gaan naar een café.
Heeft juffrouw Brown tijd voor een kopje koffie?	Ja, ze heeft tijd voor een kopje koffie.
Drinken de Nederlanders graag koffie?	Ja, ze drinken graag koffie.
Ze houden van koffie, niet?	O ja, ze houden van koffie.

Heel goed!

Luister alstublieft!

Mijnheer Janssen en juffrouw Brown zijn in een café. Hier komt de kelner met de koffie.

– *Ober!*

– *Ja, meneer?*

– *Wilt u ons twee koffie brengen, alstublieft?*

– *Een ogenblik, meneer... Twee koffie. Alstublieft.*

– *Dank u wel. Hoeveel is het?*

– *Twee gulden, meneer.*

– *Alstublieft!*

Antwoord alstublieft!

Wat gaf de kelner aan mijnheer Janssen en juffrouw Brown? Gaf hij hun een glas melk?	Nee, hij gaf hun geen glas melk.
Wat gaf hij hun?	Hij gaf hun een kopje koffie.
Pardon, wie gaf hun een kopje koffie?	De kelner gaf hun een kopje koffie.
En wat gaf mijnheer Janssen aan de kelner, geld?	Ja, hij gaf hem geld.

Heel goed!

Luister!

– *Dag, meneer Janssen! Ik ga nu naar huis. En dank u voor de koffie!*

– *Geen dank! Gaat u naar huis lopen, juffrouw Brown?*

– *Nee, ik neem de tram.*

Antwoord alstublieft!

Komen mijnheer Janssen en juffrouw Brown van kantoor?	Nee, ze komen niet van kantoor.
Waar komen ze vandaan?	Ze komen van een café.

Aten ze iets in het café?	Nee, ze aten niets in het café.
Aten ze iets, of dronken ze iets?	Ze dronken iets.
Wat dronken zij?	Ze dronken koffie.
Gaat juffrouw Brown nu naar huis?	Ja, ze gaat nu naar huis.
Gaat ze te voet naar huis?	Nee, ze gaat niet te voet naar huis.
Hoe gaat ze naar huis?	Ze gaat met de tram naar huis.

Heel goed!

Luister!

- *Gaat u naar huis lopen, juffrouw Brown?*
- *Nee, ik neem de tram. Weet u waar er een halte is?*
- *Kijk, u gaat rechtdoor en dan neemt u de tweede straat links. Er is een tramhalte tegenover het warenhuis.*
- *Is het ver van hier?*
- *O nee, maar vijf minuten lopen.*
- *Prima! Tot ziens dan, meneer Janssen!*
- *Ja, tot ziens!*

Antwoord alstublieft!

Weet juffrouw Brown waar er een tramhalte is?	Nee, ze weet niet waar er een tramhalte is.
En mijnheer Janssen, weet hij waar er een tramhalte is?	Ja, hij weet waar er een tramhalte is.
Vroeg juffrouw Brown de weg aan mijnheer Janssen?	Ja, ze vroeg hem de weg.
Is de tramhalte ver van hier?	Nee, hij is niet ver van hier.
Hoe ver is hij van hier, vijf uur of vijf minuten lopen?	Hij is vijf minuten lopen van hier.
Is juffrouw Brown al bij de tramhalte?	Nee, ze is nog niet bij de tramhalte.

Juist, juffrouw Brown is nog niet bij de tramhalte. Maar wij zijn al bij het einde van deze band. Dit is nu het einde van band nummer zeven.

Dank u, meneer!	
Dank u, juffrouw!	
Dank u en tot ziens!	Tot ziens!

BAND NUMMER ACHT

Luister alstublieft!

Mijnheer en mevrouw de Vries zijn nu thuis.

- *Hier, Maarten, een kopje koffie.*

– *Dank je, Leen. Ah, zaterdag! Vandaag blijven we thuis.*
– *Maar niet vanavond, Maarten. Vanavond gaan we bij juffrouw Roos op bezoek.*
– *Ah, natuurlijk! Ze is vandaag jarig.*

Antwoord alstublieft!

Gaan mijnheer en mevrouw de Vries vanavond bij iemand op bezoek?	Ja, ze gaan vanavond bij iemand op bezoek.
Komen ze bij u op bezoek?	Nee, ze komen niet bij mij op bezoek.
Komen ze bij mij op bezoek?	Nee, ze komen ook niet bij u op bezoek.
Bij wie gaan zij op bezoek?	Ze gaan bij juffrouw Roos op bezoek.
Is juffrouw Roos vandaag jarig?	Ja, zij is vandaag jarig.
En wat doet ze vanavond? Geeft ze vanavond een feest?	Ja, ze geeft vanavond een feest.
Geeft ze een feest omdat het haar verjaardag is?	Ja, ze geeft een feest omdat het haar verjaardag is.
Wat voor een feest geeft ze? Een verjaardagsfeest?	Ja, ze geeft een verjaardagsfeest.
Pardon, wie geeft een verjaardagsfeest?	Juffrouw Roos geeft een verjaardagsfeest.

Juist!

Luister alstublieft!

– *Natuurlijk, juffrouw Roos is vandaag jarig!*
– *Ja, en wij hebben nog geen kado.*
– *Dan gaan we vanmiddag naar een winkel om iets voor haar te kopen.*

Antwoord alstublieft!

Waar gaan mijnheer en mevrouw de Vries vanmiddag naartoe, naar de bioskoop?	Nee, ze gaan niet naar de bioskoop.
Gaan ze naar de bioskoop of naar een winkel?	Ze gaan naar een winkel.
Waarom? Om een kado te kopen?	Ja, om een kado te kopen.
Pardon, waarom gaan ze naar een winkel?	Ze gaan naar een winkel om een kado te kopen.

Heel goed!

Herhaal alstublieft!

Ze kopen een kado in een winkel.
Ze gaan naar een winkel om een kado te kopen.

Ze kijken naar een film in de
bioskoop.

Ze gaan naar de bioskoop om ...	Ze gaan naar de bioskoop om naar een film te kijken.
Ik eet in een restaurant. Ik ga ...	Ik ga naar een restaurant om te eten.
U drinkt koffie in een café. U gaat ...	U gaat naar een café om koffie te drinken.
Ik neem de trein op het station.	Ik ga naar het station om de trein te nemen.
Wij zien de grachten in Amsterdam.	Wij gaan naar Amsterdam om de grachten te zien.
Wij leren Nederlands op de Berlitz-school.	Wij gaan naar de Berlitz-school om Nederlands te leren.

Heel goed!

Luister! Mijnheer en mevrouw de Vries gaan een winkel binnen.

- *Goedemorgen!*
- *Goedemorgen, juffrouw! Verkoopt u tassen?*
- *Jazeker, kijkt u maar. Hoe vindt u deze?*

Antwoord alstublieft!

Waar zijn mijnheer en mevrouw de Vries nu? Thuis?	Nee, ze zijn nu niet thuis.
Zijn ze thuis of in een winkel?	Ze zijn in een winkel.
Kijken ze naar een koffer?	Nee, ze kijken niet naar een koffer.
Waar kijken ze naar?	Ze kijken naar een tas.
Kijkt u ook naar deze tas?	Nee, ik kijk niet naar deze tas.
Kunt u deze tas zien?	Nee, ik kan deze tas niet zien.

Heel goed!

Luister!

- *Kijkt u maar. Hoe vindt u deze tas?*
- *O ja, erg mooi, niet Maarten?*
- *Ja, erg elegant. Hoeveel kost zij?*
- *Vijfenzestig gulden.*
- *Vijfenzestig? Dat is te duur! Die kunnen we niet kopen.*

Antwoord alstublieft!

Vinden mijnheer en mevrouw de Vries deze tas mooi?	Ja, ze vinden deze tas mooi.
Kunnen zij hem kopen?	Nee, ze kunnen hem niet kopen.
Waarom? Omdat hij te goedkoop is?	Nee, niet omdat hij te goedkoop is.

Is hij te goedkoop?

Nee, hij is niet te goedkoop.

Is hij te goedkoop of te duur?

Hij is te duur.

Dus waarom kunnen ze deze tas niet kopen?

Zij kunnen hem niet kopen omdat hij te duur is.

Juist!

Luister!

- *Nee, dat is te duur! Die kunnen we niet kopen.*
- *Maar ik heb ook goedkopere tassen. Hoe vindt u deze? Hij kost maar veertig gulden.*

Antwoord alstublieft!

Is deze tas even duur als de eerste?

Nee, deze is niet even duur als de eerste.

Wat is hij, duurder of goedkoper dan de eerste?

Hij is goedkoper dan de eerste.

Kost deze tas meer of minder dan de eerste?

Hij kost minder dan de eerste.

Heel goed!

Luister!

- *Hoe vindt u deze? Hij kost maar veertig gulden.*
- *Ik weet het niet. De eerste tas is beige.*
- *Ja, ik vind de andere kleur ook mooier.*

Antwoord alstublieft!

Heeft deze tas dezelfde kleur als de eerste?

Nee, hij heeft niet dezelfde kleur als de eerste.

Heeft hij dezelfde kleur of een andere kleur dan de eerste?

Hij heeft een andere kleur dan de eerste.

Vindt mevrouw de Vries deze kleur mooi?

Nee, ze vindt deze kleur niet mooi.

Koopt zij deze tas?

Nee, ze koopt hem niet.

Waarom koopt ze hem niet?

Ze koopt hem niet omdat ze de kleur niet mooi vindt.

Heel goed!

Luister!

- *Ik vind de andere kleur ook mooier.*
- *Hier is dezelfde tas in het bruin, ook voor veertig gulden.*
- *O ja, die vind ik erg mooi!*
- *Ik ook. Geef ons die tas.*

Antwoord alstublieft!
Vinden mijnheer en mevrouw
de Vries de bruine tas mooi?

Ja, ze vinden hem mooi.

Vinden ze hem mooier dan de
beige tas?

Ja, ze vinden hem mooier dan
de beige.

Kost deze tas meer dan de
beige?

Nee, hij kost niet meer dan de beige.

Kost hij meer of minder dan
de beige?

Hij kost minder dan de beige.

Is hij duurder of goedkoper
dan de beige?

Hij is goedkoper dan de beige.

Nemen mijnheer en mevrouw
de Vries de bruine tas?

Ja, ze nemen hem.

Heel goed!

Zo! Mevrouw de Vries heeft het kado voor juffrouw Roos in haar hand. Zij staat nu met mijnheer de Vries voor de deur van juffrouw Roos.

Luister!

- *Ha, meneer en mevrouw de Vries!*
- *Dag, juffrouw Roos! En hartelijk gefeliciteerd! Hier is uw kadootje.*
- *O, dank u! Dat is erg vriendelijk van u beiden!*

Antwoord alstublieft!
Gaven mijnheer en mevrouw
de Vries iets aan juffrouw Roos?

Ja, ze gaven iets aan haar.

Wat gaven ze haar? Een koffer?

Nee, ze gaven haar geen koffer.

Wat gaven ze haar?

Zij gaven haar een tas.

Gaf u haar ook iets?

Nee, ik gaf haar niets.

Wie gaf haar iets, ik of
mijnheer en mevrouw de Vries?

Mijnheer en mevrouw de Vries
gaven haar iets.

Kochten ze al een kado voor
juffrouw Roos?

Ja, ze kochten al een kado voor
juffrouw Roos.

Gaven ze het kado al aan
juffrouw Roos?

Ja, ze gaven het haar al.

Opende juffrouw Roos het kado
al?

Nee, zij opende het nog niet.

Dus, het kado van juffrouw Roos is nog niet open. Maar deze band, band nummer acht, is nu ten einde.

Dank u, mevrouw!

Dank u, meneer!

Dank u en tot ziens!

Tot ziens!

BAND NUMMER NEGEN

De negende band

Goedemorgen!   Goedemorgen!

Luister alstublieft!

Hier zijn mijnheer de Vries en zijn kollega, Tom van Dam.

- *Dag, meneer de Vries!*
- *Dag, meneer van Dam! Kijk, een nieuw pak!*
- *Ja, dat heb ik in Parijs gekocht.*

Antwoord alstublieft!

Heeft mijnheer de Vries een nieuwe das?	Nee, hij heeft geen nieuwe das.
Wat heeft hij?	Hij heeft een nieuw pak.
Heeft hij dit pak in Amsterdam gekocht?	Nee, hij heeft het niet in Amsterdam gekocht.
Heeft hij het in Brussel gekocht?	Nee, hij heeft het ook niet in Brussel gekocht.
Waar heeft hij het gekocht?	Hij heeft het in Parijs gekocht.
Is hij nu in Parijs?	Nee, hij is nu niet in Parijs.
Maar is hij in Parijs geweest?	Ja, hij is in Parijs geweest.
Weet u wanneer hij in Parijs is geweest?	Nee, ik weet niet wanneer hij in Parijs is geweest.

U weet het niet? Luister dan!

- *Dat heb ik in Parijs gekocht.*
- *In Parijs? Wanneer bent u in Parijs geweest?*
- *De vorige week.*
- *Bent u op vakantie geweest?*
- *Nee, nee, dit was voor de firma.*

Antwoord alstublieft!

Is mijnheer van Dam de vorige maand in Parijs geweest?	Nee, hij is niet de vorige maand in Parijs geweest.
Wanneer is hij in Parijs geweest?	Hij is de vorige week in Parijs geweest.
Is hij op vakantie geweest?	Nee, hij is niet op vakantie geweest.
Is hij op vakantie, of op een zakenreis geweest?	Hij is op een zakenreis geweest.
Heeft hij in Parijs gewerkt?	Ja, hij heeft in Parijs gewerkt.

Juist!

Luister!
- *Nee, nee, dit was voor de firma.*
- *Hebt u genoeg tijd gehad om iets van Parijs te zien?*
- *O ja, iedere avond en bovendien op zaterdag. Kijk, hier is een foto van mij voor de Eiffeltoren.*

Antwoord alstublieft!

Laat mijnheer van Dam iets aan zijn kollega zien?	Ja, hij laat hem iets zien.
Laat hij hem zijn paspoort zien?	Nee, hij laat hem niet zijn paspoort zien.
Wat laat hij hem zien, zijn paspoort of een foto?	Hij laat hem een foto zien.
Staat u op de foto?	Nee, ik sta er niet op.
Sta ik er op?	Nee, u staat er ook niet op.
Wie staat er op?	Mijnheer van Dam staat er op.
En waar staat hij op de foto? Voor de Eiffeltoren?	Ja, hij staat voor de Eiffeltoren.
Heeft hij tijd gehad om iets van Parijs te zien?	Ja, hij heeft tijd gehad om iets van Parijs te zien.
Heeft hij ook tijd gehad om iets te kopen?	Ja, hij heeft ook tijd gehad om iets te kopen.
En heeft hij tijd gehad om foto's te nemen?	Ja, hij heeft ook tijd gehad om foto's te nemen.

Heel goed!

Luister!
- *Kijk, hier is een foto van mij voor de Eiffeltoren.*
- *O ja, dat bent u! Het is een interessante stad, niet?*
- *Erg interessant. Bent u er al geweest?*
- *Nee, nog niet.*

Antwoord alstublieft!

Is mijnheer van Dam al in Parijs geweest?	Ja, hij is al in Parijs geweest.
En mijnheer de Vries, is die ook al in Parijs geweest?	Nee, die is nog niet in Parijs geweest.
Bent u al in Parijs geweest? Ja, ik ... Nee, ik ...	Ja, ik ben al in Parijs geweest. Nee, ik ben nog niet in Parijs geweest.

Heel goed!

Luister!

- *Bent u al in Parijs geweest?*
- *Nee, nog niet. Maar ik wil er dit jaar heen reizen.*

Antwoord alstublieft!

Waar wil mijnheer de Vries heen reizen, naar Rome?	Nee, hij wil niet naar Rome reizen.
Wil hij naar Berlijn reizen?	Nee, hij wil ook niet naar Berlijn reizen.
Waarheen wil hij reizen?	Hij wil naar Parijs reizen.
Wil hij er volgend jaar heen reizen?	Nee, hij wil er niet volgend jaar heen reizen.
Wanneer wil hij erheen reizen?	Hij wil er dit jaar heen reizen.

Juist!

Heel goed!

Luister!

- *Zeg, wanneer bent u uit Parijs teruggekomen?*
- *Pas gisteravond. Ik heb net nog een plaats in het laatste vliegtuig gekregen.*

Antwoord alstublieft!

Is mijnheer van Dam twee dagen geleden teruggekomen?	Nee, hij is niet twee dagen geleden teruggekomen.
Wanneer is hij teruggekomen?	Hij is gisteravond teruggekomen.
Is hij met de auto teruggekomen?	Nee, hij is niet met de auto teruggekomen.
Waarmee is hij teruggekomen?	Hij is met het vliegtuig teruggekomen.
Dus heeft hij gereden of gevlogen?	Hij heeft gevlogen.
Heeft u al gevlogen? Ja ...	Ja, ik heb al gevlogen.
of: Nee ...	Nee, ik heb nog niet gevlogen.
Natuurlijk! Kunt u zonder paspoort naar Amsterdam vliegen? Nee ...	Nee, ik kan zonder paspoort niet naar Amsterdam vliegen.
Heeft u een paspoort nodig?	Ja, ik heb een paspoort nodig.
Heeft u een paspoort nodig als u naar Amsterdam wilt vliegen?	Ja, ik heb een paspoort nodig als ik naar Amsterdam wil vliegen.
Heeft u een paspoort nodig als u een tijdschrift wilt kopen?	Nee, ik heb niet een paspoort nodig als ik een tijdschrift wil kopen.
Wat heeft u nodig als u een tijdschrift wilt kopen, een paspoort of geld?	Ik heb geld nodig als ik een tijdschrift wil kopen.

En wat heeft u nodig als u een brief wilt schrijven? Een pen?	Ja, ik heb een pen nodig als ik een brief wil schrijven.
En ik? Heb ik ook een pen nodig als ik een brief wil schrijven?	Ja, u hebt ook een pen nodig als u een brief wilt schrijven.
Wat hebben wij nodig als wij een brief willen typen?	We hebben een schrijfmachine nodig als wij een brief willen typen.
Hebt u een radio nodig als u naar uw band wilt luisteren?	Nee, ik heb niet een radio nodig als ik naar mijn band wil luisteren.
Wat hebt u nodig als u naar uw band wilt luisteren?	Ik heb een cassette-recorder nodig als ik naar mijn band wil luisteren.
Hebt u lessen nodig als u Nederlands wilt leren?	Ja, ik heb lessen nodig als ik Nederlands wil leren.
Luistert u naar de band om Nederlands te leren?	Ja, ik luister naar de band om Nederlands te leren.
Leert u Nederlands?	Ja, ik leer Nederlands.
U leert Nederlands omdat u naar Amsterdam wilt reizen, niet?	Ja, ik leer Nederlands omdat ik naar Amsterdam wil reizen.
Gaat u naar de Berlitz-school omdat u Nederlands wilt leren?	Ja, ik ga naar de Berlitz-school omdat ik Nederlands wil leren.
Luistert u naar deze band omdat u Nederlands wilt leren?	Ja, ik luister naar deze band omdat ik Nederlands wil leren.
Is deze band net begonnen?	Nee, hij is niet net begonnen.
Luistert u al lang naar deze band?	Ja, ik luister al lang naar deze band.

Juist! U luistert al lang naar deze band. En nu bent u aan het eind van deze band gekomen. Ja, dit is nu het eind van band nummer negen.

Dank u, meneer!

Dank u wel, mevrouw!

Dank u en tot ziens!	Tot ziens!

BAND NUMMER TIEN

Luister alstublieft!
Mijnheer de Vries en juffrouw Roos, zijn sekretaresse, zijn op kantoor.

- *Juffrouw Roos, wilt u even deze twee brieven versturen?*
- *Ja, natuurlijk, meneer de Vries!*

Antwoord alstublieft!

Moet juffrouw Roos iets versturen?	Ja, ze moet iets versturen.
Moet ze briefkaarten versturen?	Nee, ze hoeft geen briefkaarten te versturen.

Wat moet ze versturen,
briefkaarten of brieven?   Ze moet brieven versturen.

Moet ze vijf brieven versturen?   Nee, ze hoeft niet vijf brieven te
                                            versturen.

Hoeveel brieven moet ze
versturen?   Ze moet twee brieven versturen.

Moet ze de brieven voor u   Nee, ze hoeft ze niet voor mij te
versturen?   versturen.

Voor wie moet ze ze versturen?   Ze moet ze voor mijnheer de Vries
                                            versturen.

Heel goed!

Luister!

– *Juffrouw Roos, wilt u even deze twee brieven versturen?*

– *Ja, natuurlijk, meneer de Vries! Moet ik de brieven aangetekend
  versturen?*

– *Nee, dat hoeft niet. Maar wilt u ze per expres versturen, alstublieft?
  Er is haast bij.*

Antwoord alstublieft!

Moet juffrouw Roos de brieven   Nee, ze hoeft ze niet aangetekend
aangetekend versturen?   te versturen.

Hoe moet ze ze versturen,
aangetekend of per expres?   Ze moet ze per expres versturen.

Is er haast bij?   Ja, er is haast bij.

Heel goed!

Luister!

– *Moet ik de brieven aangetekend versturen, meneer de Vries?*

– *Nee, dat hoeft niet. Maar wilt u ze per expres versturen, alstublieft?
  Er is haast bij.*

– *Jazeker!*

– *En dan kunt u ook naar de bank gaan en dit Engelse geld wisselen.*

Antwoord alstublieft!

Moet juffrouw Roos naar het
postkantoor?   Ja, ze moet naar het postkantoor.

Waar moet ze ook naartoe?   Ze moet ook naar de bank.

Moet juffrouw Roos naar de   Nee, ze hoeft niet naar de bank
bank om geld te storten?   om geld te storten.

Waarom moet ze naar de bank?   Ze moet naar de bank om geld te
                                            wisselen.

Moet ze Duits geld wisselen?   Nee, ze hoeft geen Duits geld
                                            te wisselen.

Wat voor geld moet ze wisselen?   Ze moet Engels geld wisselen.
Heel goed!
Luister! Juffrouw Roos is nu op het postkantoor. Zij staat in de rij.

    – *He bah! Waarom moet ik altijd in de langste rij staan!*

Antwoord alstublieft!

Is juffrouw Roos nu op het postkantoor?	Ja, ze is nu op het postkantoor.
Is ze al aan de beurt?	Nee, ze is nog niet aan de beurt.
Zijn er nog meer mensen?	Ja, er zijn nog meer mensen.
Wat moet juffrouw Roos doen? Moet ze wachten?	Ja, ze moet wachten.
Kan ze brieven versturen zonder te wachten?	Nee, ze kan ze niet versturen zonder te wachten.
Moet ze staan wachten?	Ja, ze moet staan wachten.
Moet ze in de rij staan?	Ja, ze moet in de rij staan.
Is er maar één rij op het postkantoor, of zijn er nog meer?	Er zijn er nog meer.
In welke rij staat juffrouw Roos, in de langste of in de kortste rij?	Ze staat in de langste rij.

Heel goed!
Luister! Juffrouw Roos is nu aan de beurt. Ze staat aan het loket en spreekt met de postbeambte.

    – *Meneer, kunt u deze twee brieven per expres versturen?*
    – *Jazeker! Dat is vier gulden, alstublieft!*

Antwoord alstublieft!

Spreekt juffrouw Roos met iemand?	Ja, ze spreekt met iemand.
Spreekt zij met mijnheer de Vries?	Nee, ze spreekt niet met mijnheer de Vries.
Met wie spreekt ze, met een postbeambte?	Ja, ze spreekt met een postbeambte.

Heel goed!
Luister! Juffrouw Roos is nu weer op straat.

Antwoord alstublieft!

Komt juffrouw Roos nu van de bibliotheek?	Nee, ze komt nu niet van de bibliotheek.
Waar komt ze vandaan?	Ze komt van het postkantoor.
Is ze op het postkantoor geweest?	Ja, ze is op het postkantoor geweest.

Wat heeft ze op het postkantoor gedaan? Heeft ze daar iets gekocht?	Nee, ze heeft daar niets gekocht.
Heeft ze geen postzegels gekocht?	Nee, ze heeft geen postzegels gekocht.
Heeft ze iets verstuurd?	Ja, ze heeft iets verstuurd.
Heeft ze een pakket verstuurd?	Nee, ze heeft geen pakket verstuurd.
Heeft ze brieven of briefkaarten verstuurd?	Ze heeft brieven verstuurd.
Hoeveel brieven heeft ze verstuurd?	Ze heeft twee brieven verstuurd.
Was ze dadelijk aan de beurt?	Nee, ze was niet dadelijk aan de beurt.
Moest ze in de rij staan wachten?	Ja, ze moest in de rij staan wachten.
En u, moest u ook in de rij staan?	Nee, ik hoefde niet in de rij te staan.
Wie moest in de rij staan?	Juffrouw Roos moest in de rij staan.
Gaat juffrouw Roos nu al terug naar kantoor?	Nee, ze gaat nu nog niet terug naar kantoor.
Waar moet ze nog naartoe? Naar de bank?	Ja, ze moet nog naar de bank.
Moet ze naar de bank om geld te storten?	Nee, ze hoeft niet naar de bank om geld te storten.
Moet ze naar de bank om geld te halen?	Nee, ze hoeft ook niet naar de bank om geld te halen.
Waarom moet ze naar de bank, om geld te halen of om geld te wisselen?	Ze moet ernaar toe om geld te wisselen.

Heel goed!
Luister! Juffrouw Roos gaat nu de bank binnen.

- *Ah, prima, geen rij! Pardon, meneer, kan ik hier wat Engels geld wisselen?*
- *Jazeker, juffrouw, hoeveel wilt u wisselen?*
- *Vijftig pond, graag.*
- *Alstublieft!*
- *Dank u wel, meneer!*

Antwoord alstublieft!

Moet juffrouw Roos weer in de rij staan?	Nee, ze hoeft niet weer in de rij te staan.
Moet ze weer wachten?	Nee, ze hoeft niet weer te wachten.

Is ze dadelijk aan de beurt?

Ja, ze is dadelijk aan de beurt.

Wil juffrouw Roos honderd pond wisselen?

Nee, ze wil niet honderd pond wisselen.

Hoeveel geld wil ze wisselen?

Ze wil vijftig pond wisselen.

Heel goed!

Luister!

Is juffrouw Roos nu klaar?

Ja, ze is nu klaar.

Is ze klaar met geld wisselen?

Ja, ze is klaar met geld wisselen.

En gaat ze nu weer weg?

Ja, ze gaat nu weer weg.

Gaat ze weer weg omdat ze nu klaar is?

Ja, ze gaat weer weg omdat ze nu klaar is.

Gaat ze weer weg omdat ze nu klaar is met geld wisselen?

Ja, ze gaat weer weg omdat ze nu klaar is met geld wisselen.

Heel goed!

Zo, juffrouw Roos is nu klaar met geld wisselen. En wij zijn nu ook klaar met deze band. Ja, dit is nu het einde van band nummer tien.

Dank u, meneer!

Dank u, mevrouw!

Dank u en tot ziens!

Tot ziens!

BAND NUMMER ELF

Luister alstublieft!

Hier is de telefoniste van de firma Kamp.

- *Goedemorgen, met de firma Kamp.*
- *Goedemorgen, wilt u mij met mijnheer de Vries doorverbinden?*
- *Een ogenblikje, alstublieft. Ik verbind u door.*

Antwoord alstublieft!

Wie beantwoordt de telefoon, een heer of een juffrouw?

Een juffrouw beantwoordt de telefoon.

Hoort u de juffrouw die de telefoon beantwoordt?

Ja, ik hoor de juffrouw die de telefoon beantwoordt.

Is de juffrouw, die de telefoon beantwoordt, een sekretaresse?

Nee, de juffrouw, die de telefoon beantwoordt, is geen sekretaresse.

Is de juffrouw, die de telefoon beantwoordt, een lerares?

Nee, de juffrouw, die de telefoon beantwoordt, is ook geen lerares.

Wat is de juffrouw, die de telefoon beantwoordt, een telefoniste? Ja ...

Ja, de juffrouw, die de telefoon beantwoordt, is een telefoniste.

Wie belt op, een juffrouw of een heer?	Een heer belt op.
Wil de heer, die opbelt, met de telefoniste spreken?	Nee, de heer, die opbelt, wil niet met de telefoniste spreken.
Met wie wil de heer, die opbelt, spreken?	De heer, die opbelt, wil met mijnheer de Vries spreken.
Vraagt hij de telefoniste hem een nummer te geven?	Nee, hij vraagt haar niet hem een nummer te geven.
Vraagt hij haar hem met mijnheer de Vries door te verbinden?	Ja, hij vraagt haar hem met mijnheer de Vries door te verbinden.

Heel goed! De telefoniste verbindt hem door.
Luister!

- *Met de sekretaresse van mijnheer de Vries.*
- *Goedemorgen! Kan ik alstublieft met mijnheer de Vries spreken?*
- *Met wie spreek ik, alstublieft?*
- *Met de Bruyn.*
- *Het spijt me, meneer de Bruyn, maar mijnheer de Vries is in vergadering.*

Antwoord alstublieft!

Spreekt de sekretaresse met mijnheer van Dam?	Nee, zij spreekt niet met mijnheer van Dam.
Met wie spreekt zij?	Zij spreekt met mijnheer de Bruyn.
Pardon, hoe heet de mijnheer die met de sekretaresse spreekt?	De mijnheer die met de sekretaresse spreekt, heet mijnheer de Bruyn.
Vraagt mijnheer de Bruyn of hij met mij kan spreken?	Nee, hij vraagt niet of hij met u kan spreken.
Vraagt hij of hij met u kan spreken?	Nee, hij vraagt ook niet of hij met mij kan spreken.
Wat vraagt hij?	Hij vraagt of hij met mijnheer de Vries kan spreken.
Vraagt hij dat aan de sekretaresse?	Ja, hij vraagt dat aan de sekretaresse.
Antwoordt de sekretaresse dat mijnheer de Vries thuis is?	Nee, ze antwoordt niet dat hij thuis is.
Wat antwoordt zij?	Zij antwoordt dat hij in vergadering is.

Heel goed!
Luister!

- *Het spijt me, meneer de Bruyn, maar mijnheer de Vries is in vergadering.*

- *Weet u tot hoe laat de vergadering duurt?*
- *Ik weet het niet zeker, maar ik denk tot twaalf uur.*

Antwoord alstublieft!

Vraagt mijnheer de Bruyn wanneer de vergadering begonnen is?	Nee, hij vraagt niet wanneer de vergadering begonnen is.
Wat vraagt hij?	Hij vraagt hoelang de vergadering zal duren.
Weet de sekretaresse zeker hoelang de vergadering zal duren?	Nee, ze weet niet zeker hoelang de vergadering zal duren.
Denkt zij dat de vergadering tot twee uur duurt?	Nee, ze denkt niet dat hij tot twee uur duurt.
Denkt zij dat hij tot vijf uur duurt?	Nee, ze denkt ook niet dat hij tot vijf uur duurt.
Wat denkt zij?	Zij denkt dat hij tot twaalf uur duurt.

Heel goed! En nu, luister weer naar juffrouw Roos en mijnheer de Bruyn.

- *Ik weet het niet zeker, maar ik denk tot twaalf uur.*
- *Aha! Wilt u hem na de vergadering vragen of hij terug wil bellen?*
- *Natuurlijk! Wat is uw nummer, meneer de Bruyn?*
- *Drie, vier, één, nul, twee, vier.*
- *Dank u! Dag, meneer!*

Antwoord alstublieft!

Wil mijnheer de Bruyn dat mijnheer de Vries op zijn kantoor komt?	Nee, hij wil niet dat hij op zijn kantoor komt.
Wil hij dat mijnheer de Vries een brief schrijft?	Nee, hij wil ook niet dat hij een brief schrijft.
Wat wil hij? Wil hij dat mijnheer de Vries terugbelt?	Ja, hij wil dat mijnheer de Vries terugbelt.
En wat geeft hij aan de sekretaresse? Zijn adres?	Nee, hij geeft haar niet zijn adres.
Wat geeft hij haar?	Hij geeft haar zijn telefoonnummer.

Heel goed! Nu is het half één. Mijnheer de Vries komt nu uit de vergadering.

- *Meneer de Vries, mijnheer de Bruyn heeft een uur geleden opgebeld.*
- *De Bruyn? Uit Rotterdam? Waarom belde hij op?*
- *Ik weet het niet, maar ik denk niet dat het heel dringend was. Hij vroeg of u hem wilt terugbellen.*

Antwoord alstublieft!

Komt mijnheer de Vries nu uit zijn kantoor?	Nee, hij komt nu niet uit zijn kantoor.
Waar komt hij uit?	Hij komt uit een vergadering.
Komt hij om twaalf uur uit de vergadering?	Nee, hij komt er niet om twaalf uur uit.
Hoe laat komt hij er uit?	Hij komt er om half één uit.
Is de vergadering op tijd geëindigd?	Nee, hij is niet op tijd geëindigd.
Is hij vroeg of laat geëindigd?	Hij is laat geëindigd.
Wat zegt de sekretaresse tegen mijnheer de Vries? Zegt ze dat mijnheer de Bruyn heeft geschreven?	Nee, ze zegt niet dat hij heeft geschreven.
Zegt ze dat hij heeft geschreven of opgebeld?	Ze zegt dat hij heeft opgebeld.
Zegt zij dat hij twee uur geleden heeft opgebeld?	Nee, ze zegt niet dat hij twee uur geleden heeft opgebeld.
Wat zegt ze?	Ze zegt dat hij een uur geleden heeft opgebeld.

Heel goed!

Luister!

- *Mijnheer de Bruyn vroeg of u hem wilt terugbellen.*
- *Hebt u het nummer?*
- *Ja! Drie, vier, één, nul, twee, vier.*
- *En het netnummer?*
- *Rotterdam? Dat is 010.*

Antwoord alstublieft!

Weet mijnheer de Vries het nummer van mijnheer de Bruyn?	Nee, hij weet zijn nummer niet.
Wie weet zijn nummer?	De sekretaresse weet zijn nummer.
Vraagt mijnheer de Vries zijn sekretaresse of zij hem het nummer wil geven?	Ja, hij vraagt haar of zij hem het nummer wil geven.
Vraagt hij haar ook of zij hem het netnummer wil geven?	Ja, hij vraagt haar ook of zij hem het netnummer wil geven.
Heeft hij het netnummer nodig?	Ja, hij heeft het nodig.
Waarom heeft hij het nodig? Omdat hij buiten de stad belt?	Ja, hij heeft het nodig omdat hij buiten de stad belt.

Welk nummer draait hij eerst,
het telefoonnummer of het
netnummer?

Het eerst draait hij het netnummer.

En welk nummer draait hij
vervolgens?

Vervolgens draait hij het
telefoonnummer.

Heel goed!

Luister!

- *Met Hans de Bruyn.*
- *Met Maarten de Vries. Goedemorgen! Mijn sekretaresse zei dat je vanmorgen opgebeld hebt. In verband met de vergadering ben ik niet ...*

Zo, mijnheer de Vries is nu in gesprek. Weet u waarover hij met mijnheer de Bruyn spreekt? Nee, natuurlijk niet!

Het gesprek van mijnheer de Bruyn en mijnheer de Vries gaat door, maar deze band, band nummer elf, eindigt hier.

Ja, dit is nu het eind van deze band.

Dank u, mevrouw!

Dank u wel, meneer!

Dank u en tot ziens!   Tot ziens!

BAND NUMMER TWAALF

Luister alstublieft!

Hier komt juffrouw Roos. Zij komt het Centraal Station uit.

- *Zo! Weer terug in Amsterdam! En nu naar huis! Taxi!*

Antwoord alstublieft!

Is juffrouw Roos op het vliegveld?

Nee, ze is niet op het vliegveld.

Waar is zij?

Zij is bij het Centraal Station.

Is zij net aangekomen?

Ja, ze is net aangekomen.

Is zij ergens geweest?

Ja, zij is ergens geweest.

Weet u waar zij is geweest?

Nee, ik weet niet waar zij is geweest.

Weet u waarvandaan zij is
teruggekomen?

Nee, ik weet niet waarvandaan
zij is teruggekomen.

En waar zal zij nu naartoe
gaan, naar kantoor?

Nee, ze zal nu niet naar kantoor
gaan.

Zal zij naar kantoor of naar
huis gaan?

Zij zal naar huis gaan.

Zal zij met de bus naar huis
gaan?

Nee, ze zal niet met de bus
naar huis gaan.

Hoe zal zij naar huis gaan?	Zij zal met de taxi naar huis gaan.
Heel goed!	
Herhaal alstublieft!	
Juffrouw Roos zal naar huis gaan.	
En u? Ik ...	Ik zal naar huis gaan.
En ik?	U zult naar huis gaan.
Jan? Hij ...	Hij zal naar huis gaan.
Wij?	Wij zullen naar huis gaan.
En onze vrienden? Zij ...	Zij zullen naar huis gaan.
Heel goed!	

En nu, luister weer!

- *Taxi!*
- *Waarnaartoe, juffrouw?*
- *Naar de Hoogstraat, alstublieft.*
- *Is dat uw bagage?*
- *Ja, twee koffers en een tas.*

Antwoord alstublieft!	
Heeft juffrouw Roos bagage bij zich?	Ja, zij heeft bagage bij zich.
Heeft zij vijf koffers bij zich?	Nee, ze heeft niet vijf koffers bij zich.
Hoeveel koffers heeft zij bij zich, vijf of twee?	Zij heeft twee koffers bij zich.
Heeft zij ook twee tassen?	Nee, zij heeft niet twee tassen.
Hoeveel tassen heeft zij bij zich?	Zij heeft één tas bij zich.
Heel goed!	

Luister! Juffrouw Roos zit nu in de taxi. Zij spreekt met de taxichauffeur.

- *Terug van vakantie, juffrouw?*
- *Ja, helaas!*
- *Waar bent u geweest, aan zee?*
- *Ja, in Oostende.*
- *Ah, in België!*

Antwoord alstublieft!	
Spreekt juffrouw Roos met iemand?	Ja, zij spreekt met iemand.
Met wie spreekt zij?	Zij spreekt met de taxichauffeur.
Vertelt zij hem iets?	Ja, zij vertelt hem iets.
Vertelt zij hem iets over haar vakantie?	Ja, zij vertelt hem iets over haar vakantie.

In welk land is zij met vakantie geweest?

Zij is in België met vakantie geweest.

In welke stad is zij geweest?

Zij is in Oostende geweest.

Is juffrouw Roos nog steeds met vakantie?

Nee, zij is niet meer met vakantie.

Is zij nog steeds in België?

Nee, zij is ook niet meer in België.

Is juffrouw Roos al van haar vakantie teruggekomen?

Ja, zij is er al van teruggekomen.

Is haar vakantie al ten einde gekomen?

Ja, haar vakantie is al ten einde gekomen.

Heel goed!

Luister alstublieft! Juffrouw Roos spreekt nog steeds met de taxichauffeur.

- *Ik ben in Oostende geweest.*
- *Ah, in België! Hoe was het?*
- *Heerlijk! Iedere dag ben ik gaan zwemmen, of ik heb gezeild. Bent u weleens in Oostende geweest?*
- *Nee, nog niet. Ik houd meer van de bergen.*

Antwoord alstublieft!

Werkt men wanneer men met vakantie is?

Nee, men werkt niet wanneer men met vakantie is.

Heeft juffrouw Roos gewerkt toen zij met vakantie was?

Nee, zij heeft niet gewerkt toen zij met vakantie was.

Gaat men zwemmen wanneer men met vakantie is?

Ja, men gaat zwemmen wanneer men met vakantie is.

Is juffrouw Roos gaan zwemmen toen zij met vakantie was?

Ja, zij is gaan zwemmen toen zij met vakantie was.

Heeft zij ook gezeild?

Ja, zij heeft ook gezeild.

Wanneer heeft zij gezeild?

Zij heeft gezeild toen zij met vakantie was.

Heel goed!

Luister!

- *Bent u weleens in Oostende geweest?*
- *Nee, nog niet. Ik houd meer van de bergen.*

Antwoord alstublieft!

Is de taxichauffeur al in Oostende geweest?

Nee, hij is nog niet in Oostende geweest.

Waar houdt hij meer van, van de zee of van de bergen?

Hij houdt meer van de bergen.

En waar houdt hij minder van?

Hij houdt minder van de zee.

Zijn er veel bergen in Nederland?

Nee, er zijn niet veel bergen
in Nederland.

Moet men naar het buitenland
reizen als men bergen wil zien?

Ja, men moet naar het buitenland
reizen als men bergen wil zien.

Heel goed!

Luister alstublieft! De taxi komt nu voor het gebouw van juffrouw Roos aan.

– *Zo, daar zijn we! U bent weer thuis.*
– *Hoeveel krijgt u van mij?*
– *Drie gulden vijftig, juffrouw.*
– *Een ogenblikje. Waar is mijn portemonnee?*

Antwoord alstublieft!

Heeft juffrouw Roos een portemonnee bij zich?

Ja, zij heeft een portemonnee
bij zich.

Weet zij waar hij is?

Nee, zij weet niet waar hij is.

Kan zij hem ergens zien?

Nee, zij kan hem nergens zien.

Kan zij hem ergens vinden?

Nee, zij kan hem nergens vinden.

Zoekt zij ernaar?

Ja, zij zoekt ernaar.

Pardon, waarnaar zoekt zij?

Zij zoekt naar haar portemonnee.

Waarom? Omdat zij hem niet kan
vinden?

Ja, zij zoekt ernaar omdat zij
hem niet kan vinden.

Heel goed!

Luister alstublieft!

– *Drie gulden vijftig, juffrouw.*
– *Een ogenblikje. Waar is mijn portemonnee? Ah, hier! Ik heb hem
  gevonden! Drie vijftig, zei u? Hier, dat is voor u.*
– *Dank u wel, juffrouw! Tot ziens!*
– *Tot ziens!*

Antwoord alstublieft!

Heeft juffrouw Roos nu haar
portemonnee gevonden?

Ja, zij heeft hem nu gevonden.

Kan ze nu betalen?

Ja, nu kan ze betalen.

Maar kon zij eerder betalen?

Nee, eerder kon zij niet betalen.

Kon zij eerder haar portemonnee
vinden?

Nee, eerder kon zij hem niet vinden.

Moet men zoeken als men iets
niet kan vinden?

Ja, men moet zoeken als men iets
niet kan vinden.

Moest juffrouw Roos naar haar
portemonnee zoeken?

Ja, zij moest ernaar zoeken.

Moest juffrouw Roos zoeken,
toen zij haar portemonnee
niet kon vinden?

Ja, zij moest zoeken, toen zij
hem niet kon vinden.

Heeft zij nu haar portemonnee
gevonden?

Ja, zij heeft hem nu gevonden.

Heeft zij ook de taxi betaald?

Ja, zij heeft ook de taxi betaald.

Heel goed!

Zo, juffrouw Roos is nu weer thuis. Haar vakantie is nu ten einde
gekomen. En daarmee is ook deze band, band nummer twaalf, aan het
eind gekomen. Ja, dit is nu het einde van de twaalfde band.

Dank u, meneer!

Dank u, mevrouw!

Dank u en tot ziens!

Tot ziens!

BAND NUMMER DERTIEN

Dit is mijnheer de Vries.

Antwoord alstublieft!
Hebt u iets gehoord?

Ja, ik heb iets gehoord.

Hebt u een telefoon gehoord?

Nee, ik heb geen telefoon gehoord.

Wat hebt u gehoord, een
telefoon of een wekker?

Ik heb een wekker gehoord.

Is de wekker afgelopen?

Ja, hij is afgelopen.

Hebt u de wekker horen aflopen?

Ja, ik heb hem horen aflopen.

Heeft mijnheer de Vries de
wekker ook horen aflopen?

Ja, hij heeft hem ook horen aflopen.

Heeft hij de wekker afgezet?

Ja, hij heeft hem afgezet.

Hebt u hem de wekker horen
afzetten?

Ja, ik heb hem de wekker horen
afzetten.

Wat deed mijnheer de Vries
voor de wekker afliep? Was
hij wakker of sliep hij?

Voor de wekker afliep, sliep hij.

Heeft u hem horen slapen?

Ja, ik heb hem horen slapen.

Heel goed!

Herhaal alstublieft!

Hij heeft geslapen.
Ik heb hem horen slapen.

De wekker is afgelopen. Ik heb ...

Ik heb de wekker horen aflopen.

Hij heeft de wekker afgezet. Ik heb ...	Ik heb hem de wekker horen afzetten.
De telefoon is niet gegaan. Ik heb ...	Ik heb de telefoon niet horen gaan.
Mevrouw de Vries is niet opgestaan. Ik heb ...	Ik heb haar niet horen opstaan.

Heel goed!

Luister! Mevrouw de Vries is nu opgestaan. Ze gaat naar de slaapkamer van de kinderen.

– *Kinderen, wakker worden! Het is al zeven uur! Opstaan!*

Antwoord alstublieft!

Slaapt mevrouw de Vries nog steeds?	Nee, zij slaapt niet meer.
Slaapt zij nog of is zij nu wakker?	Zij is nu wakker.
Ligt zij nog in bed of is zij al opgestaan?	Zij is al opgestaan.
Wat doet mevrouw de Vries nu? Wekt zij de kinderen?	Ja, zij wekt de kinderen.
Laat zij de kinderen niet slapen?	Nee, zij laat ze niet slapen.
Laat zij ze niet in bed blijven?	Nee, ze laat ze niet in bed blijven.

Heel goed!

Luister!

– *Kinderen, wakker worden! Het is al zeven uur! Opstaan!*

– *Ja, mam!*

Antwoord alstublieft!

Wekt iemand de kinderen?	Ja, iemand wekt de kinderen.
De kinderen worden gewekt, niet?	Ja, zij worden gewekt.
Worden zij door u gewekt?	Nee, ze worden niet door mij gewekt.
Door wie worden de kinderen gewekt, door mij of door mevrouw de Vries?	Zij worden door mevrouw de Vries gewekt.

Heel goed!

Herhaal alstublieft!

Mevrouw de Vries wekt de kinderen.
De kinderen worden door mevrouw de Vries gewekt.

| De wekker wekt mijnheer de Vries. Mijnheer de Vries wordt ... | Mijnheer de Vries wordt door de wekker gewekt. |
| Mijnheer de Vries zet de wekker af. De wekker wordt door ... | De wekker wordt door mijnheer de Vries afgezet. |

Mevrouw de Vries maakt het ontbijt klaar. Het ontbijt ...

Het ontbijt wordt door mevrouw de Vries klaargemaakt.

Heel goed!

En nu weer terug naar het gezin de Vries. Luister! Dit is mijnheer de Vries. Mijnheer de Vries gaat naar de badkamer.

Antwoord alstublieft!

Ligt mijnheer de Vries nog in bed?

Nee, hij ligt niet meer in bed.

Is hij al opgestaan?

Ja, hij is al opgestaan.

Waar gaat hij naartoe, naar de keuken of naar de badkamer?

Hij gaat naar de badkamer.

Scheert men zich in de badkamer?

Ja, men scheert zich in de badkamer.

Heeft mijnheer de Vries zich al geschoren?

Nee, hij heeft zich nog niet geschoren.

Maar hij gaat zich scheren, nietwaar?

Ja, hij gaat zich scheren.

Wast men zich ook in de badkamer?

Ja, men wast zich ook in de badkamer.

Heeft mijnheer de Vries zich al gewassen?

Nee, hij heeft zich nog niet gewassen.

Gaat hij zich wassen?

Ja, hij gaat zich wassen.

Kleedt men zich aan nadat men zich heeft gewassen?

Ja, men kleedt zich aan nadat men zich heeft gewassen.

Heeft mijnheer de Vries zich al aangekleed?

Nee, hij heeft zich nog niet aangekleed.

Wat gaat hij doen?

Hij gaat zich aankleden.

Heel goed!

Luister!

Is mijnheer de Vries de badkamer al uitgegaan?

Nee, hij is er nog niet uitgegaan.

Is hij er al uit of is hij nog steeds in de badkamer?

Hij is er nog steeds in.

Neemt hij er een douche?

Nee, hij neemt er geen douche.

Wat doet hij? Wast hij zich of scheert hij zich?

Hij scheert zich.

Scheert hij zich met water en zeep? Nee ...

Nee, hij scheert zich niet met water en zeep.

Hoe scheert hij zich, met water en zeep of elektrisch?

Hij scheert zich elektrisch.

Heel goed!
Herhaal alstublieft!
Mijnheer de Vries scheert zich
elektrisch.

En u? Ik ...	Ik scheer me elektrisch.
En ik?	U scheert zich elektrisch.
Wij?	Wij scheren ons elektrisch.
Onze kollega's? Zij ...	Zij scheren zich ook elektrisch.

Heel goed!
En nu, herhaal nog eens!
Mijnheer de Vries heeft zich
gewassen.

En u? Ik ...	Ik heb me gewassen.
Ik?	U hebt zich gewassen.
Mevrouw de Vries? Zij ...	Zij heeft zich gewassen.
Wij?	Wij hebben ons gewassen.
De kinderen? Zij ...	Zij hebben zich ook gewassen.

Heel goed!
En nu weer terug naar het gezin de Vries. Zij zitten nu in de keuken.

- *Nog wat koffie, Maarten?*
- *Nee, dank je, Leen. Ik moet me haasten. Tot vanavond! Tot ziens, kinderen!*
- *Tot ziens, papa!*

Antwoord alstublieft!

Is mijnheer de Vries nog in de badkamer?	Nee, hij is niet meer in de badkamer.
Waar is hij nu, in de badkamer of in de keuken?	Hij is nu in de keuken.
Zit hij aan tafel?	Ja, hij zit aan tafel.
Wil hij nog wat koffie?	Nee, hij wil geen koffie meer.
Is hij net klaar met zijn ontbijt?	Ja, hij is net klaar met zijn ontbijt.
Kan hij nog lang thuisblijven?	Nee, hij kan niet lang meer thuisblijven.
Kan hij thuisblijven of moet hij weggaan?	Hij moet weggaan.
Heeft hij nog tijd of moet hij zich haasten?	Hij moet zich haasten.

Juist! Zo, mijnheer de Vries is nu klaar met zijn ontbijt. En wij zijn nu ook
klaar met deze band. Ja, dit is nu het eind van band nummer dertien.

Dank u, mevrouw!
Dank u wel, meneer!
Dank u en tot ziens!   Tot ziens!

BAND NUMMER VEERTIEN

De veertiende band
Luister! Hier komen Annie Roos en haar vriend Rob. Zij doen
boodschappen.
Antwoord alstublieft!

Is Annie nu thuis of op straat?	Zij is nu op straat.
Loopt zij alleen?	Nee, zij loopt niet alleen.
Loopt zij alleen, of loopt zij met iemand anders?	Zij loopt met iemand anders.
Lopen zij met z'n drieën?	Nee, ze lopen niet met z'n drieën.
Lopen ze met z'n drieën of met z'n tweeën?	Zij lopen met z'n tweeën.
Pardon, wie loopt er met z'n tweeën?	Annie en Rob lopen met z'n tweeën.
Gaan Annie en Rob naar de bioskoop?	Nee, ze gaan niet naar de bioskoop.
Gaan ze naar de bioskoop of doen ze boodschappen?	Zij doen boodschappen.

Heel goed!
Luister! Hier komt iemand anders. Hier komt Karin.
- *Annie! Dag, Annie!*
- *O Karin! Dag! Dat is lang geleden!*

Antwoord alstublieft!

Zijn Annie en Rob iemand tegengekomen?	Ja, ze zijn iemand tegengekomen.
Zijn ze u tegengekomen?	Nee, ze zijn niet mij tegengekomen.
Zijn zij mij tegengekomen?	Nee, zij zijn ook niet u tegengekomen.
Wie zijn zij tegengekomen?	Zij zijn Karin tegengekomen.
Kennen Annie en Karin elkaar?	Ja, zij kennen elkaar.
Groeten zij elkaar?	Ja, zij groeten elkaar.
In welke taal groeten zij elkaar?	Zij groeten elkaar in het Nederlands.
Zeggen zij elkaar goedendag?	Ja, zij zeggen elkaar goedendag.
Zegt Annie: "Dat is kort geleden"?	Nee, zij zegt niet: "Dat is kort geleden".

Wat zegt zij?	Zij zegt: "Dat is lang geleden".
Hebben Annie en Karin elkaar kort geleden gezien?	Nee, zij hebben elkaar niet kort geleden gezien.
Hebben zij elkaar kort geleden of lang geleden voor het laatst gezien?	Zij hebben elkaar lang geleden voor het laatst gezien.
Heel goed!	

Luister nu weer eens naar Annie, Karin en Rob.

– *Karin, dit is mijn vriend Rob. Rob, dit is Karin.*
– *Dag Karin! Hoe maak je het?*
– *Dag Rob! Leuk, je te ontmoeten!*

Antwoord alstublieft!

Kennen Karin en Rob elkaar al?	Nee, zij kennen elkaar nog niet.
Hebben Karin en Rob elkaar wel eens ontmoet?	Nee, zij hebben elkaar nog nooit ontmoet.
Wat doet Annie? Stelt zij Rob aan Karin voor?	Ja, zij stelt hem aan haar voor.
Stelt men zich voor als men iemand niet kent?	Ja, men stelt zich voor als men iemand niet kent.
Stelt u zich voor als u iemand niet kent?	Ja, ik stel me voor als ik iemand niet ken.
En ik? Wat doe ik?	U stelt zich voor als u iemand niet kent.
En Jan?	Hij stelt zich voor als hij iemand niet kent.
En wij?	Wij stellen ons voor als wij iemand niet kennen.
En onze vrienden? Wat doen zij?	Zij stellen zich ook voor als zij iemand niet kennen.

Heel goed!
Luister!

– *Zeg, Karin, heb jij tijd voor een kopje koffie? Ik ben erg moe van al het boodschappen doen.*
– *Heel goed idee!*
– *Ja, laten we gaan! Er is een klein café net om de hoek.*

Antwoord alstublieft!

Heeft Annie al veel boodschappen gedaan?	Ja, zij heeft al veel boodschappen gedaan.
Is zij nu moe?	Ja, zij is nu moe.

Is zij moe omdat zij al veel
boodschappen heeft gedaan?

Ja, zij is moe omdat zij al veel
boodschappen heeft gedaan.

Heel goed!

Luister!

– *Heel goed idee! Laten we een kopje koffie drinken.*
– *Ja, laten we gaan! Er is een klein café net om de hoek.*

Antwoord alstublieft!

Stelt Annie nu iets voor? Ja, zij stelt nu iets voor.

Stelt zij voor iets te eten? Nee, zij stelt niet voor iets te eten.

Stelt zij voor iets te eten of iets
te drinken?

Zij stelt voor iets te drinken.

Stelt zij voor bier te drinken? Nee, zij stelt niet voor bier te drinken.

Stelt zij voor thee te drinken? Nee, zij stelt ook niet voor thee te
drinken.

Wat stelt zij voor? Zij stelt voor koffie te drinken.

En wat stelt Rob voor? Stelt hij
voor naar een bioskoop te gaan?

Nee, hij stelt niet voor naar
een bioskoop te gaan.

Wat stelt hij voor? Hij stelt voor naar een café te gaan.

Is het café hier ver vandaan? Nee, het café is hier niet ver vandaan.

Is het hier ver vandaan of
net om de hoek?

Het is net om de hoek.

Heel goed!

Luister! Annie, Rob en Karin zitten nu met zijn drieën aan een tafeltje in het
café. Hier komt de kelner met de koffie.

– *Drie koffie, alstublieft!*
– *Dank u! Zeg, Karin, jouw nieuwe jurk is heel sjiek.*
– *O, dank je!*
– *Heb je hem weer zelf gemaakt?*
– *Nee, deze keer heb ik hem laten maken.*

Antwoord alstublieft!

Kan Karin kleren maken? Ja, zij kan kleren maken.

Maakt zij gewoonlijk haar
kleren zelf?

Ja, gewoonlijk maakt zij haar
kleren zelf.

Heeft zij haar nieuwe jurk
ook zelf gemaakt?

Nee, die heeft zij niet zelf
gemaakt.

Heeft zij hem zelf gemaakt of
heeft zij hem laten maken?

Zij heeft hem laten maken.

Luister!

– *Karin, kom je zaterdag mee naar de balletvoorstelling?*

– *Ja, leuk, dank je! Mag Peter ook meekomen?*
– *Natuurlijk! Wij kunnen elkaar om zeven uur bij mij ontmoeten.*

Antwoord alstublieft!

Spreken Karin en Annie iets af?	Ja, zij spreken iets af.
Spreken ze af dat ze naar de bioskoop zullen gaan?	Nee, zij spreken niet af dat zij naar de bioskoop zullen gaan.
Spreken zij af dat zij elkaar ergens zullen ontmoeten?	Ja, zij spreken af dat zij elkaar ergens zullen ontmoeten.
Spreken zij af dat zij elkaar bij Rob zullen ontmoeten?	Nee, zij spreken niet af dat zij elkaar bij Rob zullen ontmoeten.
Wat spreken zij af?	Zij spreken af dat zij elkaar bij Annie zullen ontmoeten.
Spreken zij af dat zij elkaar om vijf uur zullen ontmoeten?	Nee, zij spreken niet af dat zij elkaar om vijf uur zullen ontmoeten.
Hoe laat spreken zij af dat zij elkaar zullen ontmoeten?	Zij spreken af dat zij elkaar om zeven uur zullen ontmoeten.

Heel goed!

Luister nog even!

– *We kunnen elkaar om zeven uur bij mij ontmoeten.*
– *Prima idee! Maar laten we nu gaan. We moeten van tevoren plaatsen gaan bespreken. Ober, mag ik de rekening? Annie, wat gezellig dat Karin met ons ...*

Zo! Annie, Rob, Karin en Peter zullen dus met zijn vieren op zaterdag naar een balletvoorstelling in het Concertgebouw gaan.

Denkt u dat zij nog kaartjes kunnen krijgen? Of denkt u dat de voorstelling al is uitverkocht? In ieder geval is onze band nu weer ten einde gekomen en wij moeten weer "tot ziens" zeggen. Ja, dit is nu het einde van band nummer veertien.

Dank u, mevrouw!	
Dank u wel, meneer!	
Dank u en tot ziens!	Tot ziens!

BAND NUMMER VIJFTIEN

De vijftiende band

Luister alstublieft!

Mijnheer de Vries zit in de keuken aan tafel. Hij drinkt een kopje koffie en luistert naar de radio.

– *En nu het weerbericht. Vanmorgen, regenachtig en koud met temperaturen rond plus drie graden. Sterke wind uit Noord tot Noordwest.*
– *Wat een verschrikkelijk weer!*

Antwoord alstublieft!

Drinkt mijnheer de Vries een kopje koffie?	Ja, hij drinkt een kopje koffie.
Luistert hij naar een cassette terwijl hij koffie drinkt?	Nee, hij luistert niet naar een cassette terwijl hij koffie drinkt.
Wat doet hij? Luistert hij naar de radio terwijl hij koffie drinkt?	Ja, hij luistert naar de radio terwijl hij koffie drinkt.
Luistert hij naar een muziekprogramma?	Nee, hij luistert niet naar een muziekprogramma.
Waarnaar luistert hij, naar een muziekprogramma of naar het weerbericht?	Hij luistert naar het weerbericht.
Is het vandaag zonnig en warm?	Nee, vandaag is het niet zonnig en warm.
Wat is het vandaag, zonnig en warm of regenachtig en koud?	Vandaag is het regenachtig en koud.
Is het vandaag mooi weer?	Nee, vandaag is het geen mooi weer.
Is het vandaag verschrikkelijk weer?	Ja, vandaag is het verschrikkelijk weer.
Houdt mijnheer de Vries van dit weer?	Nee, hij houdt er niet van.

Luister! Mijnheer de Vries is intussen op kantoor aangekomen. Hij zit aan zijn bureau en leest zijn korrespondentie. Hier komt zijn sekretaresse, juffrouw Roos.

– *Goedemorgen, meneer de Vries!*
– *Alsjemenou! Wat ziet u eruit! U bent doornat!*

Antwoord alstublieft!

Heeft juffrouw Roos droge kleren aan?	Nee, zij heeft geen droge kleren aan.
Zijn haar kleren nat?	Ja, ze zijn nat.
Zijn haar kleren in de regen nat geworden?	Ja, ze zijn in de regen nat geworden.
Is juffrouw Roos ook nat geworden?	Ja, zij is ook nat geworden.
Is zij maar een beetje nat, of is ze doornat geworden?	Ze is doornat geworden.

En heeft zij geniesd toen zij binnenkwam?	Ja, zij heeft geniesd toen zij binnenkwam.
Heeft u haar gehoord?	Ja, ik heb haar gehoord.
Heeft u haar horen niezen?	Ja, ik heb haar horen niezen.
Heeft zij een kou gevat?	Ja, zij heeft een kou gevat.
Waarom? Omdat zij nat is geworden?	Ja, zij heeft een kou gevat omdat zij nat is geworden.

Heel goed!

En nu weer terug naar juffrouw Roos. Juffrouw Roos is zo nat geworden dat zij een kou heeft gevat.

Luister!

– *Alsjemenou! U bent doornat! Hebt u geen paraplu?*
– *Jazeker, maar toen ik vanmorgen naar buiten ging, regende het nog niet.*

Antwoord alstublieft!

Heeft juffrouw Roos een paraplu?	Ja, ze heeft een paraplu.
Heeft zij hem vandaag meegenomen?	Nee, ze heeft hem vandaag niet meegenomen.
Regende het toen zij naar buiten ging?	Nee, het regende niet toen zij naar buiten ging.

Heel goed!

Luister!

– *Toen ik vanmorgen naar buiten ging, regende het nog niet.*
– *In ieder geval denk ik dat u een mooie kou hebt gevat! Gaat u maar naar de dokter en dan naar huis.*

Antwoord alstublieft!

Voelt juffrouw Roos zich niet goed?	Ja, ze voelt zich niet goed.
Ziet mijnheer de Vries dat zij zich niet goed voelt?	Ja, hij ziet dat zij zich niet goed voelt.
Maakt hij zich zorgen over haar?	Ja, hij maakt zich zorgen over haar.
En waar stuurt hij haar naartoe? Naar de apotheek?	Nee, hij stuurt haar niet naar de apotheek.
Stuurt hij haar naar de apotheek of naar de dokter?	Hij stuurt haar naar de dokter.
En wat gaat juffrouw Roos na het bezoek bij de dokter doen? Gaat zij terug naar kantoor?	Nee, zij gaat niet terug naar kantoor.
Gaat zij terug naar kantoor of gaat zij naar huis?	Zij gaat naar huis.

Gaat zij vandaag niet werken?	Ja, zij gaat vandaag niet werken.
Gaat zij werken of gaat zij thuisblijven?	Ze gaat thuisblijven.
Heel goed!	
Herhaal alstublieft!	
Vandaag werk ik. Morgen ga ik werken.	
Vandaag blijf ik thuis. Morgen ga ik ...	Morgen ga ik thuisblijven.
Vandaag neem ik de bus. Morgen ...	Morgen ga ik de bus nemen.
Vandaag telefoneer ik met enkele klanten. Morgen ...	Morgen ga ik met enkele klanten telefoneren.
Vandaag dikteer ik brieven aan mijn sekretaresse. Morgen ...	Morgen ga ik brieven aan mijn sekretaresse dikteren.
Vandaag eten wij in een restaurant. Morgen ...	Morgen gaan wij in een restaurant eten.
Vandaag kijken wij naar de T.V. Morgen ...	Morgen gaan wij naar de T.V. kijken.
Heel goed!	
Luister! De telefoon gaat.	

- *Met Maarten de Vries!*
- *Met Annie Roos!*
- *Ja, juffrouw Roos?*
- *Ik kom net van de dokter. Hij gaf me een recept en zei dat ik enkele dagen in bed moest blijven.*

Antwoord alstublieft! Spreekt mijnheer de Vries met zijn vrouw?	Nee, hij spreekt niet met zijn vrouw.
Met wie spreekt hij, met zijn vrouw of met zijn sekretaresse?	Hij spreekt met zijn sekretaresse.
Is zijn sekretaresse intussen bij de dokter geweest?	Ja, zij is intussen bij de dokter geweest.
Wat heeft de dokter haar gegeven, medicijnen?	Nee, hij heeft haar geen medicijnen gegeven.
Heeft hij haar medicijnen of een recept gegeven?	Hij heeft haar een recept gegeven.
En wat gaat juffrouw Roos met het recept doen? Gaat zij het naar een ziekenhuis brengen?	Nee, ze gaat het niet naar een ziekenhuis brengen.

Gaat zij het naar een zieken- huis of een apotheek brengen?	Zij gaat het naar een apotheek brengen.

Heel goed!

Luister!

- *Hoe voelt u zich, juffrouw Roos?*
- *Ik kom net van de dokter. Hij gaf me een recept en zei dat ik enkele dagen in bed moest blijven.*

Antwoord alstublieft!

Wat zei de dokter? Zei hij dat juffrouw Roos terug naar kantoor kon gaan?	Nee, hij zei niet dat zij terug naar kantoor kon gaan.
Zei hij dat zij in bed moest blijven?	Ja, hij zei dat zij in bed moest blijven.
Maar hoe lang moet zij in bed blijven, enkele weken?	Nee, zij hoeft niet enkele weken in bed te blijven.
Hoe lang moet zij in bed blijven?	Zij moet enkele dagen in bed blijven.

Dus juffrouw Roos is ziek. Zij moet enkele dagen in bed blijven. Gelukkig is het niets ergs, alleen maar een kou. In enkele dagen zal zij weer terug zijn op kantoor. Tot dan: beterschap, juffrouw Roos! Beterschap en tot ziens!

Dit is nu het eind van band nummer vijftien.

Dank u, mevrouw!

Dank u wel, meneer!

Dank u en tot ziens!	Tot ziens!

BAND NUMMER ZESTIEN

Luister!

Juffrouw Roos beantwoordt de telefoon.

- *Ja, meneer de Vries?*
- *Wilt u mijnheer Blijhuis even voor me opbellen?*
- *Jawel, meneer.*

Antwoord alstublieft!

Heeft mijnheer de Vries iets aan juffrouw Roos gevraagd?	Ja, hij heeft haar iets gevraagd.
Wil mijnheer de Vries met iemand spreken?	Ja, hij wil met iemand spreken.
Wil hij met u spreken?	Nee, hij wil niet met mij spreken.

Met wie wil hij spreken, met
mij of met mijnheer Blijhuis?

Hij wil met mijnheer Blijhuis spreken.

Heeft hij gevraagd of juffrouw
Roos mijnheer Blijhuis wilde
opbellen?

Ja, hij heeft gevraagd of zij
mijnheer Blijhuis wilde opbellen.

Heeft juffrouw Roos gezegd
dat zij hem wilde opbellen?

Ja, zij heeft gezegd dat zij
hem wilde opbellen.

Heeft zij mijnheer Blijhuis
al opgebeld?

Nee, zij heeft hem nog niet opgebeld.

Luister!

- *Met Willem Blijhuis.*
- *Goedemorgen, meneer Blijhuis, met de sekretaresse van mijnheer
  de Vries! Een ogenblikje, alstublieft, ik verbind u door.*

Antwoord alstublieft!
Heeft mijnheer Blijhuis nu
zijn telefoon beantwoord?

Ja, hij heeft hem nu beantwoord.

En wat gaat juffrouw Roos doen?
Gaat zij hem doorverbinden?

Ja, zij gaat hem doorverbinden.

Gaat zij hem met uw toestel
verbinden?

Nee, zij gaat hem niet met
mijn toestel verbinden.

Gaat zij hem met mijn toestel
verbinden?

Nee, zij gaat hem ook niet
met uw toestel verbinden.

Met wie z'n toestel gaat zij
hem verbinden?

Zij gaat hem met het toestel
van mijnheer de Vries verbinden.

Goed!

Luister! Mijnheer Blijhuis spreekt nu met mijnheer de Vries.

- *Hallo, Willem, met Maarten de Vries. Hoe gaat het met je?*
- *Prima! Dank je! En met jou?*
- *Ook goed, dank je! Zeg, wist je dat de firma volgende maand
  honderd jaar bestaat?*
- *Nee, dat wist ik niet.*

Antwoord alstublieft!
Is mijnheer de Vries nu in gesprek?   Ja, hij is nu in gesprek.

Is hij in gesprek met u?   Nee, hij is niet in gesprek met mij.

Met wie is hij in gesprek?   Hij is in gesprek met mijnheer
Blijhuis.

Heeft mijnheer de Vries iets
aan mijnheer Blijhuis verteld?

Ja, hij heeft hem iets verteld.

Heeft hij hem iets over de
firma verteld?

Ja, hij heeft hem iets over
de firma verteld.

Heeft hij hem verteld hoelang
de firma bestaat?

Ja, hij heeft hem verteld hoelang
de firma bestaat.

En hoelang bestaat de firma?
Tweehonderd jaar?

Nee, de firma bestaat geen
tweehonderd jaar.

Bestaat de firma tweehonderd
of honderd jaar?

Hij bestaat honderd jaar.

Wist mijnheer Blijhuis dat de
firma al zo lang bestond?

Nee, hij wist niet dat de firma
al zo lang bestond.

Heel goed!

Luister!

- *Zeg, Willem, wist je dat de firma volgende maand honderd jaar
  bestaat?*
- *Nee, dat wist ik niet.*
- *Heb je zin om het feest met mij te organiseren?*
- *Ja, natuurlijk, waarom niet?*

Antwoord alstublieft!

Gaat mijnheer de Vries een
feest organiseren?

Ja, hij gaat een feest organiseren.

Moet hij het alleen organiseren?

Nee, hij hoeft het niet alleen
te organiseren.

Vroeg hij aan mijnheer Blijhuis
of hij hem wilde helpen?

Ja, hij vroeg hem of hij hem
wilde helpen.

En wat denkt mijnheer Blijhuis
ervan? Heeft hij zin om hem te
helpen?

Ja, hij heeft wel zin om hem
te helpen.

Heel goed!

Luister!

- *Heb je zin om het feest met mij te organiseren?*
- *Ja, natuurlijk!*
- *Zullen wij dan een afspraak maken om het te bespreken? Schikt
  het je donderdag om twee uur?*
- *Nee, donderdag heb ik een vergadering die ik niet kan afzeggen.*

Antwoord alstublieft!

Wil mijnheer de Vries een afspraak
met mijnheer Blijhuis maken?

Ja, hij wil een afspraak met
hem maken.

Wil hij iets met hem bespreken?

Ja, hij wil iets met hem bespreken.

Wil hij een kontrakt met hem
bespreken?

Nee, hij wil geen kontrakt met
hem bespreken.

Wat wil hij met hem bespreken,
een kontrakt of het jubileumfeest?

Hij wil het jubileumfeest met
hem bespreken.

Heel goed!

Luister!

- *Zullen wij dan een afspraak maken om het te bespreken? Schikt het je donderdag om twee uur?*
- *Nee, donderdag heb ik een vergadering die ik niet kan afzeggen.*

Antwoord alstublieft!

Stelt mijnheer de Vries voor dit projekt op maandag te bespreken?	Nee, hij stelt niet voor het op maandag te bespreken.
Wanneer stelt hij voor het te bespreken?	Hij stelt voor het op donderdag te bespreken.
Heeft mijnheer Blijhuis donderdag tijd?	Nee, hij heeft donderdag geen tijd.
Schikt het hem donderdag niet?	Nee, het schikt hem donderdag niet.
Waarom niet? Omdat hij dan al een vergadering heeft?	Ja, het schikt hem donderdag niet, omdat hij dan al een vergadering heeft.
Kan hij deze vergadering niet afzeggen?	Nee, hij kan hem niet afzeggen.

Heel goed!

Luister!

- *Donderdag heb ik een vergadering die ik niet kan afzeggen.*
- *Maar waarom kom je vrijdagavond niet met je vrouw bij ons thuis?*
- *Ja, dat is leuk!*

Antwoord alstublieft!

Heeft mijnheer de Vries mijnheer Blijhuis uitgenodigd?	Ja, hij heeft hem uitgenodigd.
Heeft hij hem voor zaterdagavond uitgenodigd?	Nee, hij heeft hem niet voor zaterdagavond uitgenodigd.
Heeft hij hem voor zaterdag-, of voor vrijdagavond uitgenodigd?	Hij heeft hem voor vrijdagavond uitgenodigd.
Zal mijnheer Blijhuis alleen komen?	Nee, hij zal niet alleen komen.
Zal hij iemand meebrengen?	Ja, hij zal iemand meebrengen.
Zal hij u meebrengen?	Nee, hij zal mij niet meebrengen.
Wie zal hij meebrengen, u of zijn vrouw?	Hij zal zijn vrouw meebrengen.

Heel goed!

Luister!

- *Ja, dat is leuk!*
- *Komen jullie dan om een uur of zeven, voor het eten.*

– *Prima, Maarten! Tot vrijdagavond dan!*
– *Ja, tot vrijdag dan!*

Antwoord alstublieft!

Gaan mijnheer de Vries en mijnheer Blijhuis het feest bespreken?	Ja, zij gaan het feest bespreken.
Gaan zij samen eten?	Ja, zij gaan samen eten.
Zullen mijnheer en mevrouw Blijhuis om een uur of zes komen?	Nee, zij zullen niet om een uur of zes komen.
Hoe laat zullen zij komen, om een uur of zes, of om een uur of zeven?	Zij zullen om een uur of zeven komen.
Een uur of zeven. Dat is ongeveer zeven uur, niet?	Ja, dat is ongeveer zeven uur.

Herhaal alstublieft!

Zij komen om ongeveer zeven uur. Zij komen om een uur of zeven.

De trein vertrekt om ongeveer vier uur. Of: De trein vertrekt om ...	De trein vertrekt om een uur of vier.
Een kaartje kost ongeveer twaalf gulden. Een kaartje kost ...	Een kaartje kost een gulden of twaalf.
De reis duurt ongeveer drie uur. De reis duurt ...	De reis duurt een uur of drie.
Vandaag is het ongeveer twintig graden. Vandaag ...	Vandaag is het een graad of twintig.
Deze band duurt ongeveer vijftien minuten.	Deze band duurt een minuut of vijftien.

Ja, deze band duurt een minuut of vijftien. En dit is nu het einde ervan. Mijnheer en mevrouw Blijhuis zullen vrijdagavond bij de familie de Vries op bezoek komen. Zij zullen samen dineren en dan zullen mijnheer de Vries en mijnheer Blijhuis het jubileumprojekt met elkaar bespreken. Voor ons is het nu weer tijd om "tot ziens" te zeggen. Ja, dit is nu het eind van deze band.

Dank u, mevrouw!

Dank u wel, meneer!

Dank u en tot ziens!	Tot ziens!

BAND NUMMER ZEVENTIEN

De zeventiende band

Luister! Hier komt mevrouw de Vries. Mevrouw de Vries is nu in een warenhuis. Zij spreekt met een verkoopster.

- *Goedemorgen, mevrouw! Kan ik u helpen?*
- *Ja, graag. Kunt u me een wollen trui laten zien?*
- *Jazeker, mevrouw.*

Antwoord alstublieft!

Is mevrouw de Vries nu in een restaurant?	Nee, zij is nu niet in een restaurant.
Waar is zij, in een restaurant of in een warenhuis?	Zij is in een warenhuis.
Wil zij een jurk kopen?	Nee, zij wil geen jurk kopen.
Wat zoekt zij, een jurk of een trui.	Zij zoekt een trui.
Zoekt zij een katoenen trui?	Nee, zij zoekt geen katoenen trui.
Wat voor trui zoekt zij, een katoenen of een wollen?	Zij zoekt een wollen trui.
Spreekt mevrouw de Vries nu met iemand?	Ja, zij spreekt nu met iemand.
Spreekt zij met een andere klant?	Nee, zij spreekt niet met een andere klant.
Met wie spreekt zij, met een andere klant of met een verkoopster?	Zij spreekt met een verkoopster.
Gaat de verkoopster haar iets laten zien?	Ja, zij gaat haar iets laten zien.
Gaat zij haar een wollen trui laten zien?	Ja, ze gaat haar een wollen trui laten zien.
Zeg, is een wollen trui van katoen gemaakt?	Nee, een wollen trui is niet van katoen gemaakt.
Waarvan is een wollen trui gemaakt?	Een wollen trui is van wol gemaakt.

Natuurlijk!

Herhaal alstublieft!

Deze trui is van wol gemaakt. Dit is een wollen trui.	
Dit overhemd is van katoen gemaakt. Dit is een ...	Dit is een katoenen overhemd.

Deze das is van zijde gemaakt.   Dit is een zijden das.
Dit horloge is van goud gemaakt.   Dit is een gouden horloge.
Dit bureau is van staal gemaakt.   Dit is een stalen bureau.
Deze pen is van zilver gemaakt.   Dit is een zilveren pen.
Heel goed!

En nu weer terug naar mevrouw de Vries in het warenhuis. Zij zoekt naar een wollen trui. Luister!

– *Kunt u me een wollen trui laten zien?*

– *Jazeker, mevrouw! Kijkt u eens naar deze kasjmier truien uit Engeland.*

Antwoord alstublieft!

Kijkt mevrouw de Vries naar
overhemden?   Nee, zij kijkt niet naar overhemden.

Waar kijkt zij naar, naar
overhemden of naar truien?   Zij kijkt naar truien.

Komen deze truien uit Frankrijk?   Nee, ze komen niet uit Frankrijk.

Uit welk land komen ze?   Ze komen uit Engeland.

Maakt men in Engeland veel
truien?   Ja, in Engeland maakt men veel
                                     truien.

Dus, in Engeland worden veel   Ja, in Engeland worden veel
truien gemaakt?   truien gemaakt.

Heel goed!

Herhaal alstublieft!

In Engeland maakt men veel   In Engeland worden veel truien
truien. In Engeland worden ...   gemaakt.

In Duitsland maakt men veel   In Duitsland worden veel auto's
auto's. In Duitsland ...   gemaakt.

In Frankrijk drinkt men veel   In Frankrijk wordt veel wijn
wijn. In Frankrijk ...   gedronken.

In Nederland eet men veel vis.   In Nederland wordt veel vis gegeten.

Heel goed!

En luister nu weer. Mevrouw de Vries spreekt nog steeds met de verkoopster.

– *Kijkt u eens naar deze kasjmier truien uit Engeland.*

– *Ja, die vind ik erg mooi! Hoeveel kosten ze?*

– *Zeventig gulden, mevrouw.*

– *Zeventig gulden? Daar moet ik nog even over nadenken!*

Antwoord alstublieft!

Vindt mevrouw de Vries de Engelse truien mooi?	Ja, ze vindt ze erg mooi.
Vindt zij ze ook goedkoop?	Nee, zij vindt ze niet goedkoop.
Vindt zij ze goedkoop of duur?	Zij vindt ze duur.
Heeft zij besloten er één te kopen?	Nee, zij heeft niet besloten er één te kopen.
Wil zij er nog even over nadenken?	Ja, ze wil er nog even over nadenken.
En wat denkt u? Denkt u dat ze meer geld wil uitgeven?	Nee, ik denk niet dat zij meer geld wil uitgeven.
Denkt u dat zij meer of minder geld wil uitgeven?	Ik denk dat zij minder geld wil uitgeven.

Juist!

Luister!

- *Zeventig gulden! Daar moet ik nog even over nadenken!*
- *Maar ik heb ook goedkopere truien. Deze wollen truien komen uit Italië en kosten maar vijfenveertig gulden.*

Antwoord alstublieft!

Laat de verkoopster nog andere truien aan mevrouw de Vries zien?	Ja, zij laat haar nog andere truien zien.
Komen deze truien ook uit Engeland?	Nee, deze truien komen niet uit Engeland.
Uit welk land komen deze truien, uit Engeland of uit Italië?	Zij komen uit Italië.
Dit warenhuis verkoopt niet alleen Engelse truien?	Nee, het verkoopt niet alleen Engelse truien.
Verkoopt het ook Italiaanse truien?	Ja, het verkoopt ook Italiaanse truien.
Worden er door dit warenhuis zowel Engelse als Italiaanse truien verkocht?	Ja, er worden door dit warenhuis zowel Engelse als Italiaanse truien verkocht.
Voert Nederland zowel Engelse als Italiaanse truien in?	Ja, Nederland voert zowel Engelse als Italiaanse truien in.
Worden er zowel Engelse als Italiaanse truien door Nederland ingevoerd?	Ja, er worden zowel Engelse als Italiaanse truien door Nederland ingevoerd.

Heel goed!

Herhaal alstublieft!

Mijnheer de Vries dikteert deze brief.	Deze brief wordt door mijnheer de Vries gedikteerd.

De sekretaresse typt de brief.
De brief wordt door ...

De brief wordt door de
sekretaresse getypt.

De jongen brengt de brief naar
het postkantoor. De brief wordt ...

De brief wordt door de jongen
naar het postkantoor gebracht.

De klant leest de brief. De brief ...

De brief wordt door de klant gelezen.

De klant beantwoordt de brief.

De brief wordt door de klant
beantwoord.

Heel goed!

En nu, luister weer! Luister weer naar mevrouw de Vries en de verkoopster.

- *Deze wollen truien komen uit Italië en kosten maar vijfenveertig gulden.*
- *Ja, dat wel, maar zij zien er ook goedkoper uit. Nee, dit is niet helemaal wat ik zocht. Dank u wel, juffrouw!*
- *Tot ziens, mevrouw!*

Antwoord alstublieft!

Kosten de Italiaanse truien
evenveel als de Engelse?

Nee, zij kosten niet zoveel
als de Engelse.

Kosten zij meer dan de Engelse?

Nee, ze kosten niet meer dan
de Engelse.

Kosten zij meer of minder dan
de Engelse?

Zij kosten minder dan de Engelse.

Zijn ze duurder of goedkoper
dan de Engelse?

Ze zijn goedkoper dan de Engelse.

Zien zij er ook goedkoper uit?

Ja, ze zien er ook goedkoper uit.

Koopt mevrouw de Vries één van
deze truien?

Nee, ze koopt er geen van.

Gaat zij weg zonder een trui
te kopen?

Ja, zij gaat weg zonder een
trui te kopen.

Arme mevrouw de Vries! Zij wilde een trui kopen, maar zij kon niets vinden. Mevrouw de Vries is nu klaar met haar boodschappen. En wij zijn ook klaar met deze band, band nummer zeventien. Ja, dit is nu het einde van de zeventiende band.

Dank u, meneer!

Dank u wel, mevrouw!

Dank u en tot ziens!

Tot ziens.

BAND NUMMER ACHTTIEN

De achttiende band

Luister! Mijnheer de Vries is met zijn auto op weg naar Brussel. Hij stopt nu bij een benzinestation.

– *Goedemiddag! Wilt u de tank even volgooien?*
– *Jazeker, meneer! Zal ik de olie ook even nakijken?*
– *Ja, alstublieft!*

Antwoord alstublieft!

Rijdt mijnheer de Vries nog steeds?	Nee, hij rijdt niet meer.
Rijdt hij nog steeds of is hij gestopt?	Hij is gestopt.
Is hij bij een restaurant gestopt?	Nee, hij is niet bij een restaurant gestopt.
Waar is hij gestopt?	Hij is bij een benzinestation gestopt.
Spreekt hij met de pompbediende?	Ja, hij spreekt met de pompbediende.
Vroeg hij iets aan de pompbediende?	Ja, hij vroeg hem iets.
Vroeg hij hem of hij de ruiten wilde schoonmaken?	Nee, hij vroeg hem niet of hij de ruiten wilde schoonmaken.
Wat vroeg hij hem?	Hij vroeg hem of hij de tank wilde volgooien.
Vroeg de pompbediende ook iets?	Ja, hij vroeg ook iets.
Vroeg hij of hij ook de banden moest nakijken?	Nee, hij vroeg niet of hij ook de banden moest nakijken.
Wat vroeg hij?	Hij vroeg of hij de olie moest nakijken.
Wilde mijnheer de Vries dat hij de olie nakeek?	Ja, hij wilde dat hij de olie nakeek.

Heel goed!

Luister! Hier komt de pompbediende.

– *De olie is nog in orde, meneer! Zeg, weet u dat één van uw achterlichten gebroken is?*
– *Ja, dat weet ik. Dank u! Iemand is tegen mij opgereden toen ik bij een verkeerslicht stond.*

Antwoord alstublieft!

Had mijnheer de Vries olie nodig?	Nee, hij had geen olie nodig.
Was de olie nog in orde?	Ja, hij was nog in orde.
Maar was er iets anders niet in orde?	Ja, er was iets anders niet in orde.
Was er iets gebroken?	Ja, er was iets gebroken.
Was één van de koplampen gebroken?	Nee, één van de koplampen was niet gebroken.

Wat was er gebroken?

Er was één van de achterlichten gebroken.

Alsjemenou! Wat is er gebeurd? Heeft mijnheer de Vries een ongelukje gehad?

Ja, hij heeft een ongelukje gehad.

Is hij tegen iemand opgereden?

Nee, hij is niet tegen iemand opgereden.

Is iemand tegen hem opgereden?

Ja, iemand is tegen hem opgereden.

Is iemand tegen hem opgereden terwijl hij voor het kantoor stond?

Nee, er is niemand tegen hem opgereden terwijl hij voor het kantoor stond.

Wanneer is er iemand tegen hem opgereden?

Er is iemand tegen hem opgereden terwijl hij bij een verkeerslicht stond.

Heel goed!

Antwoord alstublieft! Vertelde mijnheer de Vries aan de pompbediende wat er was gebeurd?

Ja, hij vertelde hem wat er was gebeurd.

Zei hij dat hij een ongelukje had gehad?

Ja, hij zei dat hij een ongelukje had gehad.

Zei hij ook dat iemand tegen hem was opgereden?

Ja, hij zei ook dat iemand tegen hem was opgereden.

Heel goed!

Herhaal alstublieft!

Hij zegt dat hij een ongeluk heeft gehad.

Hij zei dat hij een ongeluk had gehad.

Herhaal!

Hij zegt dat een achterlicht is gebroken. Hij zei dat ...

Hij zei dat een achterlicht was gebroken.

Hij zegt dat iemand tegen hem is opgereden. Wat zei hij?

Hij zei dat iemand tegen hem was opgereden.

Hij zegt dat hij bij een verkeerslicht heeft gestaan. Wat zei hij?

Hij zei dat hij bij een verkeerslicht had gestaan.

Heel goed!

En nu, luister weer! Mijnheer de Vries vertelt nog meer over zijn ongelukje.

- *Iemand is tegen mij opgereden toen ik bij een verkeerslicht stond.*
- *Hebt u de politie gebeld?*

— *Ja, hoor! Die was er binnen drie minuten en de andere bestuurder heeft een mooie bekeuring gekregen!*

Antwoord alstublieft!

Heeft mijnheer de Vries zijn kantoor opgebeld?	Nee, hij heeft niet zijn kantoor opgebeld.
Wie heeft hij opgebeld?	Hij heeft de politie opgebeld.
Kwam de politie vlug?	Ja, de politie kwam vlug.
Kwam de politie binnen twee minuten?	Nee, de politie kwam niet binnen twee minuten.
Hoe vlug kwam de politie?	De politie kwam binnen drie minuten.
Heeft iemand een bekeuring gekregen?	Ja, iemand heeft een bekeuring gekregen.
Heeft mijnheer de Vries een bekeuring gekregen?	Nee, mijnheer de Vries heeft geen bekeuring gekregen.
Wie heeft een bekeuring gekregen, mijnheer de Vries of de andere bestuurder?	De andere bestuurder heeft een bekeuring gekregen.

Heel goed!

Nu luister weer naar mijnheer de Vries en de pompbediende.

— *De andere bestuurder heeft een mooie bekeuring gekregen! Zeg, kan ik hier ergens koffie krijgen?*

— *Jazeker! Binnen is een koffie-automaat.*

Antwoord alstublieft!

Wilde mijnheer de Vries iets eten?	Nee, hij wilde niet iets eten.
Wilde hij iets eten of iets drinken?	Hij wilde iets drinken.
Wilde hij een biertje drinken?	Nee, hij wilde geen biertje drinken.
Wilde hij een biertje of een kop koffie drinken?	Hij wilde een kop koffie drinken.
Wist hij waar hij koffie kon krijgen?	Nee, hij wist niet waar hij koffie kon krijgen.
Vroeg hij aan de pompbediende waar hij koffie kon krijgen?	Ja, hij vroeg aan de pompbediende waar hij koffie kon krijgen.
Vertelde de pompbediende hem waar hij koffie kon krijgen?	Ja, hij vertelde hem waar hij koffie kon krijgen.
Heeft het benzinestation een automaat?	Ja, het heeft een automaat.

Heel goed!

Luister! Mijnheer de Vries spreekt nog steeds met de pompbediende.

— *Zeg, kan ik hier ergens koffie krijgen?*

- *Jazeker, meneer! Binnen is een koffie-automaat. Daar kunt u koffie krijgen.*
- *Prima! Hoeveel krijgt u van mij voor de benzine?*
- *Dat is vierentwintig gulden tien.*
- *Hier hebt u vijfentwintig gulden en laat u maar zitten.*
- *Dank u wel, meneer!*

Antwoord alstublieft!

Heeft mijnheer de Vries al betaald?	Ja, hij heeft al betaald.
Heeft hij voor benzine betaald?	Ja, hij heeft voor benzine betaald.
Heeft hij ook voor olie betaald?	Nee, hij heeft niet voor olie betaald.
Had hij geen olie nodig?	Nee, hij had geen olie nodig.
Heeft mijnheer de Vries aan de pompbediende een fooi gegeven?	Ja, hij heeft hem een fooi gegeven.
En wat zei de pompbediende toen hij de fooi kreeg?	Toen hij de fooi kreeg zei hij: "Dank u wel, mijnheer".

Heel goed!

Zo, mijnheer de Vries heeft voor de benzine betaald. Nu kan hij zijn reis voortzetten. Ja, hij zal de reis voortzetten, maar deze band, band nummer achttien, is nu ten einde gekomen. Dit is het einde van de achttiende band.

Dank u, meneer!

Dank u wel, mevrouw!

Dank u en tot ziens!	Tot ziens!

BAND NUMMER NEGENTIEN

Luister alstublieft!

Het is zaterdagmorgen en juffrouw Roos is nu thuis.

- *Met Annie Roos!*
- *Dag, Annie, met Rob! Zeg, wat ben je vandaag van plan te doen?*
- *Tot nu toe nog niets.*

Antwoord alstublieft!

Is het vandaag maandag of zaterdag?	Het is vandaag zaterdag.
Is juffrouw Roos vandaag op kantoor?	Nee, ze is vandaag niet op kantoor.
Maar zij zou op kantoor zijn, als het maandag was, nietwaar?	Ja, als het maandag was, zou zij op kantoor zijn.
Zou zij vandaag werken, als het maandag was?	Ja, als het maandag was, zou zij vandaag werken.

Zou zij thuisblijven als het maandag was?	Nee, ze zou niet thuisblijven als het maandag was.
Is het vandaag maandag?	Nee, vandaag is het niet maandag.
Moet zij vandaag werken?	Nee, zij hoeft vandaag niet te werken.
Zou zij vandaag moeten werken als het maandag was?	Ja, als het maandag was, zou zij vandaag moeten werken.
Kan zij vandaag thuisblijven?	Ja, zij kan vandaag thuisblijven.
Zou zij vandaag thuis kunnen blijven als het maandag was?	Nee, als het maandag was, zou zij vandaag niet thuis kunnen blijven.

Heel goed!

Luister!

- *Zeg, Annie, wat zou je graag willen doen?*
- *Als het weer beter was, zouden we naar het strand kunnen gaan.*
- *O nee! Het is veel te koud!*

Antwoord alstublieft!

Is het weer vandaag goed?	Nee, het weer is vandaag niet goed.
Gaan Annie en Rob naar het strand?	Nee, zij gaan niet naar het strand.
Maar zouden zij naar het strand gaan als het goed weer was?	Ja, zij zouden naar het strand gaan als het goed weer was.
Zou u ook naar het strand gaan als het goed weer was? Ja ...	Ja, ik zou ook naar het strand gaan als het goed weer was.
En ik?	U zou ook naar het strand gaan als het goed weer was.
En Rob? Hij ...	Hij zou ook naar het strand gaan als het goed weer was.
En wij?	Wij zouden ook naar het strand gaan als het goed weer was.

Heel goed!

Luister nu weer naar het telefoongesprek tussen Annie en Rob.

- *Als het weer beter was, zouden wij naar het strand kunnen gaan.*
- *O nee! Het is veel te koud! Ik heb net mijn auto laten wassen. Laten we een kleine autotocht maken.*

Antwoord alstublieft!

Stelt Rob voor naar de bioskoop te gaan?	Nee, hij stelt niet voor naar de bioskoop te gaan.
Wat stelt hij voor, naar de bioskoop te gaan of een autotocht te maken?	Hij stelt voor een autotocht te maken.

Heeft hij een auto?	Ja, hij heeft een auto.
Is zijn auto nu vuil of schoon?	Hij is nu schoon.
Is hij net gewassen?	Ja, hij is net gewassen.
Heeft Rob hem zelf gewassen?	Nee, hij heeft hem niet zelf gewassen.
Heeft hij hem zelf gewassen of heeft hij hem laten wassen?	Hij heeft hem laten wassen.

Heel goed!
En nu, luister!

- *Laten we een kleine autotocht maken, Annie.*
- *Ja, leuk! Dat is een prima idee, Rob! Ben jij ooit in Madurodam geweest?*
- *Nee, ik heb er al zoveel over gehoord, maar ik ben er nog nooit geweest. Laten we erheen gaan!*

Antwoord alstublieft!

Vindt Annie het een slecht idee een autotocht te maken?	Nee, ze vindt het geen slecht idee een autotocht te maken.
Vindt zij het een slecht of een prima idee?	Zij vindt het een prima idee.
Stelt zij voor een dierenpark te bezoeken?	Nee, ze stelt niet voor een dierenpark te bezoeken.
Stelt zij voor een dierenpark of Madurodam te bezoeken?	Ze stelt voor Madurodam te bezoeken.
Is Rob ooit in Madurodam geweest?	Nee, hij is er nog nooit geweest.
Heeft hij al veel over Madurodam gehoord?	Ja, hij heeft er al veel over gehoord.
Zouden zij beiden graag naar Madurodam gaan?	Ja, zij zouden beiden graag naar Madurodam gaan.
Zou u ook graag naar Madurodam gaan?	Ja, ik zou ook graag naar Madurodam gaan.
En ik?	U zou ook graag naar Madurodam gaan.
En wij?	Wij zouden ook graag naar Madurodam gaan.

Heel goed!
Luister alstublieft!

- *Laten wij erheen gaan!*
- *Prima! En weet je wat? Ik ga iets te eten inpakken, dan kunnen we onderweg ergens piknikken.*

– *Mmm! Lekker! Ik kom je dan in een uurtje halen. Tot dan!*
– *Tot ziens!*

Antwoord alstublieft!

Gaat Annie iets voor de rit inpakken?	Ja, zij gaat er iets voor inpakken.
Gaat zij haar radio inpakken?	Nee, zij gaat niet haar radio inpakken.
Wat gaat zij inpakken, haar radio of iets te eten?	Zij gaat iets te eten inpakken.
Zullen Rob en Annie het eten thuislaten?	Nee, zij zullen het niet thuislaten.
Wat zullen zij doen, zullen zij het thuislaten of meenemen?	Zij zullen het meenemen.
Zal Rob zijn rijbewijs niet thuislaten?	Nee, dat zal hij niet thuislaten.
Wat zal hij doen?	Hij zal het meenemen.
Laat u uw paspoort thuis als u op een lange reis gaat?	Nee, als ik op een lange reis ga, laat ik mijn paspoort niet thuis.
Wat doet u?	Ik neem het mee.
Gaat Rob naar Madurodam?	Ja, hij gaat naar Madurodam.
Blijft Annie thuis?	Nee, zij blijft niet thuis.
Blijft zij thuis of gaat zij mee?	Zij gaat mee.
Gaat u met Annie en Rob mee naar Madurodam?	Nee, ik ga niet mee naar Madurodam.
Ga ik mee?	Nee, u gaat ook niet mee.

Heel goed!

Luister nu weer naar het gesprek tussen Annie en Rob.

– *Prima! Ik ga iets te eten inpakken, dan kunnen we onderweg ergens piknikken!*

Antwoord alstublieft!

Gaan Annie en Rob thuis eten?	Nee, ze gaan niet thuis eten.
Waar gaan zij eten, thuis of onderweg?	Ze gaan onderweg eten.
Moeten zij onderweg naar een restaurant zoeken?	Nee, zij hoeven onderweg niet naar een restaurant te zoeken.
Hoeven zij onderweg niet naar een restaurant te zoeken, omdat zij iets te eten meenemen?	Ja, zij hoeven onderweg niet naar een restaurant te zoeken, omdat zij iets te eten meenemen.
Wat zouden zij moeten doen, als zij niet iets te eten meenamen?	Als zij niet iets te eten meenamen, zouden zij naar een restaurant moeten zoeken.

Natuurlijk! Annie en Rob gaan onderweg piknikken. Ja, de autotocht van Annie en Rob begint, maar deze band, band nummer negentien, komt nu ten einde. Tot ziens dan! Tot de volgende band, de twintigste en laatste band!

Dank u, meneer!

Dank u wel, mevrouw!

Dank u en tot ziens!   Tot ziens!

BAND NUMMER TWINTIG

De twintigste en laatste band.

Luister! Dit is mijnheer de Vries. Hij zit in een komfortabele stoel thuis in de woonkamer, leest zijn krant en rookt een sigaret.

Antwoord alstublieft!

Leest mijnheer de Vries of schrijft hij?	Hij leest.
Wat leest hij?	Hij leest een krant.
Staat hij terwijl hij zijn krant leest?	Nee, hij staat niet terwijl hij zijn krant leest.
Staat hij of zit hij terwijl hij zijn krant leest?	Hij zit terwijl hij zijn krant leest.
Hij zit zijn krant te lezen, nietwaar?	Ja, hij zit zijn krant te lezen.
Zit hij ook te roken?	Ja, hij zit ook te roken.
Zit hij een sigaar te roken?	Nee, hij zit geen sigaar te roken.
Zit hij een sigaar of een sigaret te roken?	Hij zit een sigaret te roken.
Mijnheer de Vries is aan het roken, nietwaar?	Ja, hij is aan het roken.
Is hij ook aan het schrijven?	Nee, hij is niet aan het schrijven.
Is hij aan het schrijven of aan het lezen?	Hij is aan het lezen.
Is hij een boek aan het lezen?	Nee, hij is geen boek aan het lezen.
Wat is hij aan het lezen, een boek of een krant?	Hij is een krant aan het lezen.

Heel goed!

Herhaal alstublieft!

Hij leest een krant.
Hij is een krant aan het lezen.

Hij rookt een sigaret. Hij is een ...   Hij is een sigaret aan het roken.

Wij wachten op de bus.

Jan bekijkt een nieuwe auto.

De kantoorjongen zoekt een adres.

Mijnheer de Vries spreekt met zijn vrouw.

Heel goed!

Luister! Mijnheer de Vries is met zijn vrouw aan het spreken.

— *Kijk eens, Leen! Hier is een interessante advertentie.*

Antwoord alstublieft!

Kijkt mijnheer de Vries naar foto's?

Zit hij naar foto's of advertenties te kijken?

Zit u ook naar advertenties te kijken?

Wat zit u te doen, een krant te lezen of naar uw band te luisteren?

Herhaal alstublieft!

Ik zit naar mijn band te luisteren. U zit ...

En de leerling? Hij ...

De leerlinge? Zij ...

Wij?

En onze vrienden?

Heel goed!

Antwoord!

Heeft mijnheer de Vries iets interessants in de krant gezien?

Heeft hij een interessante advertentie gezien?

Weet u wat voor advertentie hij heeft gezien?

Luister alstublieft!

Wij zijn op de bus aan het wachten.

Jan is een nieuwe auto aan het bekijken.

De kantoorjongen is een adres aan het zoeken.

Mijnheer de Vries is met zijn vrouw aan het spreken.

Nee, hij zit niet naar foto's te kijken.

Hij zit naar advertenties te kijken.

Nee, ik zit niet naar advertenties te kijken.

Ik zit naar mijn band te luisteren.

U zit naar uw band te luisteren.

Hij zit naar zijn band te luisteren.

Zij zit naar haar band te luisteren.

Wij zitten naar onze band te luisteren.

Zij zitten naar hun band te luisteren.

Ja, hij heeft iets interessants in de krant gezien.

Ja, hij heeft een interessante advertentie gezien.

Nee, ik weet niet wat voor advertentie hij heeft gezien.

— *Hier is een interessante advertentie: er wordt een kleurentelevisie aangeboden voor slechts vierhonderd negenennegentig gulden.*

— *Dat is helemaal niet duur. Als wij niet net die nieuwe stereo hadden gekocht, zouden wij nu een kleurentelevisie hebben kunnen kopen.*

Antwoord alstublieft!

Wordt er iets in de advertentie aangeboden?	Ja, er wordt iets in de advertentie aangeboden.
Wordt er iets duurs aangeboden?	Nee, er wordt niet iets duurs aangeboden.
Wordt er iets duurs of iets goedkoops aangeboden?	Er wordt iets goedkoops aangeboden.
Wordt er een auto aangeboden?	Nee, er wordt geen auto aangeboden.
Wat wordt er aangeboden, een auto of een kleurentelevisie?	Er wordt een kleurentelevisie aangeboden.
Zou mijnheer de Vries graag een nieuwe televisie hebben?	Ja, hij zou graag een nieuwe televisie hebben?
En zou mevrouw de Vries ook graag een nieuwe televisie hebben?	Ja, zij zou ook graag een nieuwe televisie hebben.
Maar kunnen zij een nieuwe televisie kopen?	Nee, zij kunnen geen nieuwe televisie kopen.
Hebben zij net iets anders gekocht?	Ja, ze hebben net iets anders gekocht.
Wat hebben ze net gekocht, een televisie of een stereo?	Ze hebben net een stereo gekocht.
Zouden zij een nieuwe televisie kunnen kopen als zij niet de stereo hadden gekocht?	Ja, zij zouden een nieuwe televisie kunnen kopen als zij niet de stereo hadden gekocht.

Heel goed!

En nu, luister weer naar mijnheer en mevrouw de Vries.

– *Als wij niet net die nieuwe stereo hadden gekocht, zouden wij nu een kleurentelevisie hebben kunnen kopen.*

– *Ik denk dat we toch een nieuwe televisie kunnen kopen. Heb ik jou niet gezegd dat ik een salarisverhoging heb gekregen?*

– *Salarisverhoging? Maar, Maarten, dat is fantastisch!*

Antwoord alstublieft!

Wat is er gebeurd? Heeft mijnheer de Vries iets van zijn firma gekregen?	Ja, hij heeft iets van zijn firma gekregen.
Heeft hij salarisvermindering gekregen?	Nee, hij heeft geen salarisvermindering gekregen.
Wat heeft hij gekregen?	Hij heeft salarisverhoging gekregen.
Kunnen zij nu ook een nieuwe televisie kopen?	Ja, zij kunnen nu ook een nieuwe televisie kopen.

Zouden zij een nieuwe televisie kunnen kopen, als mijnheer de Vries geen salarisverhoging had gekregen?

Nee, zij zouden geen nieuwe televisie kunnen kopen, als hij geen salarisverhoging had gekregen.

Luister!

- *Maar, Maarten, dat is fantastisch! Denk je dat ik ook een nieuwe jurk kan krijgen? Ik zag er één een paar dagen geleden in die nieuwe boetiek aan de Prinsengracht.*
- *Alsjemenou! Waarom moest ik m'n grote mond opendoen! Okay dan, laten we maandag boodschappen gaan doen.*
- *Je bent een schat, Maarten!*

Antwoord alstublieft!

Gaan mijnheer en mevrouw de Vries maandag boodschappen doen?

Ja, zij gaan maandag boodschappen doen.

Gaan zij een kleurentelevisie kopen?

Ja, zij gaan een kleurentelevisie kopen.

Gaan zij alleen een kleuren-televisie kopen?

Nee, zij gaan niet alleen een kleurentelevisie kopen.

Gaan zij zowel een kleuren-televisie als een nieuwe jurk kopen?

Ja, zij gaan zowel een kleuren-televisie als een nieuwe jurk kopen.

Juist!

Herhaal alstublieft!

Zij gaan een televisie en een jurk kopen.

Zij gaan zowel een televisie als een jurk kopen.

In België spreekt men Nederlands en Frans. In België spreekt men zowel ...

In België spreekt men zowel Nederlands als Frans.

Mijnheer de Vries rookt sigaren en sigaretten. Mijnheer de Vries ...

Mijnheer de Vries rookt zowel sigaren als sigaretten.

In dit restaurant kan men wijn en bier krijgen.

In dit restaurant kan men zowel wijn als bier krijgen.

Heel goed!

Dat is werkelijk prima! Nu spreekt u heel goed Nederlands! Ik feliciteer u! U heeft veel nieuwe woorden geleerd. U heeft met uw leraar in de klas gesproken en uw teksten thuis gelezen. Ook heeft u naar twintig banden geluisterd. Op deze banden heeft u veel vragen gehoord en u heeft ze alle beantwoord. Dat was fantastisch! Maar nu komen we aan het eind van dit programma. Ik hoop dat u het interessant heeft gevonden en dat u er veel gebruik van zult maken. En nu, nogmaals, voor alles wat u heeft geleerd: gefeliciteerd!

CASSETTE ZES

Dit is cassette nummer zes, de laatste cassette in ons programma. Deze cassette is speciaal. In deze cassette zult u teksten en konversaties horen. Maar deze teksten en konversaties zijn niet nieuw. U kent ze al. Ze komen uit uw oefenboek. In deze cassette stellen wij u geen vragen. Juist, bij deze cassette hoeft u geen antwoorden te geven. U hoeft alleen maar in een gemakkelijke stoel te gaan zitten, uw cassette-recorder aan te zetten en te luisteren.

Dit is het einde van cassette nummer zes, de laatste cassette in ons programma. Vond u het moeilijk? Kon u alles verstaan? Ik feliciteer u! Ik hoop dat u vaak de gelegenheid zult hebben om de Nederlandse taal te spreken. In de loop van deze kursus hebt u grote vorderingen gemaakt. Wij danken u voor uw interesse in de Nederlandse taal en voor uw oplettendheid in de klas. Nogmaals, hartelijk dank en ... gefeliciteerd!

EUROPA

RUSLAND

• Moskou

OEKRAINE

Zwarte Zee

TURKIJE

WIT-RUSLAND

• Kiev

MOLDAVIE

• Chisinau

ROEMENIE

• Boekarest

BULGARIJE

• Sofia

Egeïsche Zee

• Athene

FINLAND

• Helsinki

• Tallinn

ESTLAND

Riga •

LETLAND

• Minsk

LITOUWEN

• Vilnius

Kaligrad

• Warschau

POLEN

SLOVAKIJE

Bratislava

• Boedapest

HONGARIJE

Wenen •

OOSTENRIJK

SERVIE

Belgrado •

• Skopje

MACEDONIE

ALBANIE

GRIEKENLAND

MONTENEGRO

BOSNIE – HERZ.

• Sarajevo

KROATIE

Zagreb •

• Podgorica

• Tirana

SLOVENIE

Ljubljana •

Adriatische Zee

ZWEDEN

• Stockholm

Baltische Zee

• Kopenhagen

• Praag

TSJECHIE

• Berlijn

DUITSLAND

ITALIE

• Rome

Tyrrheense Zee

Ionische Zee

NOORWEGEN

Oslo •

DENEMARKEN

NEDERLAND

• Amsterdam

• Bonn

LUXEMBURG

• Bern

ZWITSERLAND

Middellandse Zee

Atlantische Oceaan

Noordzee

SCHOTLAND

• Edinburgh

ENGELAND

WALES

• Londen

BELGIE

• Brussel

• Parijs

FRANKRIJK

IERLAND

• Dublin

Golf van Biskaje

• Madrid

SPANJE

PORTUGAL

• Lissabon